社会工作作为专业力量参与脱贫攻坚，
将专业队伍、专业方法、专业力量运用到脱贫攻坚的工作中，
发挥了不可替代的专业优势和人才优势，
提升了反贫困工作的专业性。

国家出版基金项目
NATIONAL PUBLICATION FOUNDATION

大国攻坚·反贫困社会工作丛书
丛书主编　向德平

反贫困社会工作案例研究：城口实践

林移刚　等　著

華東理工大學出版社
EAST CHINA UNIVERSITY OF SCIENCE AND TECHNOLOGY PRESS
·上海·

图书在版编目(CIP)数据

反贫困社会工作案例研究：城口实践 / 林移刚等著
. — 上海：华东理工大学出版社，2021.12(2024.12 重印)
(大国攻坚·反贫困社会工作丛书 / 向德平主编)
ISBN 978-7-5628-6751-7

Ⅰ.①反… Ⅱ.①林… Ⅲ.①扶贫—社会工作—研究—中国 Ⅳ.①F126

中国版本图书馆 CIP 数据核字(2021)第 277111 号

内 容 提 要

本书紧密结合高校社会工作专业力量参与扶贫工作的实际，构建了城口县社会工作教育扶贫实践"政策、能力和组织"的行动框架，并以该框架作为逻辑线索，讲述高校社会工作专业力量以教育者和服务者双重角色在城口县多个村镇进行扶贫的实践，展示和剖析社会工作教育参与扶贫"可以做什么、为什么这样做、应该如何做、可能做出什么"，能为同质性扶贫村落甚至更多的扶贫服务提供参考。作为一部系统阐述高校社会工作教育扶贫实践与反思的学术著作，本书对于高校社会工作专业师生、从事与扶贫和乡村振兴相关的社会工作者、基层社区工作者以及对有关领域感兴趣的读者，都有较为重要的参考价值。

策划编辑 / 刘　军
责任编辑 / 秦静良
装帧设计 / 王　翔
出版发行 / 华东理工大学出版社有限公司
地址：上海市梅陇路 130 号，200237
电话：021-64250306
网址：www.ecustpress.cn
邮箱：zongbianban@ecustpress.cn
印　　刷 / 上海中华商务联合印刷有限公司
开　　本 / 710 mm×1000 mm 1/16
印　　张 / 18.25
字　　数 / 299 千字
版　　次 / 2021 年 12 月第 1 版
印　　次 / 2024 年 12 月第 2 次
定　　价 / 90.00 元

本书是重庆市教育科学“十三五”规划2019年度项目(2019-GX-022)和教育部思想政治教育精品项目“‘四方协同、六位一体’:服务精准扶贫战略的实践育人路径创新”的阶段性成果。

编委会名单

丛书总序

我国以脱贫攻坚为标志的国家级重大反贫困行动，于2020年年底取得了预期成果，绝对贫困总体上被消除。脱贫攻坚可以说是中国乃至世界反贫困史上的一件大事，值得书写一笔。社会工作作为一种专业力量参与其中，并发挥了重要作用，其实践和经验值得总结。由向德平教授主编的“大国攻坚·反贫困社会工作丛书”在这方面做了开创性的工作，值得我们称赞。

一、社会工作参与反贫困是一项重大的专业实践

（一）反贫困是社会工作的一项核心任务

社会工作自产生之日起，就与反贫困结下了不解之缘。不是社会工作“贪恋”反贫困，而是贫困给贫困群体带来了巨大的痛苦。社会工作作为一种以帮助困难群体缓解困难、追求社会公正与社会进步为己任的专业，理应把反贫困的责任放在自己的肩上。在世界社会工作反贫困历史上，发达国家的社会工作参与反贫困基本上是通过实施社会救助和社会慈善的方式进行的，并形成了社会工作的著名模式。第二次世界大战以后，发展中国家的反贫困主要面向农村展开，经济开发、社区发展成为其主要模式，20世纪50年代联合国倡导的社区发展原则正是社会工作参与反贫困所应遵循的。20世纪80年代以后出现的发展型社会工作，一方面与发展中国家的政府、社会工作者、发展工作者的实践有关，另一方面也受产生于发达国家的社会投资

等理论的影响。这些实践取得了一定的成绩，也为后来发展中国家的反贫困提供了借鉴和参照。

我国作为经济社会政策和发展项目的反贫困工作是从20世纪80年代中期开始的，最初是经济开发，接着是扶贫攻坚，主要是发展经济，由政府部门、国有大中型企业和贫困农户承担主要责任。2015年，我国开始实施脱贫攻坚工程，中央明确要求形成由专项扶贫、行业扶贫和社会扶贫互为补充的大扶贫格局，做到扶贫开发与经济社会发展相互促进，不但注重产业脱贫，而且加强教育等多层面脱贫；要求坚持群众主体，激发内生动力，注重扶贫扶智，增强贫困人口自我发展的能力，同时实施扶贫志愿者行动计划和社会工作专业人才服务贫困地区计划。这样，社会工作力量作为脱贫攻坚的有机组成部分，有了“特殊”的实践机会，也能够更有针对性地参与反贫困行动。2017年，《民政部 财政部 国务院扶贫办关于支持社会工作专业力量参与脱贫攻坚的指导意见》(以下简称《意见》)要求中国社会工作教育协会发挥推动作用，进行教育扶贫。同时，我国开始实施社会工作服务机构“牵手计划”，从发达地区选择专业性强的社会工作服务机构，与贫困地区社会工作服务机构等进行结对。社会工作教育界积极响应政府部门的号召，组织、动员和支持各社会工作院系参与这一具有历史意义的反贫困行动。各类群体参与脱贫攻坚成为中国社会工作重建以来，规模最大、时间较长、有组织、有目标要求的集体性行动。

(二) 社会工作参与脱贫攻坚取得了积极成果

按照民政部等部门的《意见》，中国社会工作教育协会参与脱贫攻坚是教育扶贫，其主要任务如下：高校社会工作专业院系要与贫困地区合作建立社会工作专业培训、教师实践和学生实习实训基地，帮助贫困地区培养社会工作专业人才；高校社会工作专业教师到贫困地区开展专业督导，引导社会工作专业在校生到贫困地区进行社会实践；支持鼓励社会工作专业毕业生到贫困地区就业。在中国社会工作教育协会的组织动员下，各社会工作院系秉持专业精神、发挥主观能动性，组织师生、链接资源、深入贫困地区，开展了多项服务，较好地完成了《意见》提出的任务，并尽己所能地为贫困地区的居民做贡献，在脱贫攻坚中取得了不少开创性成果。社会工作教育界支持了贫困地区的脱贫工作，促进了贫困地区社会工作人才和专业力量的发展，也获得了参与反贫困的直接经验，使我们感受到了当地干部群众和派驻的扶贫干部在反贫困中表现出来的坚韧不拔的精神。同时，参与脱贫攻坚也成为各社会工作院系坚持理论联系实际、开展实践教学、在实践中培养学生、在比较中进行研究的重要场域，因而参与者的收获是丰硕的。

对于参与脱贫攻坚，中国社会工作教育协会领导班子给予了高度重视，设计行动计划、动员组织力量，推动了整个工作向前发展。中国社会工作教育协会还建立了反贫困社会工作专业委员会，在贯彻落实协会的总体部署、推动整个活动发展方面发挥了积极作用。作为反贫困社会工作专业委员会的负责人，向德平教授和他主持的反贫困研究机构积极配合、主动工作，有力地推动了中国社会工作教育协会工作的开展。

二、社会工作界参与反贫困是理论与实践比较、互动和提升的过程

（一）社会工作教育界参与反贫困是理论与服务实践的互动过程

社会工作教育界参与反贫困的特点是，一批批具有深厚社会工作理论

与知识积累的高校教师和研究生、高年级本科生开展实践活动，这同时也是他们走出课堂和校门开展社会工作服务的过程。在一定意义上，它是理论指导实践的过程，也是实践检验书本知识和理论的过程。反贫困工作是在自然环境复杂、文化传统多样的贫困地区展开的，社会文化因素深深地影响着反贫困行动的开展。在上述经济、政治、社会、文化背景下开展的反贫困，必然比书本上介绍的复杂得多。社会工作界参与反贫困，必然会遇到上述复杂因素的影响，会遇到许多亟待解决的“中国式”问题。这是一个不断比较、选择、实践和反思的过程。对社会工作教育界来说，这是一系列挑战，也是在克服困难中不断成长的过程。

（二）书写经验是反贫困理论和实践成果的延伸

社会工作者的基本品格是奉献和共享发展成果，同时社会工作教育界又有改进教育、传播知识、贡献社会的责任。从这个角度来说，将参与反贫困的经验和思考写出来，是十分有意义的事情。向德平教授主编的这套书正是此种努力的体现。该丛书组织了国内社会工作界20多位专家学者，基于社会工作实践，总结反贫困的相关模式和经验，生产社会工作知识，价值显而易见。

该丛书以实践为基础，兼顾了反贫困知识和实践的完整性。它是多视角、全方位和具有整体性的。其主要视角包括社区为本视角、抗逆力视角、内生动力视角、资产建设视角、金融服务视角、可行能力建设视角、赋权视角、贫困治理视角、心理弹性和生涯辅导视角等。它关注的服务对象主要包括儿童、老年、妇女、残疾人及西部农村中的弱势群体。该丛书既介绍既有的社会工作理论，也介绍中国特色的社会工作实践。基于本土实践，它介绍了社会工作参与反贫困模式的多样化和经验的多元化，反映了中国反贫困的经验及社会工作参与反贫困的机制，阐明了专业社会工作是如何发挥专业优势、实现服务效能的。

该丛书也是系列教材，体现了从理论到实践、从实践到知识的转化过程。这里包含了对反贫困知识和理论的选择，包括在实践中对社会工作知识的运用和反思，也包括基于实践的知识建构，还包括不同类型和不同层次的建议。该丛书内容丰富，有借鉴、有创新，可指导实践，也为反贫困研究提供了参考框架，是反贫困领域的学术力作，是社会工作本土化的重要成果。

三、在乡村振兴中更好地运用和发展社会工作参与反贫困的经验

到2020年年底，我国在总体上消灭了绝对贫困，但是相对贫困还会长期存在。中国共产党第十九届中央委员会第五次全体会议提出“实现巩固拓展脱贫攻坚成果同乡村振兴有效衔接”，我国巩固脱贫成果和反贫困的任务依然是十分繁重的。在走向乡村振兴、实现共同富裕的进程中，已经取得的反贫困经验在一定程度上依然有效，这与相对贫困现象在地域、群体、经济状况、社会生态和文化上的连续性密切相关。当然，相对贫困也有自身的特点，贫困群体有了以往反贫困的经验，有了相对好的经济基础和社会生活条件，他们摆脱贫困的内在动力和能力也有所增强。但是我们也要看到，在新的国际国内形势下，面对不断加剧的市场化竞争，相对贫困群体的生存压力不会减少，反贫困的发展性要求会更加突出。我国已经进入社会主义现代化建设的新阶段，要贯彻新的发展理念，构建以国内大循环为主体、国内国

际双循环相互促进的新发展格局，其中乡村全面振兴、遏制返贫现象发生、实现共同富裕任务艰巨。在这种背景下，社会工作者在参与脱贫攻坚中获得的经验仍然有重要的参考价值。我们也期待社会工作者群体在参与乡村振兴和解决相对贫困问题方面取得新的成果。

把论文写在祖国大地上，中国社会工作教育界以自己的实际行动在认真践行。

王思斌
北京大学社会学系

主编序

打赢脱贫攻坚战，是实现中华民族伟大复兴的底线要求，是贫困地区与全国一起全面建成小康社会的关键之举，是实现国家长治久安的重要保障。

我国扶贫开发进入精准扶贫、精准脱贫的新阶段。精准扶贫战略贵在精准，精准与专业具有同构性，只有调动专业的力量参与精准扶贫，才能进一步提升精准识别、精准帮扶、精准管理的精准度，才能更专业地解决贫困人口在脱贫过程中的个性问题与发展问题。社会工作参与脱贫攻坚具有重要的意义，在反贫困工作中扮演着重要的角色。

社会工作作为专业力量参与脱贫攻坚，将专业队伍、专业方法、专业力量运用到脱贫攻坚的工作中，发挥了不可替代的专业优势和人才优势，提升了反贫困工作的专业性。事实上，社会工作起源于贫民救济或慈善事业，其发展的历史就是人们与贫困做斗争的历史。社会工作的专业方法、理念正是人们在与贫困及相关社会问题做斗争的实践中逐步形成和发展起来的，因此，社会工作参与脱贫攻坚具有深厚的历史基础和重大的现实意义。社会工作参与脱贫攻坚是社会扶贫的重要组成部分。作为精准扶贫的专业力量，社会工作通过需求评估，精准识别贫困人口及其致贫原因；通过资源整合，动员与协调各方扶贫力量和扶贫资源；通过提升扶贫对象的能力，激发和提升扶贫对象的内生动力和可行能力。社会工作参与脱贫攻坚，有助于提高反贫困工作的精准性和可持续性，实现由“输血型”扶贫向“造血型”扶贫、救助型扶贫向发展型扶贫的转变。

党中央、国务院十分重视社会工作专业人才服务贫困地区的工作,《中共中央 国务院关于打赢脱贫攻坚战的决定》(中发〔2015〕34 号)、《中华人民共和国国民经济和社会发展第十三个五年规划纲要》和《国务院关于印发"十三五"脱贫攻坚规划的通知》(国发〔2016〕64 号)对实施社会工作专业人才服务贫困地区计划、支持专业社会工作和志愿服务力量参与脱贫攻坚提出了明确的要求。为贯彻落实党中央、国务院的决策部署,支持社会工作专业力量参与脱贫攻坚工作,《民政部 财政部 国务院扶贫办关于支持社会工作专业力量参与脱贫攻坚的指导意见》发布,民政部办公厅、国务院扶贫办综合司出台了《社会工作教育对口扶贫计划实施方案》。

为落实《民政部 财政部 国务院扶贫办关于支持社会工作专业力量参与脱贫攻坚的指导意见》的精神,贯彻实施民政部、国务院扶贫办联合制定的《社会工作教育对口扶贫计划实施方案》,深入推进教育扶贫工作,全国社会工作专业学位研究生教育指导委员会和中国社会工作教育协会积极实施"社会工作教育对口扶贫计划",组织全国 200 多所高校参与社会工作教育对口扶贫工作。在反贫困社会工作实践中,社会工作教育和实践工作者积极探索,积累了较丰富的实务经验,总结了一批典型案例,产出了一系列理论成果。本丛书是中国社会工作参与反贫困成果的系统呈现。

2019 年 3 月 16 日,中国社会工作教育协会反贫困社会工作专业委员会与华东理工大学出版社在武汉举行"大国攻坚 · 反贫困社会工作丛书"启动仪式。来自十几所高校的 20 余名作者代表参加了会议。会议研讨、确定了本套丛书的写作框架和主要内容。

本丛书是在全国社会工作专业学位研究生教育指导委员会、中国社会工作教育协会的指导下，由中国社会工作教育协会反贫困社会工作专业委员会具体组织完成的。王思斌教授、阮曾媛琪教授、谢立中教授、蔡禾教授、关信平教授、马凤芝教授、彭华民教授全力支持反贫困社会工作专业委员会的工作，指导本丛书的编写。

中国社会工作教育协会前任会长徐永祥教授高度重视本丛书的编写工作，为丛书的编写和出版提供了巨大的支持。本丛书寄托了全体社会工作同仁对徐永祥教授的深沉怀念！

感谢所有关心、支持本丛书的专家和同仁！

向德平
华中科技大学社会学系

前　言

党的十八大以来，习近平总书记站在全面建成小康社会、实现中华民族伟大复兴中国梦的战略高度，把脱贫攻坚摆到治国理政的突出位置。教育扶贫作为我国扶贫攻坚的重要组成部分，对精准扶贫工作的开展有着重要意义；全国教育力量纷纷参与扶贫攻坚，各大高校积极开展社会工作教育扶贫实践。四川外国语大学作为地方高等教育扶贫的有力践行者，也是全国社会工作精准扶贫的先行者。

四川外国语大学是首批入选“中国社会工作教育百校对口扶贫计划”的高校。四川外国语大学社会工作专业院系深入贯彻《民政部 财政部 国务院扶贫办关于支持社会工作专业力量参与脱贫攻坚的指导意见》，从 2015 年以来，先后承接了民政部“三区”社会工作人才支持计划等反贫困服务项目近 20 个，派出 200 余名师生在城口县、巫溪县、酉阳县等多个国家级贫困县持续开展社会工作扶贫服务。项目团队长期扎根农村，深入贫困群体开展社会工作智力扶贫，大力助推扶贫政策的宣传、执行和倡导，聚焦贫困治理中的多元主体进行多维能力建设，并不断发展和培育社区自治组织与自组织等；先后为 600 多名建卡贫困户和 2 000 余名“三留守”人员(共计 8 000 余人次)提供智力脱贫、精神扶贫、文化扶贫等服务，为当地培养了 100 余名本土社会工作骨干人才，实现了“扎根贫困村，关注重点人群，帮助一批贫困户，实施一批社会工作项目，培养一批本土社工骨干，培育一批社区组织”的目标。

在依托社会工作专业力量开展贫困县域智力扶贫的过程中，四川外国语大学对接国家精准扶贫和乡村振兴战略，充分整合学校、政府、行业和社会力量协同共治，运用教育和服务两种手段，通过课程实践、专业实习、第二课堂、志愿服务、项目实训、创新创业等途径，加强对大学生的理想信念、社会责任、实践能力、创新精神等方面的教育，同时也探索出了服务于精准扶贫战略的“四方协同、六位一体”的实践育人模式。学校在项目实施过程中发挥了主导作用，政府在项目实施过程中发挥了指导作用，社会组织也积极参与项目实施，形成了实践育人的合力。

我们在贫困县域的社会工作专业“造血式智力扶贫”实践，有效回应了如何建立“精准扶贫长效机制”“整体扶贫机制”“贫困人口内生动力激发机制”等政府、学界普遍关注的问题。通过三年多的扎根驻点服务，学校在社会工作专业精准扶贫领域形成了在全国具有一定示范性和推广性的较为成熟的经验。2019 年，依托学校社会工作扶贫实践，我们成功获批第一批教育部思想政治工作精品项目。结合学校《思想政治工作质量提升工程实施纲要》的安排部署，我们在服务精准扶贫的实践中突出育人特色，期望通过整合各类实践资源，构建实践育人协同体系，丰富实践育人内容，创新实践育人形式，拓展实践育人平台，形成学校思想政治工作品牌。

我们在进行精准扶贫实践的过程中，不断总结社会工作参与扶贫的实务做法，思考这些做法对整个社会工作教育扶贫工作的意义，并不断进行经验的反思和理论的总结。在华东理工大学出版社的大力支持和帮助下，我们将借本书对学校社会工作参与精准扶贫的实践进行实务呈现和初步的理论反思，以期为社会工作教育扶贫提供一些启发或参考。

目　录

CONTENTS

第一章　绪　　论

第一节　城口县社会工作教育扶贫的实践背景

一、社会工作教育介入扶贫：政策倡导与专业使然

2012年4月，民政部等19部委联合发布的《社会工作专业人才队伍建设中长期规划（2011—2020年）》明确提出："实施社会工作专业人才服务边远贫困地区、边疆民族地区和革命老区计划……支持培养边远贫困地区、边疆民族地区、革命老区和广大农村社会工作服务人才。"近些年来，在民政部、国务院扶贫办等部门的联合推动下，社会工作在脱贫攻坚中的服务范围内，已深入教育扶贫、医疗扶贫、就业扶贫、灾后重建、生态扶贫、易地搬迁等多个领域，社会工作在扶贫济困方面的作用已经得到党和政府的认可。2017年6月出台的《民政部 财政部 国务院扶贫办关于支持社会工作专业力量参与脱贫攻坚的指导意见》（民发〔2017〕119号）明确指出："打赢脱贫攻坚战需要社会各方面力量的参与。社会工作专业人才是为贫困群众提供心

理疏导、精神关爱、关系调适、能力提升等社会服务的新兴力量，在帮助贫困群众转变思想观念、树立自我脱贫信心、拓宽致富路径、提升自我脱贫能力等方面可以发挥积极作用。”该文件提出，实施社会工作教育对口扶贫计划，到2020年，促成至少200所高校与贫困县建立社会工作专业培训、教师实践和学生实习实训基地。同年，民政部办公厅、国务院扶贫办联合出台了《社会工作教育对口扶贫计划实施方案》，从总体目标、基本原则、主要任务、实施步骤、保障措施五个方面对社会工作教育助力精准扶贫进行指导，提出“支持贫困地区社会工作实习实训基地建设”，“配合基层社会工作服务站点建设”，有关院校应借此契机建立“实务教学、行动研究和扶贫济困”三位一体的社会工作实训基地。社会工作教育参与扶贫工作在全国贫困地区全面展开。2017年12月1日，社会工作教育对口扶贫计划正式启动，113所高校对口援助77个国家级贫困县。初步统计结果显示，为响应国家号召，已有220余所高校进入贫困地区，加入并启动社会工作教育对口扶贫计划。

教育扶贫是针对贫困地区的贫困人员进行教育投入和教育资助服务，使其掌握脱贫致富的知识和技能，并通过提高当地人口科学文化素质以促进当地经济和文化发展，最终摆脱贫困的一种扶贫方式。教育扶贫是我国脱贫攻坚工作的重要组成部分，对于解决地区贫困问题、推动贫困地区的教育发展和全面建成小康社会具有重要意义。鉴于高校具有丰富的智力资源，很多地方政府在大力推进教育扶贫的过程中都采取了与高校合作的方式。一般而言，高校参与教育扶贫通常是利用高等院校的智力资源、物质资源和网络资源，以“三下乡”“三支一扶”为主要路径，以远程教学工作站、实习实训基地等平台为主要载体，以国家扶贫开发工作重点县的干部和群众、中小学校长与师生为主要对象，通过捐赠钱物、志愿服务、教育培训、助学帮扶、招生计划倾斜等方式开展扶贫工作。多年来，四川外国语大学注重教学实践与地方服务紧密结合，深度参与重庆市教委扶贫集团在巫溪县开展的教育扶贫和重庆市科委在万州区的扶贫服务。这些工作已取得良好效果，对贫困地区教育事业发展和人口素质提高起到了促进作用。但此类高校教育扶贫的传统工作模式尚存在局限性，主要表现在：扶贫主体重在校学生轻成年人，扶贫内容重基础教育轻成人发展教育、重知识教育轻社会教育，扶贫方法专业性不强，扶贫方式相对单一，扶贫周期短，造血扶贫效果有待加强等。

社会工作是从西方兴起并于后来传入我国的一门专业，也是现代社会的新兴职业之一。社会工作以利他主义为价值理念，以社会学、心理学、管理学、行为学、经济学、政治学、伦理学等多学科知识为基础，以个案、团体、社区、行政等科学方法为工具，以助人为目标。其本质特征是立足于各类困难群体的实际需求，做出科学测评预估，为困难群体认识困境、走出困境提供专业化社会服务。在理念上，社会工作强调助人自助，即注重服务对象主体能动性的发挥，通过社会工作者的支持鼓励、倡导动员、资源链接、团体组织、增能教育等柔性教育的过程，促使被帮扶人员转变自身意识、提升素质能力、增强社会适应能力，提高个人与社会的联结度，最终使被帮扶人员走出困境。社会工作参与教育扶贫具有专业精准扶贫、培育内生力量、调动社会资源的优势，与教育扶贫本身注重挖掘贫困群众内生动力、阻断代际贫困、促进被帮扶人员自我发展与成长的目标理念高度契合。随着精准扶贫进入攻坚克难的最后阶段，社会工作在脱贫攻坚中的作用得到政府认可。在党和政府的支持下，高校积极运用社会工作专业办学资源，利用社会工作专业服务参与教育扶贫。

二、城口县——一个国家级贫困县——的历史与现状

城口县地处大巴山腹地，位于重庆市最北端，集“老、边、山、穷”于一身，素有“九山半水半分田”之称。清道光二年(1822)始设城口厅，民国二年改厅为县。全县辖区面积为 3 292.4 平方千米，2013 年，户籍总人口为 25.12 万人，辖 2 个街道 23 个乡镇 204 个农村社区，540 个基层党组织。城口县先后获得“中国生态气候明珠”“中国老年人宜居宜游县”“大中华最佳绿色生态旅游名县”“中国钱棍舞之乡”“中国天然富硒农产品之乡”“国家生态原产地产品保护示范区”等称号。基本县情可以概括为以下五个方面。

(一) 地理位置特殊，交通状况是多年来制约和影响发展的关键因素

城口县地处大巴山腹地、渝川陕三省市接合部，与四川宣汉县、万源市，陕西紫阳县、岚皋县、平利县、镇坪县以及本市的开州区、巫溪县接壤，是长江三峡腹地联结大西北的重要地点，自古以来就有通商之道。全县平均海拔居全市最高，纬度比较高，受大山阻隔，交通瓶颈问题突出，无高速、高铁过境，与周边区县公路交通均在 2 小时以上，是重庆发展条件最差的地方，承接和集聚发展要素的能力十分弱，多年来一直处于“在落后中发展，在发展中落后”的局面。自 1997 年重庆升为直辖市以来，城口县先后实现了“8 小时重庆”“4 小时重庆”的目标，即境内行政村通畅、撤并村通达全覆盖。当前，G69 银百高速城口县至开州段加快推进，计划于 2022 年竣工。渝西高铁设计方案中，高铁将经过城口县。随着交通瓶颈加快突破，劣势将变优势，城口县将融入全市乃至全国的交通网络中，真正成为长江三峡腹地与大西北联结的最便捷之地。

（二）山大、坡陡、沟深的自然条件，严重制约经济社会发展

境内地貌特点是山大、坡陡、沟深。在城口县，传统农业仍占主导地位，耕地面积仅占辖区面积的6.8%。用地条件恶劣，城市基础设施落后，75%左右的耕地的坡度值至少为25°，多为“巴掌田”“鸡窝地”，很多地方“有天无地、有山无田、有人无路”。农业产业组织化、规模化、标准化、品牌化发展缓慢，农产品的商品化率低，农业“散、小、弱”现状十分突出。全县自然资源富集，已探明的矿产资源有30余种。这里的锰矿是全国五大矿床之一、钡矿是世界三大矿床之一，淡水资源有30亿立方米，是南水北调重要水资源战略储备库。多年来，城口县工业发展主要以锰、钡、煤和水电资源开发为主，受交通、用地、技术等因素影响，加之历史欠账较多，传统锰、钡产业生产粗放、产品初级、价值低端、质量不高，转型升级进展缓慢，在推进供给侧结构性改革、乡村振兴、高质量发展上还任重道远。

（三）生态气候良好，环境承载力脆弱是影响发展的命脉所在

城口县地处秦岭以南、长江以北的中国气候南北过渡带上，位于北纬31°37′至32°12′之间，最高海拔为2 686米，最低海拔为481米，亚热带季风湿润气候明显。该县的生态系统良好，是全国生物多样性保存最好的地区之一。境内有各类动植物4 900余种，有人曾在这里发现了被世界自然保护联盟宣布灭绝了的崖柏。全县森林覆盖率为67.5%，县城空气质量优良天数常年保持在340天以上，城口县有“天然氧吧”之称。生态良好是城口县发展的最大优势，也是其最大的“命脉”，有大巴山国家级自然保护区、九重山国家森林公园和巴山湖国家湿地公园三个国家级保护区。城口县35.2%的面积属于国家级自然保护区，54.01%的面积被划入生态保护红线。自然保护区涉

及 12 个乡镇 56 个行政村，常住人口有 33 500 余名，生态保护任务较重。境内山地地质构造复杂，褶皱和断层分布广泛，岩层破碎，有地质灾害隐患点 528 处，水土流失面积达到 670 余平方千米，生态环境十分脆弱。在 2016 年生态文明建设考核中，尽管城口县的生态环境质量和生态保护位居重庆市前列，但因经济发展水平低，生态文明建设整体考核成绩在全市比较靠后。

（四）红色民俗文化资源丰富，挖掘传承和开发利用有限

城口县是川陕革命根据地的重要组成部分，在重庆市具有“三个第一、两个唯一”的红色历史：重庆市第一个打出地方红军旗帜的县、第一个被地方红军解放的县、第一个迎来红军主力部队的县，重庆市唯一成建制建立了县、区、乡、村四级苏维埃政权的革命老区和唯一被纳入国务院《川陕革命老区振兴发展规划》的县。李先念、徐向前、王维舟等老一辈无产阶级革命家曾在这里战斗过。2016 年，城口县只有 5 万多人，有 5 000 多人参加了红军、游击队和苏维埃政权建设(其中，有 500 多人参加了长征，470 余人壮烈牺牲在长征路上)。城口县民俗文化丰富多彩，钱棍舞、锣鼓、山歌等各具特色，城口县老腊肉制作工艺、土法造纸、漆器等民间技艺被列入市级非物质文化遗产。城口县被当时的文化部评为“中国民间文化艺术之乡”。城口县长期以来处于封闭落后状态，群众整体文化水平不高，文化产业和文艺事业发展相对落后，挖掘、传承、保护得不够，因而文化拳头产品匮乏，文化软实力不强。目前，城口县正在加强人文民俗、红色历史挖掘利用，传承红色基因，培育文化品牌，推动乡村文化振兴。

（五）纵向发展变化较大，提升发展质量仍面临巨大挑战

据统计，自中华人民共和国成立到重庆升为直辖市，国家对城口县的投

入不到 4 000 万元。当初，有人形容城口县是“汉族人居住得最穷的地方”。自 1997 年 6 月以来，重庆市委、市政府高度重视城口县扶贫工作，先后安排市发改委扶贫集团和市纪委扶贫集团帮扶城口县，县域经济社会发展取得了很大进步。但客观上，城口县仍面临“在落后中发展，在发展中落后”双重困境、区域贫困与深度贫困双重叠加、巩固脱贫与防止返贫双重压力、脱贫攻坚与全面小康双重任务，面临整体发展水平和经济实力不强等问题。受制于客观条件和特殊困难，城口县吸纳社会资本的能力不强，发展更多地依赖于政府投入。2018 年，城口县对上级财政转移支付依存度达到 90%，人均地区生产总值不足全市乃至全国的一半，城乡居民人均可支配收入仅占全市乃至全国的三分之二左右，有 2 个市级深度贫困乡、3 个县级深度贫困乡、20 个县级重点贫困村、30 个产业薄弱村和 2 642 户 9 302 人有待整体脱贫。城口县正在努力探索一条发展山地经济的路子，打赢打好脱贫攻坚战，奋力推进乡村振兴，与全市同步全面建成小康社会。

三、深度多维贫困的成因分析

城口县兼具“老、边、山、穷”等特点，是国家扶贫开发工作重点县、秦巴山集中连片特困地区、重庆市唯一被纳入川陕革命老区的县，也是重庆市 4 个深度贫困县之一。由于长期受交通状况制约，历史欠账多，发展基础差，加之地处高寒深石山区，土地贫瘠，有天无地，有山无田，因而城口县区域发展相对落后。城口县贫困村数占行政村总数的 52%。2014 年年底，贫困发生率为 14.3%，居全市第 2 位，分别高出全国、全市 5.8 个和 8.3 个百分点。

城口县的致贫原因是多方面的。2015 年 9 月，四川外国语大学“三区[①]计划”社会工作服务项目团队（以下简称“社会工作团队”）进入城口县，先后走访了多个村镇的 300 多名村民，大致了解了城口县的致贫原因。下面我们以其中服务时长超过 3 年的 P 村为例加以说明。

（一）P 村基本情况

P 村位于河鱼乡北部，距河鱼乡场镇有 3 千米，辖 10 个村民小组，共有 433 户 1 353 人。辖区有村级小学 1 所，教师 2 名，在校学生 34 人。该村具体特征如下：

1. 面积较大，居住较为集中。P 村所占面积为 18.98 平方千米。该村为山地，大部分人分布在 P 村河道两岸，少部分人分散居住。

2. 耕地较少，富余劳动力较多。受到退耕还林政策影响，全村现有耕地 1 810 亩（人均耕地不足 1.5 亩）、林地 23 352 亩。剩余劳动力丰富，加之交通不便，村民创收渠道不广、创收能力有限，很多人选择外出务工，出现了“三留守”人员（留守儿童、留守妇女、留守老人）。

3. 交通便利，基础设施较好。P 村现有一条硬化村级公路，长 10 千米，连着河鱼乡与岚天乡，使北屏、岚天、河鱼、东安形成旅游环线，成为“重庆北极”的重要通道；全村社级公路共有 5 条、长 15 千米，其中硬化路面长 3 千米、泥结碎石公路长 12 千米。P 村立足村情，正在实行乡村旅游脱贫。

4. 经济发展相对滞后，贫困人口较多。截至 2018 年年底，有低保户 17 户 70 人、五保供养 14 人。建卡贫困户 52 户 193 人，占全村人口的 14％，2015 年脱贫 10 户 39 人，人均年收入 8 300 元左右，脱贫致富仍是一项艰巨任务。

---

① 三区是指边远贫困地区、边疆民族地区和革命老区。

（二）P村贫困的原因

1. 贫困人员缺乏内生动力。调研中发现：第一，建卡贫困户均已享受“两不愁三保障”政策，家庭收入状况和生活情况已得到明显好转，多数建卡贫困户对政策依赖性较强，政府一旦停止政策扶持，部分建卡贫困户的生活情况将会再次陷入贫困，因此对建卡贫困户的再次甄别与筛选尤为重要。第二，贫困人员因病致贫返贫现象严重。建卡贫困人员的年龄普遍偏大，主要集中于50～70岁，文化水平较低，最高学历仅为小学，大都因病致贫或因病返贫，家庭成员劳动力缺乏，自我发展能力相对较弱。第三，贫困人员自主生计发展能力相对欠缺。有5户发展养殖业（养鸡、养猪），所占比例为26%，其余的建卡贫困户因缺资金、缺技术、缺经营人而不能较大规模地发展养殖业，对政府的依赖性较强，缺乏规划新兴产业发展的思路与能力。

2. “三留守”社会支持网络不健全。调研中发现：“三留守”人员呈现出空巢老人居多、留守儿童次之、留守妇女相对较少的现象。留守老人年龄主要集中于60～70岁，他们的文化程度较低，文盲所占比例为57%，多数留守老人疾病缠身，健康保健知识缺乏，子女不在身边；在政策扶持方面，所有留守老人均已购买农村养老保险、医疗保险，但90%以上的老人均存在生活困难、医疗困难、情感空虚的问题，家庭支持网络、社区支持网络和社会支持网络较为薄弱。留守儿童一般与爷爷奶奶一起生活，多数留守儿童家境较为富裕。但调查数据显示，一半以上的困境儿童缺失父爱、母爱，呈现出对关怀、爱与被爱的强烈需求。与此同时，处于学龄阶段的留守儿童在学习能力提升、兴趣发展、人际交往等方面有较大需求。

3. 内生组织系统缺乏。调研中发现，P村目前只有村民委员会(简称“村委会”)这一基层自治组织以及村民小组、巴山巧媳妇义工队等，这些组织有较高的政治性、限制性：一方面，村民受自身能力所限不能加入，不利于村民各方面能力的发展；另一方面，村委会及其附属组织的行政性事务较多，无精力、无时间组织有关活动，不能满足多数村民需求。村落中组织类型单一，缺乏经济型组织、文化型组织、服务型组织和发展型组织等，村民难以动员、组织，基层治理缺乏平台依托。

4. 文化发展滞后。调研走访中发现，目前生活在农村的大多数村民文化水平普遍较低，有知识有文化的一代大都在外地就业或读书，留在村里的人的最高学历为初中毕业，甚至有很多村民从未上过学。村中有着淳朴的民风、丰富的民俗文化，一些村民也有传统的种植、养殖技术，随着城市化以及信息时代的到来，村中很多的农事文化、农业器具都在慢慢消失，这些代代相传的优良文化即将消失：一方面，不能通过现代的技术或书写记录将以前的传统文化传承保留；另一方面，土生土长的年轻人相继离开村落，村里缺少组织、传承、保护社区优良文化的能人。

第二节　社会工作教育扶贫的理论视角和实践逻辑

一、城口县社会工作教育扶贫的理论视角

(一) 社区赋权

在西雅图的社区营造实践中，迪尔斯认为“城市之正面发展有赖于地方

政府和社区之间的良好伙伴关系”，需要政府朝“社区培力”(community empowerment)迈进，而社区培力则是指由政府提供工具和资源，让市民能自己发展属于他们的社区组织，进而讨论与决定以社区为主体的优先需求①。对于开展扶贫工作的乡村社区来说更是如此。

尽管我们在回忆乡村社区的时候，经验里总是美好的，因为在我们的印象中，那里曾有过安全、值得信赖的感受。但是，仔细回想后，我们依然会看到许多的不公平现象和村民难熬的生活镜头。在城口县的社会工作扶贫实践中，我们注重链接不同的资源，通过不同的计划和方案将外接资源赋权给社区，在社区赋权中发掘社区潜能，促进社区的能力建设和发展。在具体的工作中，我们注重的是在一次次成功的行动中让村民建立起自信心，汇聚力量以持续应对未来的挑战。社区赋权是以预防为主，注重防患于未然。

(二) 可行能力

20 世纪 80 年代，阿马蒂亚·森(Amartya Sen)提出了“可行能力”理论。他认为，贫困必须被视为基本可行能力的被剥夺，而不仅仅是收入低下，贫困的根源是可行能力的不足与缺失。也就是说，贫困的本质是人基本能力的缺失和被剥夺，贫困的真正含义不仅是收入的低下，而且是人的能力的不足，即缺少正常生活的能力。

森之所以赞成对贫困问题采取可行能力的视角，主要是因为：第一，贫困可以用可行能力的被剥夺来合理识别，这种方法集中于对那些自身固有的重要性的剥夺(不像收入低下，它只有工具性意义)。第二，除了收入低下

① 迪尔斯. 社区力量：西雅图的社区营造实践[M]. 黄光廷，黄舒楣，译. 台北：洪叶文化事业有限公司，2009：26.

以外，还有其他因素也影响可行能力的被剥夺，从而影响到真实贫困（收入不是产生可行能力的唯一工具）。第三，低收入与低可行能力之间的工具性联系，在不同的地方甚至不同的家庭和不同的个人之间，是可变的（收入对可行能力的影响是有条件的，是随境况不同而不同的）。

（三）系统理论

1971 年，贝塔朗菲（Ludwig von Bertalanffy）最先提出一般系统理论的概念，认为生命有机体都是一个完整的系统，各个系统都由子系统组成，同时各个系统又是更大系统的子系统。赫恩（Hearn）提出了全人、全貌的概念，将系统理论应用到社会工作当中。1973 年，平卡斯（Pincus）和米纳罕（Minahan）以系统的观点介绍整合的社会工作实务和方法。社会系统理论把人与生活环境看作由功能上相互依赖的各种元素所组成的系统整体。协调或均衡是该系统运行与维持的基本条件，也是个体生存与发展所必需的基本条件。

社会工作的系统理论是一般系统理论在社会工作领域内的应用，认为社会生活也是一个系统，并且是一个更大的系统的子系统。它的核心观点是以整体的视角来看待个人和社会，认为系统在动态的变化过程中维持着稳定和平衡，而且在各个系统之间保持着一种积极的互动关系。这种看待人与社会的视角就是整体的视角。

二、政策、能力和组织：城口县社会工作教育扶贫的实践逻辑

社会工作教育界是我国脱贫攻坚的重要力量，在充分调动教育资源、发挥社会工作专业力量的基础上，以服务和教育双重手段进入脱贫攻坚的主

战场。结合一些高校的成功实践，高等院校社会工作教育扶贫可以构建起政策、组织和能力的实践逻辑框架，以国家战略、脱贫攻坚政策进行统筹，强化党建引领，促进国家政策倡导、落实与实施；培育基层社会组织这一载体，激活乡村社会系统，重建乡村社区平台；以向基层赋能、提升贫困群众脱贫致富能力和内生动力为主要着力点，让贫困群众成为社会组织的主导者和政策的维护者、受益者。

（一）党建引领，协助政策倡导与落实

应对贫困问题是当前中国政府面临的重大任务和挑战，作为新时期扶贫工作的顶层设计和指导方针，精准扶贫政策被寄予厚望。政策出台之后关键在于落实，精准扶贫政策能否取得实效与政策执行的好坏是分不开的（马小虎，2017）。随着"开发性扶贫"受到重视，许多在贫困地区开展的社会工作服务不仅着眼于对现行国家扶贫政策的执行与倡导，也越来越重视动员和组织贫困人群参与生计活动或经济项目，同时更加注重对他们的有关能力的培养，并提供、整合、协调相应的信息和资源，甚至必要时帮他们做供需对接等。

社会政策理论界开始关注扶贫的结构性和能动性，但是其主体仍旧是政策实施者，对政策对象的个体能动性的研究相对来说较为忽视。近些年来，社会工作逐渐在精准扶贫政策的基础上关注贫困地区和贫困群体的能力建设，认为政策受助者的能动性与反贫困政策执行之间存在相互影响，如何有效地提高政策受助者的能动性、利用政策实现减贫，是社会工作实务的重要关注点。

社会工作是通过服务为服务对象提供利益保障并追求和实现社会公正

的职业。社会工作教育扶贫项目的启动适逢脱贫攻坚进入关键时期。在这个时期，“造血式”扶贫和对贫困者能力的增强显得尤为重要，因此社会工作教育力量应该尽量在满足贫困地区特殊需求、增强贫困群体脱贫能力方面发挥重要作用。社会工作教育界作为协同者，除了利用充足的教育资源和教育手段以外，还通过社会工作专业服务加入脱贫攻坚的队伍中，成为其中非常重要的专业力量。高校社会工作教育力量在贫困地区还应该扮演资源链接者、社会支持者、关系协调者、增能使能者，同时还应该成为政策倡导者。

作为政策倡导者，高校社会工作教育力量在以下几个方面起着非常重要的作用：在脱贫攻坚政策制定过程中，社会工作者积极参与，以自己在贫困地区的调研、实践情况为依据，收集贫困群众深层次的、真实的需求，呼吁各级政府和更多的社会群体与力量予以关注、提供帮助；在脱贫攻坚政策传达过程中，社会工作者可以通过政策倡导和教育培训等手段让贫困者了解政策、熟悉政策并用好政策，享受政策红利；在脱贫攻坚政策执行过程中，社会工作者可以最大限度地履行教育工作者和社会工作者的关心人、服务人和促进人的全面发展的责任，保护服务对象生存、交往、就业等各种权益，为其争取更多机会，提升其内生动力以及脱贫的信心和能力。

社会工作者和社会组织参与精准扶贫过程中要充分发挥联合党委的政治核心作用、桥梁纽带作用、引领示范作用、服务协调作用。以城口县为例，社会工作团队在开展服务的过程中始终坚持党建引领，在各级党组织的领导下，和国家战略要求保持高度一致，与地方脱贫攻坚的主业高度融合。同时，我们充分熟悉和理解国家扶贫政策的基本框架与内容，在需求调查和对贫困人员的帮扶中都需要与现行的扶贫政策进行有效对接，始终保证社会工作教育扶贫行动建立在扶贫政策基础之上。我们时刻牢记，高校社会工作者必须在党组织的领导下，充当扶贫政策的传递者、评估者和链接者的角色，同时在执行扶贫政策的基础上，又要利用专业的工作理念和方法开展具体的扶贫行动，包括智力上的扶贫和经济上的扶贫（穆莉萍，2018）。本书的第二章主要介绍社会工作团队如何以党建工作为引领，探索和坚持党建引领与社会工作专业服务的耦合机制，调动学校、行业、社会多种资源，以教育和服务双重手段，取得社会工作教育扶贫的良好成效。第三章主要介绍社会工作教育扶贫在精准扶贫政策背景下，如何整合并运用社会工作专业力量与优势，将政策付诸行动，拓宽落实扶贫政策的路径，提高落实扶贫政策的成效。

（二）个体赋能，提升贫困群体内生动力

在贫困地区，农民要在外部的帮助下解决贫穷问题。对于社会工作团队来说，最重要的在于尊重农村发展的自然规律，从而把他组织与农民自我发展出的社区社会组织结合起来，使有计划的干预发展转化为系统的自组织，使这种动态运作方式成为农村发展的一种推动力量。而社区社会组织培育的实践意义不在于通过它来建立贫困农村脱贫发展的模型，而在于把农民组织起来，改变人们对于促进贫困农村脱贫与发展的态度，即实现精神脱贫，实现人的改变继而通过人的改变，变"输血"为"造血"，变个体"输血"为组织"输血"，变外部输入为自我培育与外部帮扶相结合。从贫困能力视角来看，因病因残致贫是最难脱贫的因素。外界力量和政策虽然给予贫困户很大的帮助，但却无法给予个体从贫困中走出来并持续致富的能力，根本原因在于贫困户缺乏个体规划和应对风险的能力。因此，逐步引导社区成立农民自助互助自治的社区社会组织，夯实社区基层治理自治基础，是帮助贫困户启动脱贫规划、应对风险的一个有效保障。

贫困群众既是脱贫攻坚的对象，又是脱贫致富的主体，因此激发贫困人员脱贫致富的内生动力至关重要。如果只强调外部帮扶而不注重内生动力的激发，不注意增强贫困人员的自我发展能力，在外部帮扶力度减小或者外部帮扶被撤离的情况下，已经脱贫的群众就会返贫。习近平总书记多次强调内生动力对脱贫攻坚的重要意义。他指出，要着力激发贫困群众发展生产、脱贫致富的主动性，着力培育贫困群众自力更生的意识和观念，引导广大群众依靠勤劳双手和顽强意志实现脱贫致富。这就告诉我们，实施精准扶贫精准脱贫，必须引导贫困群众树立主体意识，把扶贫与扶志、扶智结合起来，聚焦贫困群众的能力养成和自我发展潜力培养，变“输血”为“造血”，既解决物质贫困，又解决“素质贫困”，在改变贫困人员生产生活条件的同时，更加注重素质能力的提升和思想观念的更新。在激发贫困群众内生动力的过程中，帮扶团队既要动员各方力量，用好对口帮扶资源、市场资源、社会资源以及人民群众自身的资源，广泛凝聚脱贫攻坚合力，最终将政策的含金量、外界资源的扶持力转化为贫困村的内生动力，又要从贫困地区和贫困群体内部入手，从贫困群体的自我“造血”能力培养入手，从农村基层自治组织培育入手。这些是社会工作所擅长的，同时也是持久脱贫之本。

目前人们对于贫困的定义大多集中在物质层面。从贫困线标准的确定到脱贫指标的明确，无不重点指向经济收入即物质层面。然而随着精准扶贫政策的有效推行，目前我国正在逐步消除难以维持最低生活需求的绝对贫困，收入的增加对于人民福祉的改善具有重要作用。事实上，贫困不仅仅是一种收入标准或者主观感受，贫困者自身的能力和能够达到的状态才是理解贫困与消除贫困的要义。长期以收入为中心的贫困观使得有关方面在制定反贫困公共政策时更多关注贫困者的物质收入水平，而偏离了加强贫困群体自身能力建设这一根本。因此，我们迫切需要从新的视角来审视贫困，寻找扶贫和脱贫之道。

1979 年，在著名的泰纳讲座中，阿马蒂亚·森发表了《什么是平等》的主题演讲。在这次演讲中，他阐述了能力贫困理论，提出了“可行能力”这一概念。在阿马蒂亚·森看来，基于可行能力的视角来判断个体的处境，不再仅以收入作为衡量贫困的标准，可行能力被剥夺才是贫困的真正根源①，即贫困是由于满足人们基本需要的能力不足或者被剥夺而造成的，虽然收入是提高能力和实现某种功能性活动的重要工具与手段，但绝不是唯一的途径。例如，良好的健康状况和文化程度可以帮助人们获得更高的收入，从而使人们过上更为体面的生活。在同等收入条件下，贫困者自身的健康状况、受教育程度等不理想时，可能需要更多的钱才能实现其所需的功能性活动。比如，残障人士需要更多的物质资源才能获得与正常人相同的功能性活动，这些个体自身的特性与收入水平一样，都会影响个体的可行能力，进而影响其真实的贫困状况②。阿马蒂亚·森的能力贫困理论使我们对贫困的理解由收入转向了人们追求的目的和能够达到这些目的的自由，加深了人们对造

① AMARTYA S. Development as Freedom[M]. Oxford: Oxford University Press, 1999: 75.

② AMARTYA S. The Idea of Jastice[J]. Allen Lane, 2009: 256.

成贫困的根源即可行能力被剥夺的理解①。能力贫困理论在实践中也得到进一步的运用。自2005年起，德国政府公布的《国家贫困和财富报告》就以能力贫困理论和MPI为基础，重点关注国民教育、健康、住房、就业、公共政策、社会参与度、国民收入和负债，特别强调对家庭、移民、残疾人和其他弱势群体的关注②。《2010年人类发展报告》公布了各国多维贫困指数（MPI），包括收入、教育、健康三个维度，以及营养状况、儿童死亡率、儿童入学率、受教育程度、饮用水、电、日常生活用燃料、室内空间面积、环境卫生和耐用消费品十个测量指标。

从能力贫困视角出发，结合各国多维贫困指数，在城口县农村服务实践中，社会工作团队将儿童和贫困社区居民等作为重点关注对象，围绕“贫困人员多维资本培育”“儿童能力提升与贫困代际阻断”“贫困社区居民社区参与能力提升”三大议题，切实改善贫困者自身的特性，帮助贫困社区重塑内生动力。在具体策略上，我们更加关注贫困群体、贫困社区发展机会和应对变化的能力，明确可行性能力建设对象，消除贫困，预防返贫，提升社区减贫能力。

本书运用案例介绍了社会工作如何在农村针对建卡贫困户、困境儿童和贫困社区一般居民三类群体开展能力提升服务等实践情况。第四章主要论述社会工作者通过对贫困人员心理资本、健康资本、人力资本和社会资本

① 阿马蒂亚·森. 以自由看待发展[M]. 任赜，于真，译. 北京：中国人民大学出版社，2002：86－87.

② ARNDT C, VOLKER J. The Capability Approach: A Framework for Official German Poverty and Wealth Reports [J]. Journal of Human Development and Capabilities, 2011(3): 37.

等的挖掘与培育，增强其自我发展能力，助力贫困人员通过自身努力脱贫解困。第五章详细阐述社会工作在阻断贫困的代际传递方面，如何以儿童为切入点开展能力提升服务。第六章从地区发展模式的角度出发，探讨如何充分发挥农村居民在精准扶贫和农村社区治理中的参与作用。

（三）组织孵化，激活乡村社会系统

有效治理必须建立在国家和市场的基础之上，它可以弥补国家和市场在调控和协调过程中的某些不足，成为国家和市场手段的补充。乡村社会治理失灵是大多数贫困地区的社会现实和贫困的重要原因，这主要是农村社区公共管理中的失灵或者失败，是社区不能有效发挥管理作用、社区内的资源不能得到充分利用的结果。一般来说，社区的“失灵”是社会或者政府为了实现特定的管理目标，在决策、执行、监督、检查等环节存在的失误和偏差，进而产生一些负面影响。但是，贫困县域的乡村社会治理失灵的原因不是政府管理的偏差，而是治理主体缺失、治理机制转变带来国家治理的失位以及机制失灵等，而组织功能的缺失是治理失灵的主要原因。

随着城市化与工业化的快速推进，一方面是一部分村庄很快就要消失，另一方面是相当一部分村庄的青壮年大量外流，乡村人口的急剧减少使得村庄在某种意义上成为一个“空壳”。外出务工虽然为农民带来了远远超过从事农业劳动获得的收益，但是也带来了对乡土文明的疏远、对乡土社会的逃离和对乡村生活的淡漠。乡村主体构成要素的“空心化”使得乡村社会治理缺乏了最基本的依托和动力。

近代以来，传统的礼法宗族治理型乡土社会逐渐被解构，一种以意识形态为纽带、以国家总体性支配治理为特征的新型乡村社会结构逐渐形成。

改革开放以来，随着国家治理模式的转型和市场经济的兴起，维系村庄稳定与运行的纽带呈现出以松散、冷漠为特征的“原子化”趋势，村庄社会关联呈现为“分散的原子状态”。以经济利益为纽带的松散居住方式使得社会治理主体组织化变得非常艰难，特别是在乡村社会事业和公共性事务的参与面、主动性、积极性方面受到极大影响，集体生产或公共生活很难组织起规模化、统一化的力量。

在传统中国，乡村社会主要依赖家族—宗族—乡族三级治理体系，乡绅主导构建的社会领域基于乡村特征划定边界和提供公共物品，并部分替代了政治领域，政治领域与社会领域通过有效的协调机制来相互补充。取消农业税后，乡村社会的组织体系涣散，村民的利益诉求难以通过村级组织有效表达。村委会在村民中的合法性、影响力和情感关联越来越淡化。农村经济社会的快速发展客观上造成了村级经济涣散、集体经济组织疲弱，新型城镇化的日益推进带来了乡村精英流失和乡村“空心化”，乡村社会中文化组织又长期缺失，严重削弱了乡村治理的内生动力。乡村社会中政治组织的功能弱化，经济组织的弱小，文化、社会组织的缺失，都直接导致乡村社会治理没有了平台依托。社区没有承接外来资源的能力，社区内部系统的无力状态使外部系统资源介入时没有着力点，无法发挥效力。传统常态乡村治理机制在乡村社会治理中失灵，而新的机制又难以建立，导致乡村社会治理举步维艰，建立健全党委领导、政府负责、社会协同、公众参与、法治保障的现代乡村社会治理体制迫在眉睫。

农村基层组织是设置在乡镇以及行政村一级的各种正式与非正式组织，包括基层党政组织、基层自治组织、乡镇企业、社会组织和社区居民团体等不同类型[①]。脱贫攻坚是国家重大政治问题,农村基层组织建设事关打好脱贫攻坚战的组织保障问题,也事关农村治理能力的现代化问题。就农村居民而言,基层组织是其参与社会的微观载体,是个体融入农村社会治理过程的重要平台。就国家而言,基层组织是党和国家在农村工作的重要抓手,其有效运行事关国家各项农村发展战略、社会政策的落实和基层社会的稳定。新时代背景下,国家倡导建设多元主体共建、共治、共享的社会治理模式,这意味着对农村基层党政组织建设、农村社会组织培育、农村内外组织联动、农村政社组织协同等方面提出了更高的要求。社会工作专业力量促进精准扶贫和乡村振兴战略的实施,也需要为农村组织建设充分发挥积极功能、减弱消极功能提供帮助和支撑。

在学理层面,当前国内许多学者认可西方社会发展视角和资产建设理论在我国反贫困、社区发展工作中的重要借鉴意义[②]。这一理论流派认为,社区发展的内在动力来源于丰富的社区资产,其中社区中拥有各类组织的数量及其能力构成了重要的社区资产。结合我国实际情况,在行政村一级

① 目前,多数学者倾向于把农村基层组织界定为基层党组织或基层自治组织。但是,也有一些学者在较为广泛的意义上理解这一概念,由此展开了农村基层组织研究。如卢福营认为农村基层组织由村级组织、村级配套组织和超村落的民间组织构成;贺雪峰认为农村基层组织可分为乡镇、村组干部和村民中的党员、积极分子三个层次等。基于社会治理主体多元化视角,农村基层组织可以包括四类。第一类是党政组织,主要包括村党支部、乡镇基层党组织,乡镇人大、政府等组织以及共青团、妇联、民兵连等具有较强政治功能的群团组织。第二类是村民自治组织,主要包括村委会、村民小组、村民议事会、监事会等。第三类是经济组织,主要包括农业专业合作社等生产经营方面的自愿联合、互助性组织。第四类是社会组织,主要包括民办非企业组织以及可采取政府购买服务的公益类、服务类、救助类、维权类等功能性社会组织。

② 文军,黄锐.论资产为本的社区发展模式及其对中国的启示[J].湖南师范大学社会科学学报,2008(6).

的农村社区组织通常包括具有较强行政功能的群众自治组织、生产合作社等正式社会组织以及基于地缘、趣缘自发形成的非正式居民团体等。这些基层组织是社区治理的多元主体之一，在协调利益、调解矛盾、促进合作、扩大参与、推进民主、满足居民多元化需求方面具有优势。居民在参与这些组织的活动中强化联系纽带，提高组织能力和交流技巧，培育信任以及推动合作，最终形成参与社区公共活动的积极态度和基本能力。

社会发展视角和资产为本的社区发展理论对当前我国扶贫与农村发展的启示主要体现在以下四个方面：第一，坚持以人为本和内生发展导向，注重当地农村居民能力和素质的提高。提高贫困群众和普通村民的素质，激发他们参与公共事务的内在动力，有助于他们形成积极的自我评价，提高对外部资源的使用成效。第二，促进经济与社会协调发展，关注社区组织培育。尤其是积极促进社区居民小组、居民团体等各类自组织的培育，建立畅通的社区参与渠道，激发社区活力。第三，注重政治资本，坚持在党和政府的领导下优化社区治理结构，促进基层党组织、基层政府、村委会、其他社会组织的优势互补，加强它们之间的协作联系，形成政府治理和社会自我调节的良性互动，发挥内外组织和机构对于社区发展的资源支持作用①。第四，在具体工作技能层面，可通过增能赋权、小团体工作、能力建设、组织与行政、草根研究与规划、社区教育与倡导等社会工作专业技巧，使用激活、意识提升、社区动员、社会规划等微观或宏观策略②，推动个体、机构和社区的变化。

① 周晨洪. 内生的社区发展："资产为本"的社区发展理论与实践路径[J]. 社会工作，2014(4).

② HUGMAN R. Social Development in Social Work：Practices and Principles[M]. London：Routledge，2015：80.

社会工作介入脱贫攻坚也就可以首先从重构乡村政治、经济、社会、文化组织，协助激活乡村社会系统入手。在城口县农村服务实践中，社会工作团队以加强农村基层组织建设为抓手，以“内培外引、组织增能、协同联动”为介入路径，采取“从无到有，从有到精”的不同策略，运用增能赋权、小团体工作、社区教育和倡导等专业技巧，助力当地组织建设，激发农村活力，优化社会治理结构。

在行动路径上，社会工作团队围绕“三社联动”机制，通过政府购买服务、校地合作办学等，采取“专业社会工作者嵌入”为主、“本土岗位社会工作者”为辅的模式，搭建“专业化+本土化”的整合型社会工作人才队伍。充分动员村委会、企事业单位、社区志愿者和群众等社区力量，以更广泛的农村社区社会组织为载体，充分发挥个人与组织间、组织与组织间的协调和联动作用，增强社区凝聚力，促进社区居民广泛参与，形成多方联动的脱贫攻坚组织体系，切实解决当地脱贫攻坚难题。

在具体策略上，“从无到有”即立足社区文化资本，建立社区互助网络，孵化出新的社区自组织，面向农村留守老人和留守妇女搭建社区自组织，包括组建新时代老年学堂等文体组织，成立竹编工作坊、丝网花制作等生计型民间团体。“从有助其精”即在当地已有社区组织的基础上，通过专业服务嵌入和机构间的合作，发挥外来社会工作机构在专业服务方面的示范引领作用，进一步协助本土组织开展能力建设，包括通过专业服务嵌入，帮助乡镇党政组织、村党支部委员会和村民委员会（简称“村‘两委’”）在公共服务、社会救助、政策宣传等方面更好地发挥职能；通过个体与组织增能，对乡村干部开展社会工作专业培训、组织团建活动，以增强其组织与服务能力、缓解其职业倦怠；通过链接资源与组织动员，助力当地乡村旅游行业协会组织和志愿者队伍进一步发展。本书重点围绕社会工作在农村基层组织建设、提升组织能力、激发社区组织活力、优化基层治理结构方面的实践情况进行案例介绍。第七章主要介绍农村基层群众自治组织存在的能力困境以及社会工作团队如何介入并帮助其进行能力建设；第八章、第九章分别详细阐述社会工作以小群体工作手法介入，为留守老人和留守妇女这两大当今农村主要群体赋权增能，充分发挥农村居民自组织在精准扶贫和农村社区治理中的参与作用。

在政策、组织和能力的实践逻辑下，社会工作团队在所联系的村庄开展助力脱贫攻坚服务的过程中，主要分为四个阶段：第一阶段，深入了解贫困群体的需求和能力优势。配合乡镇政府对贫困群众开展需求评估，分析致贫原因、能力优势，制定救助方案，促进救助对象的精准识别和精准管理，推动贫困群众服务需求与扶贫资源精准对接。为贫困群体提供心理疏导、社会融入、团体互助、政策宣传倡导等服务，推动健全物质资金帮扶与心理社会支持相结合、基本救助服务与专业化个性化服务相补充的新型救助模式。第二阶段，参与贫困群众脱贫能力建设，开展重点人群关爱服务。配合有关部门、会同有关社会力量帮助有劳动能力的贫困群众转变思想观念，增强脱贫信心和内生动力，促进其发挥潜能、提升技能、互帮互助、积极就业创业，通过增加稳定收入脱贫致富。运用专业工作方法，社会工作团队为“三留守”人员构建了社会支持网络，解决了“三留守”人员长期面临的生活和心理问题，形成“自我发展—互助发展—助人发展”的三位一体模式。第三阶段，构建困境人群专业化内生自治组织。在社会工作者与当地群众和社区干部建立联系、村民和社会工作者之间就需求和优势有了深入了解后，社会工作者需要从社区中培育居民骨干、建立农村社区互助网络、孵化出新的基层自治组织入手，通过培育内生力量更好地服务社区，协助贫困村做好物质脱贫和智力脱贫工作。第四阶段，对基层自治组织进行“弱观护”和内生动力评估。社会工作在助力扶贫过程中首先是从助人开始，最终目标是培育自助自治团体，逐步通向能力建设的脱贫自助与互助。其中，构建贫困农村基层自治组织与精准扶贫的耦合模式是最为有效和长久的脱贫手段。

第三节 城口县社会工作教育扶贫的实践与成效

自 2015 年以来，四川外国语大学对接国家精准扶贫和乡村振兴战略，充分整合学校、政府、行业和社会力量协同治理，通过课程实践、专业实习、第二课堂、志愿服务、项目实训、创新创业等途径，通过近几年的实践，在城口县等国家级贫困县探索出一条高校社会工作教育扶贫的新路径。

2012 年，四川外国语大学开设社会工作本科专业，是西部唯一开设在外语院校的社会工作本科专业，是重庆第一批向应用型专业转变的专业。2018 年，学校获社会工作专业硕士（MSW）学位授予资格，反贫困社会工作和西部乡村治理为特色专业方向。从 2015 年开始，学校以民政部“三区”社会工作人才支持计划为契机，以城口县为对口扶贫项目点，利用社会工作专业办学资源和优势，开始探索社会工作教育扶贫之路，成为全国第一批进入贫困县域开展教育扶贫的高校。

社会工作团队紧密结合习近平总书记视察重庆提出的“两点”定位、“两地”“两高”目标、“四个扎实”要求、发挥“三个作用”和营造良好政治生态的重要指示要求，聚焦脱贫攻坚任务，紧扣解决“两不愁三保障”突出问题，以深入推进高校思想政治工作质量提升工程为依托，整合学校资源，联合政府、行业、社会等多元主体，四方协同，齐抓共管，同频共振，形成精准扶贫和实践育人的工作合力，不断探索实践育人的工作格局、体制机制和全新模式。

学校在项目实施过程中发挥主导作用，对项目实施进行顶层设计，制定实施方案，统筹各方资源，健全工作机制，推动项目实施，形成项目成果。重庆市民政局、重庆市扶贫办等政府部门为项目实施进行政策指导，并通过向学校购买服务等方式为项目提供资金支持和其他资源供应。行业在项目实施过程中大力支持，主要以社会工作行业为主，调动专业力量支持项目、推动扶贫实践，并吸引医疗卫生、金融等行业以资源链接等方式参与项目。社会组织在项目实施过程中积极参与，主要指导社会工作专业机构等社会组织和社会力量通过资源链接、舆论支持等方式广泛参与项目。各类社会组织与学校、政府、行业协作，推进协同培养人才的模式建构。

一、高校社会工作专业力量参与教育扶贫的路径

（一）建立系统化工作机制

在顶层设计上，学校党委牵头，对外协调政府和行业，对内协调工会、教务处等有关职能部门，以社会工作专业办学院系为主体，设计服务于精准扶贫战略的递呈性和科学性兼具的社会工作教育扶贫方案。明确项目核心目标和基本战略定位，从实际出发，注重用历史思维、逻辑思维和理性思维去

分析以往教育扶贫的症结，不断提高制度和政策的供给质量，不断增强解决实际问题的能力。

在组织协调上，组建学校党委牵头，社会与法学院院长、校工会主席、校团委书记等参与的社会工作教育扶贫专项工作小组。学校和有关院系两个层面均成立专项工作组。整合校内资源，将涉及全校思想政治教育、形势与政策教育、教学管理、学生管理、舆论宣传、文化建设、师资队伍建设的部门纳入项目组，建立了以学校党委、院系与部门、专业教师、学生为主体的校内多方联动机制。

在运行保障上，建立双师型教师培养机制。打造一支集规范化、职业化、科学化于一身的社会工作专业教师队伍；教师通过扮演一线社会工作者、项目主管、项目督导、评估专家、培训专家等多重角色到行业中去锻炼实务能力；将教师参与扶贫服务的工作量计入教学工作量，并在部门年度考核评优、培训评奖中予以倾斜。目前，四川外国语大学社会工作专业教师全部参加过各级民政部门和专业机构组织的实务能力培训，90％以上的教师具有中级社会工作师职业资格。

在资金保障上，整合校内外资源，为服务实施提供充分而科学的资金支持。学校拨付生均教学实践费、专项实习实践实训经费用于扶贫实践，这部分资金占比约50％，主要用于资助学生参与扶贫服务中的实习实训，购买人身意外险、提供差旅食宿等，给予适当实习补贴。同时，通过孵化社会工作服务机构以及民政部、市/县民政局、妇联等渠道，社会工作团队平均每年获得政府购买服务专项资金50万元左右。

在评价反馈上，建立了学生、学校、教师、服务对象、服务购买方等多方评价反馈机制。对于作为实习生、志愿者的学生，我们要求他们撰写实习周记、心得体会，以了解他们对此种实践形式的态度以及他们在实践中的收获，从人才培养的受众层面获得服务工作的反馈。教师作为项目主管或督导参与一线服务，通过督导学生、回访服务对象等方式，建立定期沟通反馈机制。社会工作机构面向服务对象，通过问卷、访谈等方式及时追踪服务效果，并通过服务档案和数据汇总、提交的方式进行成效反馈。学校工作小组通过定期与帮扶县、乡镇政府沟通，了解服务质量，确保工作成效。

（二）搭建多层次服务平台

学校建立了西部反贫困与乡村治理智库研究平台，为社会工作教育脱贫服务提供科学决策、规划指导等智力支持，同时促进成果转化；学院孵化培育并在市民政局注册的社会组织——重庆扬光社会工作服务中心，作为共建共享的校内实践教学平台。该组织以承接政府购买服务项目获得资金资助、派驻全职社会工作者、执行项目运行开展的方式，参与社会工作教育扶贫工作。学校建立了志愿服务平台，选拔优秀学生作为阳光使者进行协助，汇聚青春力量参与脱贫攻坚。

此外，学校与贫困县政府签订校地合作协议，在县一级成立社会工作服务中心——类似孵化基地的角色，定期派遣实务经验丰富的专业教师，发挥社会工作督导的作用，对本土人才专业技能发展、本地社会组织的运营管理、本土社会工作服务项目的实施给予专业指导，主要起到培育本土人才和本土机构的作用。在乡镇/街道一级成立的社会工作服务站，是全职社会工作者、实习生的派驻站点和办公平台，主要对辖区内的社会工作服务实施进行统筹规划、协调管理。在村/社区一级建立的社会工作室，在场地、专业力量上共建共享，是社会工作者和志愿者联系群众的主要服务平台。

（三）开展多元化教育脱贫服务

立足科学的需求评估，面向贫困农村在校学生、建卡贫困户、“三留守”群体、基层干部、社区工作者等不同主体，有针对性地提供服务。

通过生命教育课堂、家庭教育课堂、学业辅导云课堂，开展贫困地区在校中小学生的思想道德教育、心理健康教育、情感教育和综合素质教育，促进儿童青少年全面发展。

通过扶贫政策宣传倡导、生计资源链接，以及协助家庭进行产业规划与发展、开展职业技能培训等方式，唤起建卡贫困户脱贫的决心，增强其自我发展的能力，促使其从“要我脱贫”向“我要脱贫”转变。

通过情感支持、心理辅导、互助组织培育、志愿者服务等方式，对留守儿童、留守妇女、留守老人进行心理健康教育、家庭生活教育和社会道德公约教育；通过专题讲座、座谈交流等方式，对基层干部进行社会治理创新教育，增强其基层治理能力。

对广大的农村基层社区工作者，包括村“两委”工作人员、本地驻村干部、乡村教师、大学生村官等素质较高的人员进行社会工作培训，通过专题授课、协同工作、服务示范等方式，向其传授社会工作专业理念与方法，促进个人素养和工作能力的提升，从而建立一支本土社会工作人才队伍。

二、社会工作参与高校教育脱贫的成效

（一）建立了学校—政府—社会组织三方协同合作的机制

通过近几年的努力，四川外国语大学社会工作教育扶贫形成了“规划先

行、平台铺路、项目驱动、共育共赢”的特点，形成了学校、政府、社会组织平等参与、分工协作、责任清晰、优势互补、互利共赢、共同发展的合作机制，构建了合作共育的扶贫工作格局，在顶层架构、运行机制、实践模式等方面进行了积极探索与实践。

依托党委机关，实现政治把关与方向指导，提升师生思想理论水平和职业道德修养，整合校内外资源，参与重庆市教委扶贫集团帮扶规划；通过社会工作专业办学院系和学校工会、团委、教务处、学生处、招生就业处等职能部门的联动，广泛地动员和组织校内师生参与扶贫服务，实现教育—服务的双重效益；依托重庆扬光社会工作服务中心进行项目申报、运行与管理，获得政府购买社会工作服务项目、各级民团组织资助社会工作服务项目经费以及校内扶贫专项经费、实践教学专项经费，为脱贫服务实践提供经费支持和人力保障；依托帮扶县党委、政府、民政局、乡镇基层党组织与基层政府，落地实施教育扶贫服务，提供行政支持、物资支持以及对服务团队的后勤保障支持。综上所述，我们构建了学校党委统筹部署、学院全力实施、政府有力推动、社会广泛参与的社会工作教育脱贫协同体系。

（二）服务区县、高校师生、社会工作行业多方受益

社会工作参与高校教育扶贫的实践使帮扶对象、贫困区县、高校师生、社会工作行业等都有所受益。

一方面，服务对象和贫困区县成为主要受益方。2016—2020 年，社会工作团队获得市级财政支持经费 170 余万元，实施政府购买反贫困社会工作服务项目近 10 个，先后选派 200 余名学生、10 余名教师，深入重庆市城口县等 3 个国家级贫困县的 10 多个村实施社会工作教育扶贫计划；为 200 多名在

校中小学生、600多名建卡贫困户、1 000多名“三留守”人员、100余名基层干部和社区工作者提供各类教育扶贫服务，累计助力12 000余人次，极大地激发了贫困地区群众脱贫发展的内生动力，提高了广大群众的综合素质，增强了基层人员的社会治理与社会服务能力。在3个县的10个村，建立了近20个社会工作服务站和社会工作室，培养了50余名本土社会工作骨干人才，实现了“扎根贫困村，关注重点人群，帮助一批贫困户，实施一批社会工作项目，建好一批社会工作室，培养一批本土社会工作骨干，培育一批社区组织”的目标。现已孵化出的本土机构有城口县仁和怡心社会工作服务中心、城口县星源社会工作发展中心。当地政府和受益群众对社会工作的认知度、满意度均有所提升。

另一方面，社会工作教育扶贫服务也促进学校办学质量提高，师生共同受益。共建10余个农村精准扶贫社会工作服务实践教学基地。社会学、社会工作、马克思主义哲学等相关专业学生撰写实地调研报告200余份、实习心得1 200余篇，撰写或发表学术论文近20篇，培育、实施大学生创新创业项目10余个，有效激发了学生的家国情怀、社会责任感，增强了学生的实践动手能力和创新创业意识。通过服务，我们培养了100多名品学兼优，深受行业、政府好评的优秀人才。依托服务项目，社会工作团队成员共成功申报与反贫困研究相关的国家社会科学基金项目3项、省部级项目近10项，出版专著4部，发表论文20余篇。该团队被评为校级科研创新团队，团队所依托的科研平台“西部反贫困与乡村治理研究中心”被评为校级优秀科研基地，团队有4名成员入选校级人才资助计划。该团队在服务重庆的同时，成为全国较为知名的反贫困研究团队，多次主持和参与国内县域脱贫评估、咨询等工作。

（三）形成了高校—政府—社会多元影响力

社会工作教育扶贫服务为学校赢得了广泛的社会声誉。扶贫服务实现了服务地方精准脱贫、社会治理创新、乡村振兴战略与教学实践相融合的可持续性发展，已成为全国社会工作教育协会百校对口扶贫计划中高校参与教育扶贫、支持精准脱贫、助力乡村振兴的典型案例和实践育人典范，社会工作团队所实施的反贫困项目获批教育部第一批高校思想政治工作精品项目和重庆市十大育人精品项目。该团队核心成员入选全国万名优秀创新创业导师人才库导师和重庆市青年社会组织成长导师团导师。社会工作团队被重庆市委组织部评为“爱国情，奋斗者”优秀团队、重庆市“三八”红旗集体，还获得中国社会工作教育协会教育扶贫实践示范团队、四川外国语大学感动校园十大人物（团队）等荣誉称号。该团队的服务成效被人民网、中国新闻网等媒体报道200余次，在社会上引起一定反响。

第二章　政策协助：党建引领社会工作教育扶贫

作为执政党，中国共产党用事实证明：办好中国的事情，关键在于坚持党的领导，加强党的建设，发挥党的引领作用。新时代对党的建设提出了更高的要求，需要充分发挥党建在各行各业里的引领带头作用。自 2015 年以来在中国开展的精准扶贫工作是我国实现全面建成小康社会战略目标的重要举措，也是新时代党的建设的重要组成部分。党建扶贫是一种具有中国特色的扶贫方式，能够充分发挥党组织的政治优势和组织优势，为全面打赢脱贫攻坚战提供强有力的保障。社会工作者和社会组织在参与精准扶贫的过程中，要充分认识到党委在扶贫过程中的新角色和新功能，充分发挥其核心作用、引领示范作用、桥梁纽带作用和服务协调作用。社会工作者在服务弱势群体的过程中要做好两个方面的工作：一方面，要充分认识到党对社会工作起到的领导作用，同时也要充分利用社会工作深入基层、联系群众、服务群众的专业方法，在推进服务的过程中巩固党的执政基础；另一方面，要借用社会工作的思维和方法，将之融入群众工作中去，不断丰富党的群众工作的内容并创新其形式，增强群众工作的科学性与专业性。

学校在城口县的教育扶贫是由城口县临时党支部作为团队实践的领导单位和执行单位，在校党委的统一领导下策划、设计服务方案，由优秀党员师生、社会工作者和入党积极分子作为主干服务力量，服务内容和服务过程与党的中心工作同向同行、高度融合，各级党组织联动，共同指导和保障项目的顺利、有效实施。在项目实施过程中，社会工作团队通过讲党课、开展素质拓展训练等方式，增强党员能力，激发党建活力；同时，邀请市内外专家为学生党员和当地党员上扶贫专题党课，以强化其服务意识。社会工作团队通过和地方基层党支部联建，引导、培育当地党员骨干成为社区自组织骨干，在实现智力扶贫的同时，满足了贫困地区党员和群众的精神文化需求，也坚定了学生党员和入党积极分子永远跟党走的理想信念。近几年的服务过程中，社会工作团队成功探索出了党建引领教育扶贫的路径和模式。

第一节　党建引领社会工作教育扶贫的内涵

随着社会结构的转型，社会问题层出不穷，人们的需求更加多样化，传统的社会管理模式已经难以适应社会发展的需要。社会工作作为专业化的社会建设工具日益得到国家的重视。它以独特的价值理念和专业服务优势对社会治理、民生改善的突出需求给予了积极的回应。高等院校社会工作教育扶贫是精准扶贫的重要组成部分。社会工作团队要高度重视党建引领在参与扶贫过程中的作用，发挥党员师生的先锋模范作用，让党员师生在党建引领的思路下开展社会工作服务；要调动党员社会工作者积极参与党建工作，根据社会工作行业特点与服务特色创新党建工作和精准扶贫工作。

城口县是国家级贫困县。我们在城口县以社会工作服务和社会工作人才培养为主要方式的智力扶贫工作整体上属于教育扶贫的重要组成部分。在社会工作教育扶贫实践中，我们持续探索以党建带动扶贫、以扶贫促进党建的创新模式，努力把党的组织优势转变为扶贫发展优势，为打赢脱贫攻坚战提供坚强的组织保证。

一、党建引领的内涵

党建，即党的建设，是指党为保持自己的性质而从事的一系列自我完善的活动。党建引领是一个大党建的概念，包括党的领导、党的建设等方面。在基层工作中，党建引领是非常重要的原则，我们可以从以下两个方面来理解其内涵。

（一）从主体上讲，党建引领是指要强化党组织的领导、指导和引导作用

正是有了党的坚强领导，才有了我们今天各项事业取得的成绩。因此，在各项工作中，我们要充分发挥各级党委的领导核心和政治核心作用，充分发挥基层党支部的战斗堡垒作用，充分发挥党员干部的表率作用和先锋模范作用。随着 40 多年来的经济发展和社会发展，许多新兴行业不断涌现，我们欣喜地看到，这些行业中都活跃着党员的身影，他们引领着各个行业的发展。

（二）从内容上讲，党建引领是指在各项建设中都要发挥好党的引领作用

《中国共产党章程》规定，党的领导主要是政治、思想和组织领导，党的

建设包括党的思想建设、组织建设、作风建设、反腐倡廉建设、制度建设五大建设。党的十八大后，我们党推进全面从严治党，取得了突破性成就。党建引领就是要发挥好党的政治、思想和组织领导作用，发挥好党的各项建设对其他各项工作的引领作用，同时把全面从严治党的要求贯穿于党的领导和党的建设的各方面、全过程，推动全面从严治党的要求在基层落地生根。具体来说，党建引领包括以下五个方面的内容。

一是政治引领。所谓政治引领，就是要坚持正确的政治方向，保证党的基本路线、基本纲领的贯彻落实，确保在社会发展与实践的各个方面都有党的声音与影响。

二是思想引领。所谓思想引领，就是要坚持马克思主义在意识形态领域中的指导地位，坚持全国人民团结奋斗的共同理想，倡导和培育社会主义核心价值观，让社会主义核心价值观深入普通民众的内心。

三是组织引领。所谓组织引领，就是把广大群众组织在党的旗帜下，把各种组织团结在党的周围，共同为党的事业努力奋斗；同时要坚持党管干部、党管人才原则，为党的事业用干部、聚人才。

四是制度引领。处于较高层级的党组织往往是制度这一公共产品的提供者，因此党组织要发挥好制度供给者的作用，也即制度引领的作用：要从制度上引领社会组织的发展，使其逐渐适应社会发展的新需要，树立行业发展的新目标。

五是党风廉政引领。党的组织和广大党员干部要以优良的作风在群众中树立良好的形象，努力塑造政治清明、政府清廉、干部清正的优良政治生态；在社会工作教育扶贫过程中，同样需要将廉洁之风引入，要在行业发展中建构良好的生态环境，以利于社会组织以及与教育扶贫相关的部门健康有序发展。

二、党建引领与社会工作教育扶贫

社会工作教育扶贫是教育界、企业界和政府等多方资源联动以实现精准扶贫的重要方式。无论是党建工作，还是具体扶贫服务工作，涉及的主体和客体都比较广泛，因此党建引领的内涵也就比较丰富。在我们的精准扶贫实践中，党建引领社会工作教育扶贫主要包括以下四个方面。

（一）成立服务团队党组织，完善党组织建设，加强对教育扶贫的组织引领

作为高校社会工作专业力量参与、指导和社会工作机构执行的教育扶贫项目，需要在高校、社会组织、村镇中都加强和完善党组织建设。首先，高校需要成立以学校党委领导的以院系党总支书记为兼职书记的社会工作教育扶贫党总支，作为领导师生参与教育扶贫的校内领导机构。党总支下设教工党支部和学生党支部。其次，根据党章党规的要求，在执行和配合学校参与教育扶贫的社会组织里建立党支部，将分散的党员社会工作者凝聚起来，增强党员社会工作者对党组织的归属感，加强党员社会工作者之间的互动交流。最后，为了与村镇基层党组织持续互动，为基层党员提供增能服务，将教育扶贫工作融入基层党组织的中心工作中，我们还可以在村镇优秀党员中组建各种党员志愿服务团队。

（二）专业服务过程渗透党的关怀，强化服务的党建思想引领

社会工作作为专业社会服务的一种选择，当前一般采取的是政府通过购买专业的社会服务来为社区居民提供服务，其重要功能就是对困难人群

提供救助和扶持，从某种意义上讲，这两者是高度契合的。社会工作者在将专业的服务提供给这些弱势群体的时候，同时也是在把党的关怀送到人民群众中去，而服务群众是党组织践行群众路线的重要体现。因此，社会工作者在提供专业服务的时候，也需要将党和国家政策的声音传递到人民中去。

（三）服务过程强化政策学习，提高对社会工作服务的政治引领

社会工作者是最直接接触群众的服务提供者，也是政策的具体落实者，因此党员社会工作者和非党员社会工作者都需要加强对党的政策的学习。基层党组织要举办有关培训班，引导社会工作者善于解读与运用党的方针政策。在社会工作教育扶贫过程中，基层党组织需要通过讲党课、开展素质拓展训练、实施支部联建、定期开展组织生活会等方式，坚定党员的理想信念，强化党员的服务意识，激发党建活力。

（四）将服务与党建高度融合，强化党建工作对教育扶贫的作风引领

社会工作教育扶贫需要在实践中切实发挥党组织的作用，将党建工作与社会工作发展相融合，彼此促进，共同发展。为此，社会工作者要把握以下几点：在服务对象上，要时刻牢记社会工作为困难群众、弱势群体服务的根本；在服务主体上，要发挥凝聚社区党员力量的作用，为本社区居民排忧解难，更好地发挥党员的模范带头作用；在服务内容上，要将社会工作专业服务与党建工作高度融合，处理好服务的专业性、相对独立性与党建引领的高度统一；在服务平台上，要充分发挥基层党组织的作用，发挥好基层党群服务中心与新时代文明实践中心（所）的作用；在服务方式上，要调动社区党员参与居民议事会议，充分发挥党员在居民议事中的积极作用，为社区公共问题的解决提供新思路、新方法。

第二节　党建工作与社会工作教育扶贫的耦合发展

加强基层党建工作是全面从严治党的基础性工程，引领精准扶贫是基层党建工作的题中应有之义。精准扶贫是全面建成小康社会战略目标的精细化思路，基层党建工作是精准扶贫的组织保证和根本前提。高等学校依托社会工作力量参与精准扶贫主要是教育扶贫，更应该以高校党建工作为引领，以专业服务和人才培养为依托，追求校内和校外党建工作的同频共振、协调发展，同时实现党建工作与社会工作教育扶贫工作的完美耦合。

一、社会工作机构党组织与精准扶贫多元主体合作机制的耦合

中国的社会工作恢复重建已有30余年了，虽然党的十六届六中全会曾提出建设宏大的社会工作队伍的决策部署，但作为非营利性的社会组织，社会工作机构的发展仍然相当缓慢。在党中央要求建立健全社会组织的党建工作机构的背景下，“党建＋社会工作”的新模式无疑给社会工作的发展带来了新的机遇。基层党建工作与精准扶贫的耦合是新时代践行全面建成小康社会、全面深化改革、全面推进依法治国、全面从严治党的新思路与新办法，对推进国家政治基础革新和经济社会发展具有深远的历史意义。

（一）成立服务团队多重党支部，以党建引领教育扶贫的发展

社会工作组织是民办非企业性质。社会组织中党组织覆盖率不高、党

员作用发挥不明显，加之社会组织具有专职工作人员少、流动性大的特点，因而在团结队伍和凝聚力量方面，主要是靠绩效和经济方面的动力。党的十八大做出了加大社会组织党建工作力度的重要部署。《关于加强社会组织党的建设工作的意见（试行）》明确了社会组织党组织的功能定位，提出了加强社会组织党建工作的总体要求和重点任务。在社会组织参与精准扶贫的过程中，在党建引领思路的指导下，重庆等城市对暂不具备组建党组织条件的社会组织，采取相近区域组建、行业协会联建、有关领域共建等模式，推进党组织和有关工作的全覆盖。

社会工作机构成立党支部以后，理顺了机构内部的关系，也增强了机构员工的凝聚力。在党支部成立以前，机构凝聚力主要依靠经济手段等来形成。党组织在社会组织中成立后，其在社会组织中的政治核心和战斗堡垒作用逐渐显著。党组织和党员通过履行基本职责，保证了社会工作机构的政治方向。党组织在团结凝聚群众、推动事业发展、建设先进文化、服务人才成长等方面积极探索，不断加强自身建设，增强了党组织的凝聚力、创造力和战斗力，充分发挥了党员的先锋模范作用，为社会组织的健康发展提供了坚强的组织保证。

（二）党组织为社会工作机构进入社区提供重要的保障

社会工作者服务社区最重要的办法就是寻找可以团结的力量，共同为社区发展出力。以前，社会工作者可能会着眼于服务对象，但很快便发现他们可以成为服务的受众，而难以在短时间内发展成为对社区有贡献的人。在党建引领的思路形成后，社会工作者与社区党支部对接，寻求与社区党员合作，再带动社区居民共同参与社区脱贫攻坚。党建引领下的社会工作不仅有了方向，还有了抓手，培育了基层党员骨干借助流动党组织团结人、服务人、引导人的流动人口社会工作服务新模式。

以机构党支部为载体，以党建引领社会组织的发展，实现了服务过程和服务效果的多方面改进。在党支部成立以前，作为民营非企业组织的社会工作机构在与政府交流、合作的时候缺乏相应底气和合作机制，政府也因为社会工作机构的民营非企业性质而缺乏对其合法性和可信度的认可。在社会工作机构党支部成立以后，党员职工的凝聚力有了保障，政社合作多了许多信任与保障。社会工作机构以社会组织党支部为主角承接党组织为民服务项目，把社会组织党组织服务内容与社区党组织为民服务项目有机结合，既能发挥社会组织服务的专业优势，又能突显社会组织党支部的凝聚力。在城口县的教育扶贫实践中，农村社区书记们纷纷表示，“有了党建的引领，社会组织的服务让社区更放心，社区更愿意把项目交给社会组织去做”。

（三）党建引领保障了社会工作教育扶贫多方联动机制的实现

社会工作者参与精准扶贫的主体是多元的：有以乡镇党委，有村委会，有社会工作机构，还有高校派出的社会工作教育扶贫团队等。党建引领是实现多元主体联合起来参与脱贫攻坚的重要保障。“党建＋社会工作”的模式，主要通过政府购买社会工作的第三方服务，在创新社会治理、开展社会服务方面，推动国家治理体系和治理能力现代化建设。在党建引领的基础上，采取政府购买服务的方式，鼓励高等院校、社会组织参与社会事务，这有助于将多方联动与创新社会治理相结合，与街道合力打造“社区专案”，共同解决社区问题。党组织通过培育社区党员骨干在社区开展环境保护、社区环境治理和历史文化遗产宣传等活动，发挥引领和带动作用，引导群众更多关注社区问题，参与社区事务，共同保护社区文化。在这个过程中，行业社会工作者和高校社会工作教育力量可以发挥专业优势，对社区居民的意见展开调查，尽可能地消除其对有关工作的误解，使群众工作方法与社会工作方法共同发挥作用。

二、高校背景社会工作机构党建引领与高校实践育人的耦合发展

为落实党的十九大精神，进一步贯彻《民政部 财政部 国务院扶贫办关于支持社会工作专业力量参与脱贫攻坚的指导意见》提出的“实施社会工作教育对口扶贫计划”的要求，全国社会工作专业学位研究生教育指导委员会、中国社会工作教育协会于2017年促成了200余家社会工作院校与贫困地区和贫困县建立了对口扶贫的关系。笔者所在高校是第一批参与社会工作教育对口扶贫的单位，城口县是学校对口扶贫的国家级贫困县。本校参与社会工作教育扶贫的模式是“高校＋社会工作机构”模式，也就是以高校师资和专业力量为依托，以专业社会工作机构为主体，以政府购买服务为途径，以服务精准扶贫和实践育人为双重目标的模式。参与城口县扶贫工作的团队成员包括专业社会工作者、高校教师、学生（社会工作专业实习生和其他专业志愿者）。这种参与模式保证了学校社会工作教育扶贫能够以立德树人为根本，以理想信念教育为核心，以社会主义核心价值观为引领，以全面提高人才培养能力为关键，有效对接国家精准扶贫和乡村振兴战略，强化了对参与社会工作教育扶贫的大学生的理想信念、爱国主义、时代责任和品德修为等方面的教育，培养学生的家国情怀，增强学生的实践能力，引导

学生成为担当民族复兴大任的时代新人。

其中的社会工作机构是四川外国语大学社会与法学院社会工作专业教师创办的独立法人机构，既是一个自负盈亏的民办非营利企业，又是一个多专业实践育人的实践平台。机构的这种双重定位有时候是容易错位和造成混乱的。因其独立性，学校无法过多干预其经营和项目进程；因其企业性质，难免会因为考虑经济效益方面的因素而影响参与扶贫过程的投入和关注点；但是基于其高校背景，它又需要将更多精力与人才培养相结合。在机构党支部和社会工作团队的临时党支部成立后，这些矛盾都迎刃而解了。党建引领体现了服务目标与人才培养目标的一致性，保证了机构多重使命的耦合发展。

三、社会工作服务理念与党的群众工作路线的耦合

融入党的群众工作是中国社会工作实现本土化的根本所在。在新的历史发展时期，传统的社会管理与服务无法满足社会发展的新需要，因此加强对社会治理、社会服务等问题的研究，提高政府的治理能力和治理水平，提升公共服务的有效性，解决好影响社会和谐的突出矛盾和问题，需要不断加大基层工作的力度，准确把握新形势下党的群众工作的特点和规律，切实把群众工作做细、做实、做具体。这不仅是维系党群干群血肉联系的重要措施，也是大力发展专业社会工作，建设一支庞大的社会工作人才队伍的必要的、不可或缺的因素。

（一）社会工作教育扶贫成为党的群众工作的一部分

脱贫攻坚是当前各级党委和政府下全力推进的一项极其重要的工作。

党中央对此高度重视，采取一系列政策措施予以保障和推进，让高校力量参与脱贫攻坚就是其中的措施之一。推进脱贫攻坚工作需要引导贫困群众以政治眼光和长远眼光看问题，不但要使党和国家的脱贫政策取得实效，实现贫困地区脱贫，更要注重就贫困地区人民群众对党的感恩之情、感恩之心加强教育和思想引导。社会工作机构党组织作为党在农村基层组织的细胞，肩负着教育和引导人民群众发展生产、建设社会主义的重任。社会工作机构党组织要深刻认识自身所肩负的重任，始终做好群众的思想政治教育工作，使广大人民群众始终把党记在心上；要通过多种教育方式和形式，卓有成效地引导团结广大人民群众在党的领导下建设中国特色社会主义并取得积极的成效。

在城口县社会工作教育扶贫的实践中，Y 机构党支部把抓好贫困群众的思想政治教育放在核心位置，切实做好人民群众的思想教育工作。通过观看红色电影、讲党课等多种形式，把党史、国史尤其是自鸦片战争以来中国人民遭受的苦难和经历的悲惨史实，通过多形式、多渠道教育贫困地区的人民群众，使他们在思想意识上意识到当代美好生活来之不易，从而激起他们对党和国家的无限热爱，信心百倍地跟党走，满怀建设美好新生活的热情。

（二）党的群众工作是中国特色社会工作的固本良方

社会工作一直在寻求与本土的实践相结合，回顾中国共产党长期以来的工作方法，其实最应该结合的便是党的群众工作的方式方法。党的群众工作在我国革命时期、社会主义建设时期都曾经发挥了重要的作用。中国共产党始终坚持以群众利益为核心动员群众、组织群众，依靠人民群众创造了社会主义的历史伟业。社会工作以弱势群众作为自己的目标对象，同样非常强调与群众的紧密联系。社会工作与群众工作都要求社会工作者加强与人民群众的联系，解决人民群众的困难，促进社会进步和人的成长。社会工作是运用专业的理念、方法及时去发现和满足人民群众的诉求，传达党和政府的声音，传递党和政府的温暖，动员和链接有关资源，准确提供专业服务，化解社会矛盾，促进社区和谐，提升人民群众的获得感和幸福感。从群众中来，到群众中去，想群众之所想，急群众之所急，依靠群众、发动群众、成就群众，是中国特色社会工作的固本良方。社会工作与党的群众工作一样，都需要直接去面对群众、接近群众，只有了解了群众的所思、所想、所盼，尊重基层和群众的首创精神，从群众中汲取推动事业发展的智慧和力量，才能赢得群众的支持，获得各方的认可。

党的群众工作与社会工作有如下相似之处，可以实现高度融合。第一，从服务对象来看，党的群众工作和社会工作的服务对象都是普通大众。党的宗旨是全心全意为人民服务，其核心是以人民为中心。而社会工作是以“助人自助”为专业理念，体现的是对人的关怀，是一项专业的服务活动。两者的共通之处是以人民为中心来开展活动，在此过程中要坚持相互尊重和平等的基本原则。第二，从工作目标来看，党建的根本目标是“人民幸福”，既包括物质富裕又包括精神充实。社会工作的立场和使命是“以人为本”，具体是指依据一定的价值观念、运用一定的专业方法帮助人，解决社会问题，既包括帮助贫弱者解决问题，又包括完善社会功能以提高社会福利水平。第三，从服务过程来看，社会工作通过专业的“助人”过程，给受助者增权，增强其信心和毅力，使之能够更好地适应生活，实现自我管理。而党的群众工作的主旨在于帮助群众解决所面临的实际困难和问题，从而能够更好地开展生产。第四，从服务理念来看，社会工作秉持“助人自助”的专业理念，党的群众工作同样是以“扶贫济困”为其根本宗旨。第五，从服务方法来看，党的群众工作和社会工作的方法具有高度的关联性。群众路线是党的根本工作路线，这就要求在工作中要尊重群众、深入群众、了解群众，才能真正为群众排忧解难，不断夯实党的群众基础，巩固党的执政地位。深入基层、深入群众同样是贯穿于社会工作服务全过程的基本策略。在需求评估阶段、服务开展阶段和项目评估阶段，社会工作者都需要扎根基层，深入服务对象的生活中，了解服务对象的需求和问题，提供精准精细的服务。因此，党建和社会工作都需要践行群众路线，在行动策略上具有相通性。

党的群众工作和社会工作不仅可以实现高度的融合，还可以实现较好的优势互补。党的群众工作是党的一项优良传统，已经形成了较好的工作方法，有着广泛的群众基础，得到人民群众的广泛认同。而社会工作作为一种新生事物，认知度低一直是其存在的一个突出问题，而依托群众工作的基础则可以实现认知度的大幅提高。另外，在新的历史背景下，党的群众工作方法也急需新技术、新方法的注入，而社会工作的“专业性”则可以为党的群众工作提供专业性的方法和技巧。社会工作一直在强调本土化的问题，而利用党的群众工作基本方法，则可以较好地解决这个问题。未来我们要利用本土理论、本土文化的根基，特别是结合本土已有的深入人心的工作方法推动社会工作的本土化进程。

第三节　党建引领社会工作教育扶贫的内容与路径

学校在参与城口县社会工作教育扶贫的过程中，为争取更多的社会资源参与扶贫，改变社会扶贫力量“各自为政、各自为战”的现象，推动扶贫从“漫灌式”向“滴灌式”转变，在党建引领的思路下，于2016年9月探索建立村级社会工作扶贫服务站，通过基层党组织建设，推动社会工作服务站运作，让社会扶贫资源精准“滴灌”，主要通过以下路径实现了精准扶贫和实践育人的双丰收。

一、党建引领多种平台，构建社会工作教育扶贫工作组织体系

学校社会工作教育扶贫工作以高校背景社会工作机构承接政府购买服务为契机，依托高校专业力量和社会专业力量等多重主体，通过政校、社校和社社合作，采取“学校＋机构”“项目＋育人实践”的双重模式，在服务城口县脱贫攻坚的过程中，建立了多种党建引领下的服务平台和实践平台，构建了完善的党建工作体系。

进入城口县开展工作以后，学校建立了多个专业村、社区社会工作服务站，作为服务精准扶贫的组织基础。在承接城口县政府购买服务的Y机构内部，以市、区（县）民政局为指导单位，成立了机构党支部，为机构提供政治保障和理论指导：作为团结和凝聚机构员工的战斗堡垒，与乡镇、农村社区党组织互动和合作的主体，同时作为脱贫攻坚与服务群众的主体。一些教师、学生教

育扶贫团队在学校党委的领导下，成立了临时党支部，帮助师生明确参与脱贫攻坚的目标与方向；在服务的乡镇设立师生党员示范岗，吸收优秀教师和学生参与到脱贫攻坚服务中来；设立入党积极分子服务示范岗，将有入党意愿的优秀学生、教师吸收进教育扶贫团队中，对其参与教育扶贫的绩效进行评价并反馈给党组织，同时帮助入党积极分子提高觉悟。在服务落地的城口县 H 乡 P 村，社会工作团队还协助村里成立了社会组织党群活动服务中心，设立了党员服务中心，配置了党员活动室、谈心谈话室、阅读区、文体活动场所等，为社会组织党组织开展工作提供场地、设备，推动党员组织生活正常化、规范化。同时，我们还培育了大量社区社会组织，引导和培养当地党员骨干成为社区自组织骨干。我们在前期的需求调查中发现，村中老党员较多，绝大部分老党员思想进步，对有关工作认可度高，且都有较高的自我要求，乐于帮助周围的困难群众。因此，社会工作者注重引导和发挥老党员的积极带头作用，为社区传递正能量，弘扬新风尚，促进党员带动贫困社区内生动力发展。

学校在城口县开展社会工作扶贫实践以来，注重将党建工作与社会工作精准扶贫工作相结合，充分发挥党组织的战斗堡垒作用和党员先锋模范作用，与挂点帮扶的 H 乡坪溪村、J 乡灯梁村等村党组织结成联建对子，帮助解决农村社区在抓党建促脱贫攻坚等工作中遇到的各类困难和问题，不断提高村镇发展的“造血”能力。一系列党建引领下的平台的建立，实现了党建工作的一体化。

二、党建引领多项扶贫措施，形成社会工作教育扶贫工作内容体系

多年来，高校在参与脱贫攻坚的过程中，充分发挥党建引领的作用，对

标贫困县域精准扶贫的阶段性任务和指标，调动高校社会工作教育和社会工作服务方面的能力和力量，统筹行业、政府和高校的多方资源，创新、充实了高校社会工作教育扶贫的内容体系。社会工作团队进驻贫困乡村后，开展了多个方面的工作，既有文化发展方面的工作，也有直接服务于村民脱贫致富的产业支持，更有着眼长远的教育和人才培养工作。

（一）培育基层组织，建设育人平台

我们从村民需求出发，着手建立社区互助网络，孵化社区组织，培育乡村内生力量，以服务乡村发展。比如，组建“心时代”老年学堂等文体型社区组织，成立竹编工作坊等生计型社区组织，建立“大巴山森林人家”联盟等发展型社区组织，成立老年志愿者队伍等公益型社区组织，所有基层组织的组建和运营都充分发挥了党建引领的作用。我们引导、培育当地党员骨干成为社区自组织骨干，注重引导和发挥老党员的积极带头作用，发掘多名老党员成为老年学堂骨干力量，在传递正能量、弘扬新风尚、促进老年学堂发展等方面发挥重要作用。在发展乡村旅游的 P 村，我们组织社区退休党员组成旅游导赏队，辅助村“两委”在旅游旺季时接待来访游客并担任义务解说员角色，发挥退休党员的余热，促进乡村旅游发展。我们通过孵化和培育社区组织，增强社区凝聚力和居民的参与意识。就高校而言，教师、学生在精准脱贫的专业服务中，可以增强自身的服务能力和专业能力。

（二）发展乡村文化，培养学生家国情怀

在服务城口县的过程中，在各级党组织的领导下，社会工作团队注重激发参与实践的大学生的社区资源发掘意识，指导其挖掘那些擅长乐器、声乐的文艺骨干以及擅长藤椅编织的能工巧匠，以发掘农村文化资源；结合本地特色，打造农耕博物馆等，搭建农村文化平台；组建老年学堂，培育农村文化组织；举办元旦晚会、五一晚会等，开展农村文化活动；通过表彰优秀志愿者、挖掘乡村典型来树立农村道德典范。以多种文化形式倡导农村新风尚，实现“以文乐民”“以文暖民”“以文化民”，让学生了解乡情，爱农村、爱农民、懂农业，培养家国情怀。

（三）支持乡村产业，增强学生服务能力

社会工作团队借助本校大学生互联网＋创业项目，将学生创业实践与城口县农副产品宣传售卖活动结合起来，持续服务城口县产业发展；搭建当地旅游行业中介组织，协助筹备大巴山森林人家联盟，建立沟通渠道，打造特色服务，提升服务质量与服务水平；为农耕文化博物馆挖掘文化资源，丰富展示内容，完善解说系统，增加体验活动等，完善旅游设施和服务，助力本土旅游平台软实力提升。学生在实践中得以理解国家乡村振兴战略，成为爱农村、爱农民、懂农业的优秀人才。

（四）对接乡村教育振兴，在教育帮扶中成就自我

社会工作团队选拔优秀学生作为专业阳光使者，汇聚大学青春力量，通过开设生命教育课堂、加强留守儿童家庭教育、重构困境儿童社会支持网络等方式，开展贫困地区儿童的思想道德与情感教育，促进儿童全面发展；通过政策宣传倡导、新兴产业规划、生计资源链接等方式，唤起建卡贫困户脱贫的决心和动力，促使其从“要我脱贫”向“我要脱贫”转变；通过专题讲座、实战演练等方式，对基层干部进行社区治理与社会工作专业方法培训，选好带头人，增强其基层治理能力。同时，在教育帮扶中，学生也可

提高专业水平和个人素养。

（五）发掘乡村精英，培养基层治理人才

基层社区中能人较多，潜藏着文化精英、经济精英、社会精英等骨干人才，但社区对本土能人缺乏关注，能人自身的自我认同度不高，也缺乏社会工作理念。社会工作团队在城口县开展服务的过程中，与各级党组织一起，充分利用党群服务中心、新时代文明实践中心（所）等平台和阵地，让党员专家和党员干部等为群众开设系列讲座，开展能力提升服务，在开展贫困群体社会工作服务中起到示范带头作用；同时，通过开展社会工作的项目督导服务，形成常态化机制，最终在本地能人中培养出社区营造的引领人才和基层社会治理人才。

（六）孵化乡村社会工作组织，建设本土化实践平台

社会工作团队以“嵌入、示范、培养”为目标，注重孵化、培育一批本土社会工作专业机构。首先，通过专题讲座、技能培训等方式，协助社会组织进行精英挖掘和管理骨干人才培养。其次，发挥社会工作督导的作用，对本地社会组织的管理运营给予专业指导。最后，创办社会工作机构，对本地社会组织的管理起到示范作用，同时成为学校在当地的实践平台。

（七）倡导政策与机制，提升学生政策素养与思想境界

一是倡导健全社会工作专业人才培养机制，与政府联合，对当地驻村干部、乡村教师、大学生村官等进行社会工作专业培训，建立一支当地社会工作人才队伍。二是完善社会工作专业人才使用机制，鼓励当地政府制定积极的人才使用措施，以优惠的条件吸引社会工作专业毕业生到农村地区就业，将专业人才纳入地方公务员招聘体系中。三是建立社会工作机构孵化培

育机制，由政府牵头成立城口县社会组织孵化中心。在这些专业服务过程中，学生本身的政治素养和思想境界得到了很大的提升。

三、依托党建联建，形成资源互通、功能互补的党建扶贫格局

党建联建工作模式，即以党建促“内联”的纵向模式和以党建促“外联”的横向模式，形成组织互联、资源互通、功能互补的党建格局，从而推动公共事业管理与服务的发展。在开展教育扶贫的过程中，我们成立了党建联建工作小组，建立了“联建联席会议、推进党建思想交流、开展党内活动”的工作机制；按照“组织联建、队伍联育、活动联抓、实事联办”的要求，推动联合党建各项工作的开展。以共建示范党支部为目标，以加强党员干部党性锻炼、改进作风为重点，建立健全支部互帮互助机制，不断提升党员服务水平，增强基层党组织的创造力、凝聚力和战斗力。

（一）整合教育资源，实现党建联建的纵向“内联”

党建联建的“内联”主要是指借助行业内的力量，克服体制性差异，加强党组织的协调，从而推动本行业的均衡发展，社会工作教育扶贫首先是教育系统内的工作。因此，我们在城口县开展服务的过程中，首先整合了校内的党建资源，开展系统内的党建活动。在学校党委牵头设计下，以党群组织自上而下纵向的联席会议为共商平台，校内各个基层党组织围绕贫困县脱贫攻坚的任务和需求来设计服务和项目，在城口县开展一个或者多个基层党组织的三会一课、主题党日活动、党员对口帮扶、党员消费扶贫等多种形式的党建活动，实现了校内党组织一盘棋，服务贫困乡村。同时，学校还联合市内外教育系统内的其他高等院校、中小学校特别是城口县贫困乡镇的中

小学校的各级党组织，组建教育系统党建联建临时工作小组，开展了多种党建联建活动。

（二）借助各种社会力量，实现党建联建的横向“外联”

党建联建的横向“外联”主要是借助各种社会力量，围绕中心任务达成区域性合作，实现行业之间党建工作的社会化发展。这种横向的模式主要是由区域内各种行业、各类单位党组织与乡村党组织、高校党组织、社会工作机构党组织联建，利用农村社区的党群服务中心、新时代文明实践中心（所）等平台，开展项目合作，将公共事业深入社区中，接受公众监督；社区居民积极参与公共事业建设，使行业工作融入区域性党建格局中，形成行业与社区组织互联、资源互通、功能互补的工作机制，推动社会力量广泛参与扶贫工作。

在服务城口县的过程中，我们曾经与重庆市内多家医院的党支部开展党建联建活动，给贫困乡村送医送药，和交通系统、银行系统、电信系统等也以党建联建的形式开展多种合作，以共同上党课、重温入党誓词、忆苦思甜、共植党建工作林等形式开展党建活动，在健康扶贫、交通扶贫、金融扶贫、通信扶贫、消费扶贫方面发挥重要作用的同时，围绕共同需求、共同利益、共同目标，寻找相互间共同的“利益点”和“兴奋点”，打破了不同领域党建之间的隔阂，形成了单位党建、区域党建、行业党建相互融合和相互促进的良好局面，也创新了党建联建的形式，收到了良好的效果。

（三）以党建为纽带，以公众参与为动力，推进体制内外的党建联建

以行业党建联建的方式致力于脱贫攻坚，着眼于推动行业内部组织资源的整合，妥善对待和处理不同单位、不同所有制、不同职业群体、不同党组

织关系间的差异，提升了行业的社会化、开放性和包容性程度。更广泛的缺乏组织化、行业化的社会公众同样可以通过党建联建的方式参与到脱贫攻坚中来。在服务城口县的实践中，我们将各种社会力量更好地组织动员起来，通过志愿性、公益性党建模式的建立和积极运作，推动行业管理方式的转变。以党建促进更大范围内社会资源的整合，以党建联建推动各种社会力量的高度参与和各种个体、群体资源的社会化整合。我们综合考虑贫困村的产业特点，并结合自身的优势，采取强弱联合、同业聚集、区域联合、链条联合等方式，先后在全县30多个贫困村建立起多种形式的精准扶贫联合党委，负责各片区脱贫攻坚的统筹、引领工作。各党支部、社会组织发挥自身优势，通过链接资源、提供服务等形式继续参与精准救助和扶贫工作，同时加强宣传报道，推广扶贫工作经验，发动更多的力量一起参与扶贫。

本章小结

总体来看，高等院校参与脱贫攻坚主要以教育扶贫为主，在参与中实现服务社会与实践育人的双重目的，因此需要充分发挥党委的领导核心作用和党总支的政治核心作用，发挥基层党支部的战斗堡垒作用，充分体现广大党员的先锋模范作用，充分发挥党的各项建设对其他各项工作的引领作用，同时把全面从严治党的要求贯穿于党的领导和党的建设的各方面、全过程，推动全面从严治党要求在基层的落地生根。在学校服务城口县脱贫攻坚工作实践中，我们持续探索以党建带动扶贫、以扶贫促进党建的创新模式，研究了党建引领社会工作服务的内涵与理念，科学设计了党建引领社会工作教育扶贫的内容与路径，并在实践中不断总结、提升。这保证了我们脱贫攻坚工作的正确方向和显著成效，真正努力把党的组织优势转变为扶贫发展优势，为打赢脱贫攻坚战提供了坚强的组织保证。

第三章　政策践行：社会工作助力精准扶贫战略的高校实践

阿比吉特·班纳吉(Abhijit V. Banerjee)和埃斯特·迪弗洛(Esther Duflo)在其《贫穷的本质：我们为什么摆脱不了贫穷》一书中曾说，如果政策不能被正确地实施，那么计划得再周密的政策也不能发挥作用。我国的精准扶贫政策是计划周密的政策，在实施过程中，作为政策践行者之一的社会工作力量也发挥了相应的作用。在讨论社会工作助力精准扶贫政策的实施时，结合政策分析的常用模型，我们先简要分析这项政策是为谁提供以及提供什么，即精准扶贫政策的内涵、要义与现状等；再进一步讨论政策是如何实现传递并发挥作用的，特别是在这个过程中，高校如何整合、运用社会工作专业力量并发挥其优势，将政策付诸行动、助力扶贫政策的实施，包括其行动的价值理念，实施的路径、内容和成效等。

第一节　精准扶贫政策的内涵与实践现状

一、精准扶贫政策的内涵与意义

（一）精准扶贫政策的基本内涵

在我国，“精准扶贫”这一概念最早可以追溯到2013年，是习近平总书记在湖南考察时提出的。后来他在贵州调研时，将精准扶贫思想概括为“六个精准”，即扶贫对象精准、项目安排精准、资金使用精准、措施到户精准、因村派人精准、脱贫成效精准。随后，为解决好“怎么扶”的问题，习近平总书记进一步提出，要实施“五个一批”工程，即发展生产脱贫一批、易地搬迁脱贫一批、生态补偿脱贫一批、发展教育脱贫一批、社会保障兜底一批。于是，以“六个精准、五个一批”为核心内涵的精准扶贫理论体系逐渐趋于成熟。不过精准扶贫作为一个政治和政策用语并没有严格的界定①，这一概念主要是为了确定扶贫工作的要求，不必在学术上追求其内容的严整性。从扶贫工作的要求和落实来看，根据《中共中央 国务院关于打赢脱贫攻坚战的决定》，以习近平新时代中国特色社会主义思想为指导，深入贯彻落实习近平关于扶贫工作的重要论述，始终坚持精准扶贫精准脱贫基本方略，把习近平总书记多次强调的扎实做好产业扶贫、易地扶贫搬迁、就业扶贫、危房改造、教育扶贫、健康扶贫、生态扶贫等精准扶贫重点工作抓实抓细抓好。

精准识别贫困人口是精准施策的前提。2014年，全国组织80万人深入

① 王思斌.精准扶贫的社会工作参与：兼论实践型精准扶贫[J].社会工作，2016(3).

农村开展贫困识别和建档立卡工作，识别12.8万个贫困村、8 962万贫困人口，建立起全国扶贫开发信息系统；2015年8月至2016年6月，全国再次动员近200万人开展建档立卡"回头看"，补录贫困人口807万，剔除识别不准的人口929万，从而较好地解决了"政策是为谁提供"的首要问题。但这么多贫困人口究竟是谁、具体分布在什么地方，是否还有一些贫困户被屏蔽在扶贫对象之外？精准扶贫、精准脱贫要真抓实干，必须不断明确扶贫对象。2016年12月，国务院印发《"十三五"脱贫攻坚规划》，提出要按照党中央、国务院决策部署，坚持精准扶贫、精准脱贫基本方略，坚持精准帮扶与区域整体开发有机结合，大力推进实施一批脱贫攻坚工程。为贯彻落实《"十三五"脱贫攻坚规划》，党中央及有关部门先后出台了100多项政策文件，从资金、科技、医疗、教育、基础设施、社会保障、金融、就业、产业、消费、网络等方面为扶贫对象提供相应的脱贫支持和政策资源等。

（二）精准扶贫政策的践行意义

经过几十年的扶贫开发，我国的贫困人口大幅减少。截至2019年年底，全国农村贫困人口从2012年年底的9 899万人减少至551万人，累计减贫9 348万人，年均减贫1 335万人，七年累计减贫幅度达到94.4%，农村贫困发生率也从2012年年底的10.2%下降到2019年年底的0.6%。① 我国社会扶贫工作取得了巨大的成就。精准扶贫是新时期我国扶贫开发的战略导向，是对接经济新常态要求扶贫资源优化配置和发展质量提升的政策回应，是服务于"共富共赢"全面建成小康社会目标实现的关键途径②，这一政策的

① 黄承伟.脱贫攻坚伟大成就彰显我国制度优势[J].红旗文稿，2020(8).
② 郑瑞强.精准扶贫的政策内蕴、关键问题与政策走向[J].内蒙古社会科学，2016(3).

执行有着多方面的重要意义。首先，精准扶贫举措因时因地、因人因需，实施有针对性的发展策略，挖掘出“贫根”对症下药，可以促进整个扶贫工作效率的提升。其次，借助先进信息与操作技术、现代化的组织管理手段，精准扶贫可以进一步优化扶贫资源配置、提高资源配置效率和提升发展质量。最后，精准扶贫政策的有效落实，对于全面建成小康社会的奋斗目标的实现具有关键性推动意义。贫困地区和贫困人口的“小康”是实现全面建成小康社会目标的重要一步，没有农村的小康，特别是没有贫困地区的小康，就谈不上全面建成小康社会。因此，扶贫工作必须精准有效，减贫举措必须切实到位，而精准扶贫政策可以保障脱贫攻坚任务保质保量完成。

二、精准扶贫政策执行的挑战与现状

（一）精准扶贫政策执行中的挑战

精准扶贫政策是新时期我国扶贫开发模式的创新和发展，具有较强的实践导向性和制度针对性，但在实施过程中同样面临着诸多现实问题，致使精准扶贫的政策效应难以最大化地发挥。

首先，政策“落地”过程仍然面临多种挑战，如政策能否有效“落地”、政策如何有效地实现“传递”。我国的扶贫政策一般是自上而下制定的，由中央提出任务，地方层层落实。对于扶贫问题来说，在中央制定了各种政策以保证扶贫工作的开展之后，就面临政策在执行过程中能否不走样、不变形的问题[①]。具体来看，这些挑战可能包括：① 中央制定的总体政策能否

① 袁君刚. 社会工作参与农村精准扶贫的比较优势探索[J]. 西北农林科技大学学报(社会科学版),2017(1).

与千差万别的地方情况相适应；② 地方在执行扶贫政策的过程中能否真正按照中央政策的意图来完成；③ 能否将扶贫政策真正有效地落实到所有政策对象处并持续发挥作用。

其次，精准扶贫政策实践过程中还需摆脱一些困境。如：① 如何减少贫困户的识别、退出与再识别机制偏差；② 如何避免非公正地主导或“异化”贫困为资源的情况；③ 如何强化贫困户的自我信念并增强其内生动力，营造有效“造血”和“内发”式的脱贫氛围，转变以“外生”式扶助为主的扶贫模式等。

（二）精准扶贫政策在城口县的践行现状

从2016年起，社会工作团队在城口县多个村庄开展了需求调查、服务调查。2018年，社会工作团队还有针对性地开展了社会工作者参与扶贫的调研，确保正确理解和把握精准扶贫政策在城口县的执行状况，从而对准问题、不足和需求点，完善社会工作专业服务。精准扶贫政策在城口县执行了几年，在物质扶贫、教育扶贫、精神扶贫、旅游扶贫、生态扶贫、消费扶贫等方面都取得了较大成效和进步。城口县政府还通过“城口县扶贫 app”试图建立一个社会公众共同关注和参与的扶贫空间，以及探索形成多主体的强大合力，也一直是城口县精准扶贫和精准脱贫过程中的着力点。

但是，扶贫工程的复杂性使得扶贫政策在城口县的实践遇到一些阻碍因素，面临一些挑战，如城口县贫困群体的脱贫意识与信念相对缺乏、精神动力不足、脱贫能力有限。在一次抽样调查中我们发现，认为要治穷致富主要靠政府和社会，而不是靠自己和家属的贫困者占22.9%；认为要从根本上摆脱困难，关键在于外界帮助，而靠自己努力则很难实现的贫困者占

21.4%；贫困群体主动脱贫的意识和能力需不断增强。同时，调查还发现，表示并未很好地理解精准扶贫政策，也不确定自己应该从该政策中获得的权利、资源，也不明白自己应尽的义务、责任的贫困对象占16.7%；表达了对村委会、乡镇、民政局等办公人员的“距离感”，仍存在“不想找、不敢找、尽量不找”的心态的贫困对象占20.7%；自己并未参与到扶贫中，对精准扶贫政策的内容和实践不是很了解的民众占18.3%；也有一些民众对资源倾斜较多的帮扶对象存在一定的不满情绪。从以上可见，精准扶贫政策的宣讲普及、实施和传递都有待加强，扶贫对象和帮扶者之间的关系还需不断协调与改善，社区其他民众与被帮扶的贫困民众间的理解还需增强。

三、高校社会工作助力精准扶贫政策践行

（一）高校社会工作力量介入精准扶贫的必要性

首先，高校作为教育扶贫的主体力量之一，在具体落实精准扶贫政策方面肩负着重要责任。高校扶贫服务实践的过程，也是坚持立德树人、紧抓实践育人、着力培养担当民族复兴大任的时代新人的过程。这项政策的实施也彰显了学校围绕国家重大战略和地方经济社会发展办学的历史使命与责任担当。

其次，社会工作介入精准扶贫政策施行有其必要性，政府从制度上推动社会工作参与脱贫攻坚行动，同时社会工作介入精准扶贫政策也受到其自身专业的要求。具体来讲：

1. 社会工作作为社会服务和社会福利的重要组成部分，其产生和发展

从根本上说是源于贫困治理。社会工作发展至今，坚持服务社会弱势社群或需求迫切的对象，贫困群体是社会工作关注的重要对象，而贫困问题一直是社会工作介入的重要领域。西方反贫困社会工作的发展历程也表明，社会工作能在反贫困领域内发挥重要作用，社会工作与扶贫有着天然的内在契合性，有责任介入并助力精准扶贫工作①。

2. 精准扶贫作为全国性的战略行动，是系统性的社会大工程，也是一项艰巨的社会责任。《中共中央 国务院关于打赢脱贫攻坚战的决定》《民政部 财政部 国务院扶贫办关于支持社会工作专业力量参与脱贫攻坚的指导意见》等文件先后提出“实施社会工作专业人才服务贫困地区计划”“支持社会工作专业力量参与脱贫攻坚工作”等要求。随着国家的大力倡导以及制度上的不断推动，社会工作不断深入我国反贫困事业之中，助推扶贫政策的具体执行和落实。

3. 我国社会工作强调以人为本、回应需要，注重和谐、促进发展等价值观，在开展服务的过程中，重视发挥政策影响者、倡导者、使能者、资源筹措者等的作用。社会工作在扶贫实践中肩负政策执行责任，通过专业技巧和专业服务宣传扶贫政策、推动政策落地、倡导社区民众的关注和参与、协助扶贫对象增能发展，以及为扶贫工作的有效开展链接整合资源等，这些都是来自社会工作自身的专业要求。

（二）高校社会工作力量介入精准扶贫的优势

学校整合资源，联合政府、行业、社会等多元主体和多方资源，多方协

① 汪径，穆莉萍. 增能视角下社会工作介入精准扶贫的功能研究：以重庆市为例[J]. 法制与社会，2017(22).

同，齐抓共管，同频共振，在整合性的社会工作专业服务具体过程中，形成精准扶贫政策落实的工作合力。同时，除了引导、支持和培育专业社会工作人才参与和推动扶贫政策的落实，我们还鼓励、组织和带领学生通过课程实践、专业实习、第二课堂、志愿服务、项目实训、创新创业“六位一体”的实践活动，参与到贫困群体脱贫能力建设以及扶贫政策一线宣传和传递的过程之中。

从社会工作实践来看，我们在城口县扶贫政策执行过程中的优势主要体现在以下三个方面。

1. 价值理念上的优势。团队社会工作者尊重扶贫对象，重视在服务中强化扶贫对象的自助意识，关注和不断增强服务对象的能力发展；社会工作者强调要与服务对象一起工作，把服务对象看作有能力、有资源的主体，也是最了解自我处境、愿意走出困境的行动主体，通过沟通、合作、协助，帮助服务对象主动实现改变。在扶贫政策宣传、讲解、普及和落实推动等实际工作中，专业社会工作者秉持职业操守，坚持对服务对象负责的原则，用社会工作的价值、伦理去规范工作中的行为，尝试解决以往农村扶贫政策执行中的偏差问题。

2. 专业方法上的优势。团队社会工作者在扶贫政策执行过程中，整合运用个案、小组、社区和行政等方法，结合具体环境和服务对象的实际情况进行预估、计划，进而设计具有针对性的服务方案。城口县农村地区贫困农户的致贫原因复杂且具有一定的独特性，社会工作实践扶贫政策也要尽量做到有针对性。另外，社会工作还会通过专业实践过程有效体现政策执行主体的服务理念。

3. 资源整合上的优势。社会工作者在链接资源并促进多方合作方面具有优势。社会工作团队参与城口县农村扶贫政策执行，本身就是一种社会治理的新资源，加之还有高校作为支持平台，为政策执行提供了大量人力、智力资源。团队社会工作者扮演着城口县脱贫攻坚工作中的社会资源筹措者和链接者角色：一方面，通过策划有关宣传活动，让更多社会成员了解城口县贫困现状，鼓励并带动身边更多的人共同参与扶贫，拓展了资源获取的渠道；另一方面，根据扶贫对象的实际需求，联系高校人士、社会爱心人士和爱心企业参与志愿服务，促成精准扶贫的多方联动。

简言之，社会工作介入的必要性和优势都为社会工作参与精准扶贫提供了可能，为社会工作介入并发挥作用提供了难得的机遇和发展空间。而高校以教育扶贫主体角色协调参与进来后，链接各类资源，整合多种力量，将有效助力社会工作专业优势的充分发挥。

第二节　社会工作参与精准扶贫政策的实践路径

社会工作团队在城口县的扶贫政策执行主要包括两大方面：一是作为政策落实主体之一，直接实施有关政策，开展救助帮扶、能力建设等专业服务；二是作为政策和民众间的桥梁，助力政策的传递，增强政策执行的顺畅性和有效性。团队社会工作者自 2016 年进驻城口县后，注重发挥专业优势，同时不断探索高校人才培养如何与服务地方社会的政策落实和工作开展相结合。在此过程中，年轻教师以专职社会工作者、专业督导、培训师、评估专家、学生实践导师等身份投入高校教育扶贫攻坚工作；社会工作专业学生在教师的指导下，以项目实习生和志愿者的身份开展专业社会工作服务。

社会工作参与执行精准扶贫政策的过程是一个多方联动、协同整合的过程。这一过程涉及贫困者、政府和基层社区、社会公众等多方主体，实践路径涉及扶贫理念、扶贫方法和扶贫机制等。

一、服务输出与贫困户动员

所谓服务输出，是指社会工作提供和开展的专业性服务。所谓贫困户动员，是强调贫困群体的主动参与和行动。贫困群体是精准扶贫政策落实中的最关键对象，只有当贫困群体在脱贫理念、意识方面进一步明确，脱贫能力进一步增强，扶贫才能取得可持续的成果。社会工作作为扶贫政策与扶贫对象间的重要“联系人”，通过服务输出的方式，提供各种专业服务，逐渐影响和带动贫困群体积极参与脱贫攻坚，这是扶贫政策实践的重要途径之一。

（一）以专业服务影响扶贫对象的意识和理念

社会工作以专业服务影响理念，促进贫困群体脱贫理念的积极转变。习近平总书记提出“扶贫先扶志”，此处的“志”即贫困者的脱贫意识与脱贫信念。增能视角社会工作认为，个人的意识和能力是不断变化的，每个人都有潜能，都能够通过自己的努力主动改变现状。因此，社会工作者在为扶贫实践助力的过程中，始终以扶贫政策的要求和指导为行动的依据，通过系列社区活动开展扶贫政策宣讲，通过专题漫画传递扶贫理念，切实深入地将政策内容引入扶贫对象心中，细致耐心地促进扶贫对象正确理解扶贫政策的内涵。同时，社会工作者还通过主题性的脱贫意识小组、大范围的社区宣传和倡导以及长期的个案服务等，不断培养扶贫对象积极主动的脱贫意识和信念。社会工作者在城口县的扶贫政策实践，从县政府、民政局到各街道、乡镇，以及各农村社区，都以理念影响和意识强化为过程目标，重视增强贫困者的文化认同感和文化自信心，激发贫困群众的内在潜能，增强其主体性和能动性。

（二）以专业服务传递方法并发展能力

社会工作以专业服务发展能力，促进贫困群体脱贫能力的不断提升。就贫困者方面而言，“扶贫必扶智”中的“智”不仅是头脑里有法子，更是行动上有路子。社会工作者在城口县开展扶贫服务的过程中，探索开展了能力提升小组、生计发展小组、社区互助建设等，帮助贫困群体提升自我脱贫能力并发展有关能力；还借助各种契合文化传承、能力发展、社会互助、公共参与、城乡互惠和生态培育的社会扶贫策略，整合有效信息，链接有效资源，动员和组织贫困群体参与生计活动和经济项目，鼓励、培育和提高贫困群体本身脱贫的“能力”——既包括精神能力，也包括行动能力。当服务对象掌握一定的方法、获得更多的资源和信息，并具备一定的自我脱贫能力时，他们会更有信心、更为主动地努力脱贫。

人们能做什么和不能做什么，最终常变为自我实现的预言，我们只有不断努力，坚定信念，去改变现状。当一种情况得到改善时，这种改善本身会影响人们的信念和行为。因此，社会工作者在城口县各村的反贫困实践中，要启动某贫困户自我增能脱贫的良性循环，必须深入扶贫对象的现实环境中，通过与扶贫对象的良好合作，共同探索改变的契机并努力完成这个改变过程。

二、社区宣传与居民动员

社区宣传强调政策宣传的“接地气”方式和过程，居民动员强调社区全体居民共同参与扶贫，即致力于构建一个精准脱贫的社会支持网络。一方面，我们的贫困人群通常缺少信息来源，甚至可能容易被一些错误的信息所误导；另一方面，更多的社区民众常常缺乏信息，而一条普通的信息就可能带来巨大的变化，但这些政策信息的传达方式必须是简单、有吸引力的，来源必须是可靠的。

执行主体对政策的内容解读得不到位，以致民众不了解政策的具体内容，让原本的扶贫项目变成了形象工程。因此，在城口县开展反贫困实践的过程中，社会工作者在政策的解读、宣传方面可作为中间人，向民众传达政府的意向；作为双方的纽带，社会工作者努力整合各种资源，来解决农村社区事件信息的分配不公平问题——同样的政策信息，部分群众较快获得并有效运用而获益，而另一部分人则不能获得有效的信息。社会工作者运用社区工作的专业方法，进行社区宣传，面向目标人群，对与农村扶贫相关的政策信息做全面的推广，通过各种手段让居民主动去了解与自己有关的政策。另外，在提供崭新的宣传理念上，社会工作者把自身专业的价值观念和实务原则嵌入宣传的行动中。把政策精神和社会工作的帮扶侧重点结合在一起，避免传达扶贫就是政府的单边行为，避免传达扶贫只是一种纯粹的给予行为，而充分突显扶贫是重视服务对象自我能力开发的。社会工作者经过多途径的探索实践，逐渐形成了以培养服务对象和社区民众自信并服务其成长为议题的宣传方式。这非常有助于调动社区民众的兴趣，从而让他们主动地了解和参与这项政策的执行。

三、媒体参与与公众动员

团队社会工作者在城口县参与扶贫政策实践，一直在探索建立一个获得公众关注、获取社会资源的扶贫空间，致力于在政府和社会之间、贫困农村和城市之间建立沟通与互动的有效渠道。为增进公众对扶贫的关注和了解，社会工作者积极联络媒体力量参与。几年来，社会工作者从农村社区、乡镇到县市以至国家等各个层面进行服务成效的宣传和成果经验的推广，在保护好贫困群体合法权益的同时，借助媒体宣传等重要手段，促进社会公众对扶贫政策的理解和对城口县扶贫实践的了解。借助媒体参与之力，社会工作者主要从以下三个方面实现公众动员。

（一）促进公众对扶贫政策的认知

一项政策的有效实施受到多方力量的影响，在扶贫政策的实践过程中，除了政策制定、执行和直接受益群体，更为广泛的公众也以某种方式影响着扶贫政策，同时直接或间接地受到扶贫政策的影响。因此，促进公众认识和理解扶贫政策，营造一种良好的社会环境来积极落实精准扶贫政策非常关键。社会工作者在促进人与人之间、社会各阶层之间的相互理解方面需要不断做出探索。

在城口县反贫困实践中，社会工作者借助国际社会工作日、社区特定节庆日等开展大型社区类活动。这些活动面向不同层级的政府和社区各个群体，潜移默化地促进社区民众的相互了解与融合；在个案、小组服务中，以自然联结的方式，将社区民众、社会公众与扶贫对象平等结合，促进相互之间的沟通和交流。同时，社会工作者充分发挥其整合资源的优势，联系社会爱心个人、爱心企业、公益组织等关注和支持扶贫对象的脱贫发展。

（二）增进公众对扶贫对象的理解

贫困是一种资源能力匮乏的状况，致贫原因常常是多方面的。对于贫困，我们应当有更多的认识；对于贫困群体，我们还需有更多的理解。社会工作扶贫实践不断影响着社会公众对贫困群体的理解。理解贫困群体常常在生活中面临着多重挑战和“贫穷陷阱”，肩负着多种责任，而社会公众的参与和援助之所以很重要，是因为它能启动一种良性循环。同时，公众的理解和参与不仅是反贫困的有效方式，而且还能使我们的社会变成一个更有意义的社会。社会工作者在城口县开展扶贫实践，一贯注重社会公众与贫困群体间的平等性联结，引导社会公众倾听贫困者的心声，了解贫困者的生活方式和生活选择，理解扶贫政策的公正追求。在具体操作过程中，社会工作者以政府支持为后盾，以高校平台为背景，持续引导高校大学生、社会志愿人士参与城口县各农村社区的扶贫实践，同时不断激发、培育城口县本土民众的关注意识和参与能力。另外，社会工作者还要与当地社区组织、社会企业、学校等加强合作，切实提高服务水平。

（三）构建贫困群体的社会支持网络

社会支持理论强调运用个体所在社会系统中的资源，以促进其社会功能的正常发挥。社会支持通常有正式社会支持和非正式社会支持两种类型。由政府、工作单位、社区、社会组织等提供的支持为正式社会支持，由家庭、亲戚、邻里、朋友等提供的支持为非正式社会支持。社会工作者在城口县的扶贫过程中，在为贫困群体构建社会支持网络时，以社会资本建构为指导，努力做好以下几个方面的工作：通过家庭社会工作服务来健全贫困户的家庭支持系统；通过开展支持小组、组织结对帮扶、进行社区倡导等来扩充贫困群体的社区支持系统；通过政策实践影响、政策资源链接、政策理念传达、政策传递方式改良以及贫困户与政府的关系改善等来加大政府、政策和制度方面对贫困群体的支持力度；另外，还通过媒体宣传倡导、公众力量引入、社会资源链接等来吸引更大范围内的社会力量对贫困群体的支持。总之，社会工作结合正式社会支持与非正式社会支持，整合正式资源与非正式资源，借助公众力量的参与，不断探索构建贫困群体的社会支持网络。

四、政社合作与政策优化

社会工作者在城口县开展扶贫实践的过程中，一向重视与政府的联系与合作。2016 年，社会工作者首次进驻城口县开展社会工作服务，是在民政部组织的重庆市“三区”社会工作人才支持计划项目的支持下，在 S 村开展的以服务“三留守”人员为主的反贫困实践。随后几年，“三区”社会工作人才支持计划项目在城口县其他乡镇农村社区如 H 乡、J 乡等持续深入地开展并不断得到拓展。与此同时，社会工作团队协助城口县民政局、各乡镇和农村社区积极发展本土社会工作，培育本土社会工作人才；社会工作者坚持向县民政局、落地乡镇领导汇报服务的进展和成效，并积极听取各部门的意见和建议，形成良好的合作互动氛围。在此合作过程中，社会工作者以其专业优势影响着扶贫帮扶工作者的理念、方法以及扶贫政策的完善和落实。

（一）逐渐转变扶贫帮扶者的理念和认知

在具体扶贫工作中，社会工作团队融入平等、尊重、接纳和理解等价值理念，协助其他扶贫人员深层次理解贫困者的需求，逐步摆脱“救济式扶贫”的思路，并以社会工作增能视角、优势视角、社会支持理论等探索“开发式扶贫”之路，真正做到以人为本。另外，社会工作者不断致力于主流社会对贫困人群的负面文化标签的转变。这些努力可以促进良好帮扶关系的建立。社会工作者不仅充当沟通政府和贫困群体的桥梁，促进相互间的理解，而且应当十分强调通过社会工作专业价值理念来优化政府和基层社区的扶贫理念，促进他们真正地理解和接纳贫困者，促使更多的扶贫工作者平等地对待贫困者，尊重和关心贫困者，从而与贫困者建立良好的帮扶关系，得到扶贫对象的信任、支持与认可，进而推动反贫困工作的顺利有效开展。社会工作者数年来在城口县进行专业服务与实践探索，宣传扶贫理念，促进了更多贫困者勇于打开治穷致富之门。

（二）协助改进扶贫帮扶者的方法并提高其技能

就扶贫帮扶方而言，“扶贫必先增能”，有能力有策略是开展扶贫工作的第一步。政府与基层社区作为扶贫主导责任者，引领着精准扶贫工作的开展。社会工作者以城口县当地政府和基层社区增能为目标，充分发挥资源链接和人力动员的作用，灵活运用社会工作基本手法和倡导等方法，开发扶贫力量，提高扶贫能力。协助村“两委”每季度分片召开一次院坝会，由第一书记讲政策、脱贫典型讲脱贫感受、贫困户讲脱贫决心，并采取知识问答或其他互动的方式答疑释惑等。

具体来看，社会工作者介入精准扶贫，运用社会工作专业价值和知识手法，不断促进政府和基层社区扶贫工作的开展。这些努力体现在以下两点：其一，确保有效扶贫服务的开展。社会工作者在介入精准扶贫过程中，以社会工作专业视角为指导，运用个案工作、小组工作、社区工作等专业方法，通过“社会工作服务示范—倡导服务参与—开展服务督导”等环节，借助社会工作人才考试培训、知识和能力更新培训、社会工作服务交流会等形式，逐步增强政府和社区扶贫工作人员的扶贫工作能力，促进政府服务能力的提高和社区工作氛围的改善，使其主体身份和专业地位得到有效保障，并促进各扶贫帮扶者更好合作，确保扶贫服务的有效开展。同时，社会工作者广泛链接社会资源，有效整合公共资源，促进各方扶贫主体的互动与协作。其二，促进帮扶者的自我发展与增能。社会工作者深入“三区”，在不同区县和偏远农村地区开展一线社会工作服务，为当地的扶贫服务注入新鲜力量和气息，深得当地扶贫人员的喜爱与支持。

社会工作者在服务贫困对象的同时，还非常重视对当地政府与基层社区扶贫人员的“熏陶”和“影响”，影响着一些扶贫工作者的个人生活，改变着他们的职业发展方向：他们不仅能够以社会工作的思维、视角更好地处理个人和家庭的问题与矛盾，而且能够借助社会工作的价值、技巧，在工作中表现出更强的信心和动力，提高对自我和工作价值的满意度。

（三）倡导优化扶贫政策的制定和实施

社会工作是政策的反应器，不仅能将上面的政策传达、实施到贫困者，而且能将贫困者的需求反馈到上层，从而完善政策制定。近几年来，在服务型政府理念的引导下，各级政府在涉及民生的各个领域制定了大量的社会政策，有学者甚至称这是一个“社会政策的时代”。这些政策多涉及社会保障制度、社会福利制度、公共基础设施建设和公共资源的分配等方面。制定社会政策的核心价值取向就是公正。社会工作者长期在基层社会开展各项服务，尤其在帮扶社会弱势群体、化解基层社会矛盾、建设和谐社区等方面都发挥了不可替代的功能。社会工作者在城口县开展扶贫实践所积累的大量实务案例，以及在此基础上所总结出的本土化的社会工作服务模式，都为城口县制定相关领域的社会政策提供了重要的决策依据。

通过长期扎根一线的实践积累和经验总结，社会工作者还可能进一步参与到社会政策的制定、实施和完善之中。社会工作者可作为政策的倡导者积极影响社会政策的制定，为贫困群体谋取福利、争取资源、优化精准扶贫政策选择。这种政策选择的优化主要体现在两个方面：一方面，社会工作者间接参与社会政策的制定与社会政策的实施；另一方面，社会工作者支持社会政策的评估并为社会政策的完善提出调整建议。社会工作者能对社会政策进行专业评估，分析政策的可实施性、可持续性和有效性等问题。我国目前的精准扶贫政策仍存在不少缺陷，需要完善。这既需要政府根据社会的实际发展情况调整扶贫内容，更需要从受助者角度出发，有针对性、差异性地提供帮助。因此，作为政策执行者的社会工作组织要在政策落实的过程中发现问题，为政策的完善提出调整建议。

第三节　社会工作执行精准扶贫政策的内容

根据《民政部 财政部 国务院扶贫办关于支持社会工作专业力量参与脱

贫攻坚的指导意见》等相关政策，社会工作者从2016年开始持续在城口县实施社会工作专业人才服务边远贫困地区、边疆民族地区和革命老区计划，实施社会工作服务示范项目和扶贫项目以及社会工作教育对口扶贫计划等；不断推进城口县社会工作专业人才队伍建设、社会工作组织建设等扶持壮大城口县社会工作专业力量的服务，先后培养城口县本土社会工作人才30余名、孵化专业社会工作组织3个；在城口县民政局的指导下，结合脱贫攻坚的实际需求，重点开展包括贫困群众救助帮扶、脱贫能力建设、留守儿童关爱保护、特殊困难人群关爱等服务。

一、扶贫实录：提供服务，传递政策

社会工作者长期驻扎在城口县乡村，助力城口县脱贫攻坚，提供专业服务，推进政策实施。比如：面向贫困家庭、独居老人、残障人士、刑满释放人员等贫困个体开展个案救助；面向贫困留守妇女成立手工编织鞋、丝网花艺品等生计发展小组；引导培育老年经济互助组织、协助发展乡村旅游、建设民俗博物馆，多层面探索提升贫困群众的脱贫能力；面向留守儿童、困境儿童开展生命教育服务，开设“四点半课堂”性质的“E米阳光”课堂和抗逆力课堂，举办陪伴教育性质的“三余”互助社等。在政策执行过程中，社会工作者既提供专业服务，也注重当地贫困户脱贫能力建设和内生动力激发。这里我们以助力产业扶贫、环境健康改善为例，简述社会工作者的实践过程。

（一）助力产业，促进内生发展稳定脱贫

作为扶贫攻坚“五个一批”中的发展生产脱贫一批，是精准扶贫战略的

重要举措之一，是贫困地区稳定脱贫的重要途径。位处大巴山深处的城口县，产业发展一直相对缓慢。在精准扶贫战略实践中，城口县因地制宜发展多种扶贫产业，将扶贫工作纳入具体的产业发展中。产业扶贫作为一种内生发展机制，促进“输血式”扶贫向“造血式”扶贫的转变。产业扶贫贯穿于城口县脱贫攻坚工作的始终，是城口县实现稳定脱贫的必由之路。社会工作者一直为城口县的产业发展助力。

城口县先后出台了《城口县特色效益农业精准扶贫实施方案》《产业精准扶贫到村到户的实施方案》等文件。为加大产业扶持力度，近几年来该县还制定了系列相关支持、优惠政策，鼓励本土老腊肉、茶叶、山地鸡、蜂蜜、中药材等特色种植养殖业，支持有意愿和有能力的龙头企业、新型经营主体和农户发展特色产业。社会工作者协助建立了乡镇就业工作微信群、各村建档立卡贫困户微信群等网络平台，及时发布当地就业创业政策、社保政策、用工信息、培训信息等，为建档户提供信息服务。同时，社会工作者会协助征求建档立卡户的培训需求和意愿，落实技术培训的开展，助力贫困户劳动技能提升，并在这个过程中不断宣传有关惠民政策，帮助解读市场行情等。

另外，团队社会工作者借助高校平台优势，立足 J 乡、H 乡产业规划，推动当地产业发展。首先，社会工作者依托互联网助力农副产业，借助大学生互联网＋创业项目，将学生创业实践与城口县农副产品宣传售卖结合起来，拓宽城口县农副产品的售卖渠道，提高其农副产品销量，多个创业项目取得较好成绩，其中“怡口城市”项目获得广泛关注，并持续服务城口县产业发展。其次，基于城口县生态环境优良，社会工作者坚持把乡村旅游扶贫作为贫困群众增收的第一扶贫主导产业。

（二）明确主体，提升健康人居环境水平

随着《城口县农村人居环境整治三年行动实施方案（2018—2020年）》的出台，城口县动员各方力量、整合各种资源、强化各项举措，加快补齐农村人居环境突出短板，着力提升农村人居环境水平，以农村垃圾治理、厕所“革命”、污水治理、村容村貌改善、农业生产废弃物资源化利用为主攻方向。同时，城口县也充分发挥基层组织作用，建立完善村规民约，强化文明健康意识，切实发挥村民主体作用。社会工作者为持续推进J乡农村人居环境整治，切实引导群众积极主动参与环境卫生整治，加快改善建档立卡贫困户人居环境，保障广大贫困群众的身体健康。社会工作者关心易地搬迁（J乡新农村主要为扶贫易地搬迁安置区，同时也是J乡统一规划、修建的新的聚居区）群众，着力增强易地搬迁群众的人居环境意识和社区融入感。

城口县J乡以“六进农家”示范村创建、容貌整治试点等为契机，从整治环境卫生入手，组织各类代表参与家庭环境卫生评比活动，建立常态化卫生评比检查机制，改善群众生活环境。在日常工作开展中，社会工作者引导群众增强家庭卫生意识，实施“洁净家园”行动，整治农村“十乱”行为。社会工作者结合J乡安置区实际情况，助力人居环境建设，如协助策划“环境卫生评比方案”，开展以“卧室净、院内净、厨房净、厕所净、个人卫生净和院内摆放整洁规范”为主要内容的“五净一规范”环境卫生评比系列活动；具体策划开展“宜居生活，互爱互助”“风貌绿植专项引导行动”“美丽农家现场观摩暨表彰大会”“5S管理进农户环境卫生评比”“叠衣大赛”等活动。另外，以环境评比为基础，社会工作者协助筹备并建立了Y村的第一支志愿服务队，且社会工作者在协助策划J乡“爱心超市”积分兑换方案时，提议加入政策、人居环

境等方面的内容。比如，“贫困户对自己享受的各项脱贫政策清楚”“积极参与‘河长制’工作，主动参与河道区域保洁工作”“卫生评比合格”等提议均被采纳。在不断的探索中，社会工作团队协助村“两委”在Y村形成了“美丽农家建设5S管理制度”，以帮助村民改善人居环境，实现“庭院美”“居室美”“厨厕美”“长效美”“习惯美”“家风美”，最终强化了群众的人居环境意识，并提升了贫困家庭的健康人居环境水平。

（三）倡导行动，推动形成可持续发展机制

社会工作者在服务过程中，通过政策倡导等方式，着力推动城口县社会工作可持续发展机制的形成。一方面，倡导健全社会工作专业人才培养机制，社会工作者与当地政府联合行动，举办社会工作教育培训，对本地乡贤精英，如驻村干部、乡村教师、大学生村官等素质较高且有兴趣和服务热情的人员，进行社会工作培训，建立一支本土社会工作人才队伍；另一方面，完善社会工作专业人才使用机制，鼓励当地政府制定积极的人才使用办法，以优惠的条件吸引社会工作专业毕业生到农村地区就业；或鼓励当地政府工作人员、驻村干部等学习社会工作理念和方法，鼓励他们报考并取得社会工作资格证，对取得资格证书者给予相应的奖励，同时将社会工作专业纳入地方公务员招聘体系之中。

二、案例分享：精准到户，政策入家

习近平总书记强调，坚持精准方略，提高脱贫实效。脱贫攻坚，精准是要义。在脱贫攻坚战里，我们不能落下任何一个人。但是许多贫困者的贫困处境都具有较强的复杂性，致贫原因非常多元化，往往使贫困对象缺乏脱贫的信念和改变的能力。另外，长期居住在偏远山区的贫困群体，常常对政府的扶贫政策知之甚少，两者中间存在一定的“断层”现象。在此，我们将借助典型案例展示社会工作者在精准扶贫实践中的表现，并呈现社会工作者如何使扶贫政策与扶贫对象有机结合，使扶贫政策发挥最大功效，让扶贫对象真正受益。

（一）案例概述

社会工作者在城口县开展社区整体推进项目的过程中，在前期服务的基础上，经服务对象介绍并接触到一个隐藏在大山深处、正艰难求生的贫困家庭。这原本是一个普通的农村人家，几年前在县城上学的女儿遭受了人身侵犯，这场灾难使这个家庭陷入巨大的痛苦和压力中。孩子的母亲长期难以释怀，感到自责、痛苦、无助，担心女儿的名誉、心理和身体健康，同时独自承担着支撑整个家庭的压力。孩子的父亲沉浸在对该事件无法愈合的愤怒和责难里，本来就十分暴躁的性格变得更加严重，一度无法正常务工，且对孩子冷漠相待。这个女孩在身心上饱受伤害。女孩的弟弟在家庭变故后变得沉闷寡言。更为糟糕的是，在此事件后，承受着“羞耻”和“怨恨”，本来就身居高山的他们一家与村委会、村里其他家庭逐渐远离。我们的社会工作者主要通过这个女孩的母亲逐渐走进该家庭，在接触之初了解到，该家庭仅靠孩子母亲种菜、养鸡来维持生计，因为拒绝与外界接触，也没有相应的政策帮助或福利救助。给人印象非常深刻的是，孩子母亲当初说了一句话：“我晓得现在政策好，但我不晓得具体有啥子政策，也不觉得有什么政策可以帮助我们这种家庭。”

（二）政策执行过程

社会工作者与案主家庭建立良好的专业关系，在评估案主家庭面临的实际困难和相应需求后，首先向案主家庭成员提供情感慰藉、心理支持，进行夫妻和亲子关系调适等基础性服务。其次，社会工作者向案主家庭提供政策宣讲、扶贫资源链接、社会支持网络重构和权益维护等相关服务，在这个过程中逐渐帮助案主家庭理解国家针对贫困家庭的扶持政策，并获得相应的低保补助和政策性支持，尤为重要的是案主家庭愿意走进村委会、街道办等寻求相应的帮助。最后，为增强案主家庭的脱贫信心和内生动力，促进其发挥自我发展潜能，社会工作者到县城帮助孩子父亲联系工作，使其正常务工，又与孩子母亲商量决定借助家庭原有基础，选择养生态猪的发展路径。围绕这一发展方向，社会工作者协助案主家庭用认购腊肉的方式，筹集来自社会的启动资金。在这个过程中，社会工作者非常重视在保护家庭隐私的前提下最大限度地为该家庭争取部分发展基金。

（三）反思与总结

通过社会工作者的努力工作，该家庭的基本功能得以修复，并在当地政府、社会力量等多方主体的支持下逐渐好转。就该案例来看，我们要注意以下几点：首先，社会工作者可以通过专业服务做好对贫困对象的精准识别，推动贫困对象尤其是某些被遗漏的贫困对象的服务需求与扶贫资源精准对接；社会工作者进行个案救助时可以发挥自身在资源链接和福利保障等方面的政策兜底性作用，践行“两不愁三保障”。其次，社会工作者凭借其接纳、同理心等价值优势，可以从不同角度接近有需求的服务对象，化解服务对象内心的隔阂和排斥，恰当地将扶持政策传递到贫困对象处并切实促进政策的落实。最后，在政策传递和资源链接过程中，社会工作者在一定程度上应该帮助该家庭重构社会支持网络，获得来自亲属、社会人士的非正式社会支持以及来自政府、社区的正式社会支持。这些支持即使不多，也可以为这个独立、知恩并努力自我发展的家庭带来许多力量。虽然该家庭的创伤事件仍未得到良好解决，但这个家庭不再绝望，也不会那么愤怒，家庭成员相信政府和政策的帮助，相信社会的公正。

本章小结

社会工作者在城口县的扶贫政策实践主要包括：作为政策落实主体之一，社会工作者直接执行有关政策；社会工作者作为政策和民众间的桥梁，助力政策的传递；通过在城口县持续实施系列脱贫攻坚项目，面向贫困群体开展救助帮扶、能力建设等具体服务；培育城口县本土社会工作专业人才和组织，不断落实有关政策要求；通过服务输出与贫困户动员、社区宣传与居民动员、媒体参与与公众动员、政社合作与政策优化等路径，实现扶贫政策的有效传递。

精准扶贫、精准脱贫作为我国重要的战略之一，需要各方力量共同参与和努力，要建立多方参与的扶贫政策执行联动机制，发挥政府的主导作用，调动、开发社会组织的支持和参与力量，共同推动协同有效的工作机制的建立。在这个过程中，高校作为参与主体之一，整合社会工作专业力量参与的过程，对落实扶贫政策有着重要意义。同时，社会工作者在落实精准扶贫政策的过程中，倾听贫困群体的声音，了解贫困群体的实际生活处境，了解贫困群体在何种程度上受扶贫政策实施的影响，并促进政策的传递和生效。在这个过程中，必不可少的一点是，社会工作者要不断强化社会工作专业能力建设，提升其扶贫济困的实力，充分发挥社会工作专业力量的积极性和主动性，敢于创新和勇于尝试不同的扶贫方法，不断促进扶贫政策的有效落实。

第四章　多维救助：贫困人员认知重塑与能力提升

在消除贫困的不断努力过程中，人们对贫困的认识不断深化，对贫困内涵的界定也越来越清晰，从一维到多维，从收入到权利，从能量的维持到包含健康、教育、生活条件等在内的多项要求。本章在多维贫困的视角下，将多维理念同脱贫目标和多种脱贫要素的作用机理结合在一起，以培育贫困户多维资本为导向，通过对贫困人员心理资本、健康资本、人力资本和社会资本等的挖掘与培育，增强其自我发展能力，助力贫困人员通过自身努力脱贫解困。

第一节　重塑贫困认知：多维贫困与自我发展能力

一、贫困界定：从一维到多维

贫困是一个普遍性社会问题，它与人类生活息息相关。在不同的历史时期，由于经济、文化发展等方面的差异，人们对贫困的认识是不同的，因而贫困的界定标准也随之不断变化。人们认识贫困的角度越来越多元，因此贫困是一个内容丰富、不断发展的由社会所建构的动态概念。[①] 随着贫困研究的不断深入，研究者们从不同的视角对贫困的内涵进行了界定。

早期的贫困定义局限于人们的物质生活方面，注重的是个人或家庭所拥有的物质或收入的绝对数量。比如，1899 年朗特里给贫困下的定义是：如果一个家庭的总收入不能维持家庭人口最基本的生存要求，那么这个家庭就处于贫困状态。[②] 扩展后的贫困定义则进一步将个人能力、社会公正也纳入界定标准中，多运用相对指标度量贫困。[③] 印度经济学家阿马蒂亚·森认为，贫困的真正含义是贫困人员的能力受到剥夺，或其丧失了机会，所以“贫困最终并不是收入问题，而是一个无法获得某些最低限度需要的能力问题”。[④]

显然，随着时代的发展和人们认知的变化，贫困的内涵不断丰富，贫困的定义也经历了从狭义到广义的变化过程，也是从解决“生存贫困”到“发展贫困”的过程，从绝对的收入贫困到相对的福利贫困，从早期的强调物质和收入的绝对数量到涵盖社会公平、政治参与、安全等多个方面。[⑤] 基于此，人们对贫困的界定也从单一的经济贫困转向包含了收入、能力、公平等因素的多维贫困。

---

① 顾昕．贫困度量的国际探索与中国贫困线的确定[J]．天津社会科学，2011(1).

② 周强．多维贫困与反贫困绩效评估：理论、方法与实证[M]．北京：经济科学出版社，2018：53.

③ 朱力．当代中国社会问题[M]．北京：社会科学文献出版社，2008：68.

④ 向德平．社会问题[M]．北京：中国人民大学出版社，2011：98.

⑤ 周强．多维贫困与反贫困绩效评估：理论、方法与实证[M]．北京：经济科学出版社，2018：105.

多维贫困的视角将多个因素和多个维度综合在了一起。联合国开发计划署和英国牛津大学贫困与人类发展中心于2010年联合开发了一个国际通用的多维贫困指数(MPI)，选取了教育、健康和生活质量三个维度共十项指标，测量家庭贫困的程度，反映了贫困家庭的基本需求、人力资本和健康状况等信息，从微观层面描述了贫困家庭的福利水平。多维贫困指数得到了学术界和有关政策制定者的普遍认可，并被广泛运用于对微观家庭多维贫困的实证研究中。我国政府扶贫政策的演变也体现了多维思想。“两不愁三保障”的精准脱贫目标更是综合考虑到了贫困家庭的生存和发展问题，确保贫困家庭在满足基本生存和温饱的基础上能够享受公平的教育、医疗和住房等福利，充分体现了反贫困过程中的多维贫困思想。

二、多维贫困与贫困人员自我发展能力

从理论背景上来看，当前主流的多维贫困的理念起源于20世纪70年代阿马蒂亚·森提出的“权利剥夺”和“可行能力”思想。他以能力理论来阐述个体的可行能力，认为“我们不应该采用传统的以个体的收入和对资源的占有作为标准来衡量一个人的贫穷和富裕情况，我们应该以个体能力的大小来衡量个体的贫富，这里的能力是指一个人所具有的完成功能性活动的因素的总和。因此，能力应该是一个人达到功能性活动的因素的组合，它本身应该是一个向量，由人们选择的生活类型决定”。①

自我发展能力在我国官方话语中多用来形容某一区域，我们借用这一词

① AMARTYA S. A Soeiologieal Appreaeh to the Mearurement of Poverty: A Replyto Professor Peter Townsend[J]. Oxford Economic Papers, 1985(2): 669 - 670.

语来形容贫困人员个体及其家庭。贫困人员自我发展能力是一个综合性概念，是对其心理资本、健康资本、人力资本和社会资本积累状况的整体描述。

三、城口县贫困户能力缺失状况

城口县是重庆市 4 个深度贫困县之一，2014 年该县贫困发生率为 14.3%，居全市第 2 位。高贫困发生率固然与城口县的自然地理环境、经济发展水平等有关，但贫困户自身因素也是致贫原因中起主导作用的因素。首先，我们从调查中可以发现，城口县贫困户特别是乡村贫困地区的贫困人员往往缺乏脱贫的内生动力，对政府系统性支持的依赖性较强，将脱贫希望寄托于外在支持，自我发展能力较弱。其次，贫困人员因病致贫的比例较大，他们的健康状况堪忧，直接影响了自身的生计状况。再次，贫困人员的社会支持网络不健全，特别是“三留守”人员，其家庭支持网络、社区支持网络和社会支持网络均较为薄弱。最后，乡村社区文化发展滞后，贫困人员的受教育程度普遍较低，其文化素质水平制约着自身的发展。显然，脱贫攻坚不仅需要提供政策支持和加强组织建设，而且需要增强贫困人员自我发展能力。

第二节　心理资本与贫困人员能力提升

当前，已经有越来越多的政策制定者与研究者意识到，贫困不仅是一个物质问题，而且是一个精神问题；贫困人员不仅在物质、收入和福利、权利等方面有所缺失，还存在心理上的问题。于是，“精神扶贫”越来越被人们所重视。当贫困人员的外部物质条件短期内难以彻底改变时，社会工作者要帮助他们增强自我发展能力，改变他们可能存在的贫困心理，丰富其心理资本，使其内心更加强大。

一、城口县贫困人员贫困心理的现状

美国学者刘易斯提出了贫困文化理论，认为穷人群体会形成本群体特有的生活方式，经内部交往得到强化后易产生一种贫困亚文化。贫困心理就是贫困文化的一种具体体现。美国学者英格尔斯指出，心理贫困是相对于物质贫困而言的，将其定义为人的理想、价值观等精神心理状态落后于社会主要物质生产方式的状态，也可以是一些落后的风俗、习惯。① 从多维贫困的视角来看，心理贫困就是多维度之一，是贫困的一种状态和体现。从案例中的实际情况来看，的确如学者所述，贫困人员存在“相对剥夺感”较为强烈、“人生目标感”比较模糊、“生活认知感”普遍消极的问题②，不少扶贫对象亦存在依赖心理③。概括而言，贫困人员出现了如下不同类别的心理问题。

（一）懒惰型

具有懒惰型心理问题的贫困人员受到贫困文化的影响，往往对于个体或家庭未来的期望不高，好逸恶劳，抱着得过且过的生活态度。他们对生活质量的要求也较低，只要基本的温饱问题能解决就可以，缺乏提高生活质量的动力。懒惰型贫困人员自身缺乏强烈的改变贫困现状的意愿，再加上国

---

① 英格尔斯. 人的现代化：心理、思想、态度、行为[M]. 殷陆君，译. 成都：四川人民出版社，1985：64.
② 程肇基. 精神扶贫：一个亟待关注的精准扶贫新领域[J]. 江西社会科学，2016(11).
③ 张利明. 农民贫困心理的形成机理研究：扶贫政策的限度：以陕西省焉头村为个案[J]. 中国农村研究，2016(1).

家的扶贫政策和惠农政策或多或少地为贫困人员提供了物质帮助，某种程度上保障了贫困人员的温饱。有研究者发现，国家政策在惠农、扶贫的同时，也在一定程度上和一定范围内存在着“养懒”的问题。在国家大力扶贫的过程中，部分人对国家产生了强烈的依赖心，无所作为，一味地等待政策补助。常见的懒惰型贫困心理有：“懒得进城找工作，累得慌，还挣不来多少钱，反正村里有房子住，有块地，种点儿菜，养些鸡，饿不死，政府还有点儿补贴。”“我年纪也大了，走出去人生地不熟的，找工作也不好找，还不如在家里舒服，吃不饱也饿不死。”“有人介绍我们去镇上一个地方干活儿，干啥活儿呢？不晓得，我也没问，不想去，累死累活的，还不如在村里，或晒晒太阳，或摆摆龙门阵，有吃的有穿的就可以了。”

（二）自卑型

自卑型心理问题是由于各种主客观因素共同作用而形成的一种自我否定、不自信的非正常心理状态①。贫困实质上是一个不带任何感情色彩的词语，只形容个体或家庭当下的生活状态，但在现实生活中人们往往会因为贫穷而自觉低人一等，“说话没有底气”，“觉得没面子”，导致自我认同感较低。有些个体甚至将自己视为人生输家，对未来生活感到迷茫，常常自暴自弃。例如，城口县某中年男子因工伤致残，家里为其治疗花费了很多钱。该男子一方面难以接受自己的身体残疾，心理落差很大，另一方面感觉自己给家庭带来了巨大的负担，日渐消沉，最后失去了脱贫的斗志和信心。

① 江立华，肖慧敏. 心理健康与精准扶贫：激发脱贫内生动力的新途径[J]. 湖北民族学院学报，2018(5).

（三）信心不足型

这一类贫困人员往往对脱贫缺乏信心，对各种政策持观望的态度。一些贫困户出于种种原因长期处于贫困中，他们觉得“穷惯了”“习惯就好”，认为脱贫致富已经是可望而不可即的事情。有的贫困户则对当前国家的扶贫政策及其力度认识不足，抱着“走着瞧”的态度，行动上缺乏响应。有的贫困户则是“前怕狼后怕虎”，对风险抱有极大的担忧，面对产业扶贫优惠政策等有益之事，也因为害怕亏本而不敢大胆尝试，只想复制他人的成功经验，减少自己的投入风险。

（四）贪小便宜型

近些年来，我国各级政府对贫困人员的救助力度越来越大，在救助标准方面，国家对于西部地区更有所倾斜。精准扶贫以前，政府长期对贫困人员的“输血式”扶贫，不仅使部分贫困人员养成“等”“靠”“要”的思想，也滋生了部分贫困人员贪小便宜的心理。贪小便宜型的贫困者多有一种不平衡感和相对被剥夺感，只要是与精准扶贫政策有关的补贴、优惠或其他任何形式的福利，不管自身是否符合规定要求，他们都想享受，如若不然，则感觉自己“吃亏了”，并为此愤愤不平，甚至干扰扶贫工作的正常进行。一名建卡贫困户长期吃低保，家庭贫困但住房条件尚可，在一次危房改造项目中对于自家未能被列入危房改造名单感到不满：“我觉得我亏了，大家都是贫困户，凭啥子给他改不给我改？我就要到村委会去闹。”

除了上述几种类型外，贫困人员的贫困心理还表现为一些共同的外在特征，如悲观、目光短浅、保守、意志力不足等。心理贫困是经济、文化、社会以及贫困人员及其家庭自身等多种因素共同作用的结果。贫困人员长期生活在贫困环境之中，外部贫困文化的熏陶、家庭内部匮乏的物质条件、多样的生活困境使得他们相对于非贫困人员呈现更多的不利的心理特征和状态。这种心理特征和状态不仅是贫困的结果与外在表现，也会成为贫困的原因。

二、心理资本的作用机理与脱贫对策

贫困人员及其家庭面临的外部条件往往很难在短时间内改变，而心理上的改变是可以快速达成的。矫正不当的心理、增加克服困难的勇气、提高自身的心理素质，正是心理资本培育所要关注的。

（一）心理资本的内涵

2007 年，路德（Luthans）等在既有基础上对心理资本的定义进行了修订，认为心理资本即“个体的积极心理发展状态”，主要包括四个维度：自我效能感，自信个体拥有能力完成某一行为；乐观；希望；韧性。[①] 目前关于心理资本的研究主要集中在上述维度，本节也从这四个维度分析心理资本是如何影响贫困人员自我发展能力的。

（二）心理资本的脱贫机理：案例解析

J 乡位于城口县南部，是重庆 18 个深度贫困乡镇之一。赵某几代人均居住于此，时年 59 岁的赵某育有一子一女，女儿早些年嫁到四川泸州，较少回来，儿子结婚后育有一子，离婚后将孩子留给赵某抚养。赵某的儿子只身前往外地打工，发生了意外而导致伤残，丧失了部分劳动能力，不能进行较

① 高考，年旻. 多维贫困视角下的精准扶贫研究[M]. 武汉：华中科技大学出版社，2018：23.

大强度的劳动，现待在家里，只能帮忙做些轻体力活儿。赵某夫妇文化程度较低，靠农业种植养活一家人。2016 年年初，赵某听说邻居有人养鸡小赚了一笔，赵某家属觉得这是一项不错的收入，于是找亲友借了 14 000 元左右购买了一批小鸡仔进行养育。但由于养殖技术和知识的相对缺乏，养殖的鸡在三个月后染上了鸡瘟，短短几天内鸡大量死亡，剩下的鸡也无人来买。经历了一次打击的赵某夫妇又购买了一批鸡仔，这一次他们十分小心地养着鸡，并且提前预防鸡瘟等疾病，养鸡的过程中较为顺利，但在出售鸡的时候遇到了困难。J 乡交通不便，很少有商贩会上门收购，且赵某夫妇并没有其他路子，导致养殖的鸡滞销，最后只能以低价出售。赵某不仅没有赚到钱，反而搭上了所有借款，给本就贫困的家庭又蒙上了一层霜。于是赵某夫妇心灰意冷，对于赚钱脱贫更是失去了信心："这可能就是命吧！"

自我效能感和成就感是相互促进的。在对自我效能的影像中，个体过往行为的成败经历是非常重要的因素。经历过类似行为的成功后，个体能够积累经验、获得成就感，从而增强信心、提高自我效能感；反之，个体在经历多次失败后，自我效能感会降低。上述案例中的赵某经历了两次失败而丧失了信心，自我效能感降低。2017 年，J 乡政府在脱贫攻坚总体规划中按照"1＋3＋X"的产业布局，拟在赵某所在村重点发展以香菇为主要品种的食用菌种植等扶贫产业，并且对贫困人员有相应的政策扶持。不少村民都有意向，但赵某及其家属却缺乏兴趣。当询问其原因时，赵某表示："我觉得我们家可能干啥啥不行吧，前几年养鸡借的钱都还没还完。现在说要种植香菇，虽然有银行贷款，但是万一又搞黄了呢？香菇种了，到时候卖的价格低呢？我连贷款都还不起，所以不敢种。"显然，赵某在经历了养鸡失败以后丧失了脱贫的信心，认为自己“做什么都做不好，反而还欠债”，过去的失败降低了赵某的自我效能感，使其对未来的预期越来越低甚至不抱希望，对于通过努力获取某种行为的成功失去了信心，“我这辈子可能就这样了，儿子也这样，看孙子行不行了”。基于此，社会工作者将工作重点放在对赵某的心理资本的培育上，采取各种措施、方法调动服务对象的积极性和主动性，引导其树立主体意识，激发其改变贫困现状的干劲，增强其改变贫困现状的信心。

具体举措包括：与赵某及其家属一起梳理过去的经历，特别是失败的养鸡行动中的经验与教训，在梳理的过程中帮助赵某矫正其“我觉得我不行”“养鸡失败都是我的错”“我努力了但是没啥用，还更穷了”等错误观念，帮助赵某树立“我的能力超乎想象”“我能行”的观念；选取相邻乡镇依靠自身和家庭力量实现脱贫致富的典型案例让赵某学习，在学习的过程中向赵某讲解他人脱贫过程中也遇到过挫折和失败，又是如何凭借意志力和信心一步步取得了成功；收集与赵某经历相似的贫困人员的成功案例，通过这种“身边人讲身边事、身边人讲自己事、身边事教育身边人”的形式，让其看得见、听得到、学得着，激发赵某脱贫致富的内生动力，不断灌输“别人行我也行”的观念；向赵某讲解国家和当地政府的各项扶贫政策，引导他们多看电视新闻，了解国家和当地政府帮扶贫困人员的力度，引导服务对象树立对未来的信心；从赵某对孙子的期许入手，将贫困代际传递的理论讲给赵某听，逐渐让赵某意识到导致贫困的因素可能会代际传递，特别是消极、悲观的心理也会对后代产生影响。

通过沟通之后，赵某逐渐意识到调节心理、提高心理能力的重要性。虽然外部的贫困状况短时间内难以改变，但赵某逐渐重新树立了信心，认真了解产业扶贫政策，开始对未来抱有期望并积极主动地投入脱贫的努力之中。赵某的积极心态也鼓舞了其家属，过去养鸡失败的经历不再使他因畏惧风险而裹足不前。赵某主动响应了J乡政府实施的食用菌产业扶贫策略并投入其中，其种植的食用菌2018年、2019年都获得了较为丰厚的收入。成功的经历进一步强化了赵某的自我效能感，让他更加坚定了脱贫的信心。

第三节　健康资本与贫困户能力提升

健康对于个人来说是最为重要也是最基本的要素，因病致贫是当前贫困人员致贫、返贫的主要原因之一。在整体经济收入水平较低的西部农村，因病致贫的发生率则更高，贫困人员的健康状况不容乐观。

一、城口县贫困人员的健康现状

“辛辛苦苦奔小康，得场大病全泡汤。”这句话从侧面反映出西部农村贫困家庭的生活状况。当然，我国农村居民基本上都享受新型农村合作医疗和大病保险等政策带来的实惠，大部分医疗费用可以按规定的比例报销，自己负担的比例较小。尽管如此，对农村贫困人员来说，其所负担的绝对支出相对于其微薄的收入仍然是一个非常庞大的数字。从城口县贫困人员的现实情况来看，健康受损的主要类型包括以下五种。

（一）职业损伤

西部贫困地区的许多农户为了谋求生计不得不外出打工，由于职业关系他们在打工过程中所受到的健康损害不在少数。外出的农民工的受教育程度低和技术水平低，从事的往往是重体力、高风险的工作，因工作受伤的风险较大。据统计，当前我国贫困人群主要从事的行业中工伤危险程度排名前五的是煤矿采掘业、建筑业、渔业、冶金业和伐木业。而建筑业恰恰是农民工进入的主要行业，且建筑工人受伤甚至致残的现象屡见不鲜，往往给本就不富裕的家庭带来沉重的负担。如被访者张某，男，68 岁，和儿子同住，身患高血压，自身需要服药，儿子“2013 年在江苏干活儿时摔伤了，现在他就是药不能停，什么活儿也干不得。2014 年他回来后，村里给我们争取到了低保户”。在农村，由于职业损伤而陷入贫困的情况不在少数。

（二）流行性疾病

贫困地区受经济社会条件的限制，公共卫生防疫水平较低，加上贫困人员对流行性疾病的认知相对不足，一些流行性疾病如流行性感冒、肝炎等在贫困地区的发病率相对较高。在医学越来越发达的当下，不少疾病如乙肝、流感等可以通过注射疫苗的方式得到有效预防，但贫困人员往往难以实现有效预防：一方面，贫困地区的医疗资源较为薄弱，不能及时地提供有关疫苗，以流感疫苗为例，它在重庆主城区都属于紧俏疫苗，在贫困农村地区则更加稀缺；另一方面，贫困人员的公共卫生知识相对缺乏，对疾病的防护不够重视，或是受传统经验的限制而对疫苗不置可否。

（三）急性损伤

贫困人群的知识相对匮乏，不重视对家庭成员特别是未成年人的安全教育，加上劳动繁忙时没有时间和精力，导致各种意外事件经常发生。事故发生后，由于距离医疗机构较远，因而患者往往得不到及时救治，或因资金紧张延误了救治时间，导致残疾甚至死亡。

（四）慢性疾病

在因病致贫的人员中，不少人是因为患有慢性疾病，需要长期服药。常见的慢性疾病包括高血压、糖尿病等，特别是中老年人群中心脑血管疾病较多。慢性疾病往往需要长期服药，这给个人和家庭带来了极重的经济负担。如 60 岁的陈某讲道："我每年基本上都要进医院两三回，年纪大了嘛。妻子有糖尿病，还有胆结石，也是要经常去医院检查抓药吃哟。"可见，慢性疾病一方面削弱了个体的劳动能力，另一方面增加了家庭经济负担。

（五）精神疾病

相对于非贫困人群来说，贫困人群患心理疾病的比例更高，较为常见的精神疾病包括精神分裂症、精神发育不全等。与城市相比，农村的精神病患者限于医疗资源、经济条件等往往由家庭成员来看护，而大多数家庭会因此陷入贫困之中。已经 80 岁的张某与现年 40 多岁患有精神疾病的儿子居住在一起，"他 40 多岁了还没成家，一个精神病患者也没人愿意嫁给他。我们买药要花钱，现在低保户一个人每月有 420 元。我们家三个人都有，所以每个月有 1 200 元吧，就靠这个过活了，主要是要买药"。

通常来讲，农村贫困地区的公共卫生条件较差、社会资源有限，贫困人员的个体资本往往不足，这就导致农村家庭更易遭受健康风险且抵御冲击能力不足。若有人患病，往往导致家庭劳动力缺失，或其他健康的人需要照顾家庭而无法外出挣钱。另外，为了治病，家庭需要投入大量的金钱，甚至会欠下外债，进一步加重了家庭负担，也无力偿还。从生活质量的意义上来说，健康是第一位的。提高健康水平，改变健康受损的现实，是贫困人员自我发展能力提升的重要一环。

二、基于健康资本积累的脱贫对策

（一）健康扶贫行动

健康受损必然会对个体或家庭劳动能力、收入、支出产生巨大的影响，从而制约着个体或家庭的生活质量。随着国家扶贫行动的开展，各地纷纷推行健康扶贫。城口县因病致贫返贫率高达50%。为解决这一问题，城口县采取了五大行动助推健康扶贫：一是开展大排查，对贫困人员进行摸底核查；二是实施四个“全覆盖”行动，设立医疗救助基金，建立电子健康档案，开展扶贫义诊活动和专项宣传活动；三是开展“你健康，我服务”志愿服务行动，组建志愿服务分队，进村入户对患有大病、慢性病、重大传染病等疾病的贫困人员开展政策咨询、健康指导、卫生指导、康复指导等服务；四是实施因病施策分类救助专项行动，分类救治重大疾病和慢性病患；五是开展医疗救助政策联合宣传行动，到各村进行医疗救助政策、救助原则和救助程序等方面的讲解。

（二）个案工作的介入

在健康扶贫的大背景下，社会工作者通过各种方式帮助贫困人员培育其健康资本，提高健康水平，其中最主要的方式是个案介入。

1. 个案的基本情况。

案主李某，男，46岁，已婚，几年前因高血压引发脑卒中，身体右侧瘫痪，此外还患有脑血栓等疾病。案主行动能力下降，需要借助拐杖（自制木质拐杖，行动时身体重心偏向左侧倾斜）；语言表达能力较差，说话时吐字不清，对字数较少的词语表达尚清楚；面部微笑时，左侧嘴角向左后方拉扯，而右侧面部以及嘴角表层组织跟左侧面部相比区别非常明显。

十几年前他与父母分了家，彼此住房紧挨着，走动比较密切。目前他跟妻子、女儿生活在一起。平日里，家人都在工作，小女儿要上学，案主独自在家的时间较多，饮食多数是泡面或者自己煮面条。家庭主要靠妻子的工作收入和大女儿的工资补贴生活，除此之外，案主还享受低保、残疾人补助。父母以及伯伯、伯母对案主的日常生活都会给予一定的帮助，如一日三餐，帮助或鼓励他煮饭等。案主跟自己的兄弟家距离较近，案主的兄弟偶尔也会过来看看，以前常帮案主购买一些生活用品，现在给予的帮助较少。以前会有病友（患脑卒中的朋友）常来家中探望、鼓励他，因一直没看到案主有所改变，现在也不来探望他了。

2. 个案介入的过程。

个案介入主要分为四个阶段：第一阶段是接触阶段，通过与案主本身、家属、朋友、社区的接触，收集更多的资料，取得案主的信任，建立起专业关系；第二阶段分析评估案主的现状，明确服务需求，与其一起制定服务介入的目标与具体措施；第三阶段运用个案社会工作的专业方法进行服务，引导案主学习自我康复锻炼的方法，鼓励其加强体能训练，逐渐恢复、强化身体各项机能；第四阶段则是评估与结案。

在社区工作人员的带领下，社会工作者与案主进行了首次面谈，了解案主的身体状况、家庭关系等，并向案主的伯母了解案主的日常活动情况、家庭关系。社会工作者发现案主精神状态欠佳，自己从椅子上起身都非常困难，但记忆力不受太大影响。社会工作者结合案主的身体状况，向其解释脑卒中是缺乏锻炼导致的后果，指导案主通过合理的康复治疗来恢复身体部分功能，鼓励案主多锻炼。社会工作者同时表示，理解康复过程的痛苦，但不能因此而放弃；根据案主的情况协助其制定了锻炼计划，包括每天活动手指、手腕、前臂各 100 次，每天举手臂、抬腿各 100 次，下蹲 20 个，注重发声练习、转舌头。

再次会面时，社会工作者带领案主复习康复训练的所有动作，并在复习的过程中不断鼓励案主，协助案主规范每个动作并让案主妈妈从家里找出小药瓶，教案主学会让紧握着的手指慢慢张开；接着询问案主的日常安排，鼓励案主在看书时多读出声来，以进行发声练习。社会工作者建议案主用从街道申请来的拐杖，根据实际情况调整拐杖的高度，矫正案主现在扭曲的脊椎。

此后，社会工作者持续跟进案主的个人康复训练，帮助案主不断调整康复计划，对康复训练的时间、次数、频率等做出调整。同时，社会工作者教授案主女儿学会康复动作，调动案主女儿的积极性，使其陪同和监督案主进行康复锻炼。社会工作者定时进行家访，了解案主身体康复情况和情绪状况，发现案主每天都做康复锻炼——活动手指、手腕、抬腿、走圈等，但案主没能给出每日的具体活动量，遂引导案主记录每天的详细数据。在康复训练有序进行的过程中，社会工作者协助案主分析他现在不能去见朋友、从家里走到山脚下的困难，以及克服这些困难需要运用的方法和花费的时间等，鼓励案主在 1 周内完成这个目标。经历了一段时间的个案服务后，社会工作者告诉案主，这将是社会工作者的最后一次探访，从家庭关系、案主精神状态、卫生等方面给予其肯定与鼓励，建议案主进行左手写字练习。

3. 个案工作介入的思考。

健康受损会直接或间接影响人力资本、心理资本和社会资本的积累。由于患脑卒中，案主失去了部分劳动力，身体上的残疾使他时常看不到生活的希望，病痛的折磨可能会不断地消耗其积极的心理能量。案主李某由于长期患病，觉得自己给家庭带来了巨大的负担，一方面感到内疚，另一方面妻女长期照顾他因而也有不良情绪，家庭关系越发紧张了。这些都使得李某越来越消极，其语言能力的减弱并不是由脑卒中直接引起的，而是消极的心态导致其更加沉默寡言，甚至有时候会萌生宿命论，认为“这可能就是我的命”，“命不好，没办法”。同时，健康受损的人更倾向于封闭自我，减少与外界的联系，这不利于其建构与维持社会支持网络、积累社会资本。社会工作者为案主注入对未来的希望，鼓励案主加强锻炼，并且不断与案主的家属、亲戚沟通交流，帮助他们改善不协调的家庭关系。案主按照计划进行康复训练，感觉自己走路比以前好了很多。健康资本的积累、健康水平的提高也使案主的心理状态有所改善，从一开始的自暴自弃到越来越有信心、相信自己可以走下山，对未来充满了期许。可见，健康资本的增加能够增强贫困人员的自我发展能力。

第四节　人力资本与贫困人员自我能力提升

“扶贫先扶智，治贫先治愚”，是精准扶贫实践过程中形成的普遍共识之一。改变贫困人员基本能力低下、生产技能落后、认知能力不足、信息获取有限等现状是治理贫困的当务之急。于是，人力资本的积累就显得十分重要。

一、城口县贫困人员人力资本现状

人力资本是体现在人身上的资本，即生产者通过教育、培训、医疗和流动所获得的知识和技能。它表现为蕴含在人身上的各种生产知识、劳动与管理技能和健康素质的存量总和。美国经济学家舒尔茨认为，人力资源是第一生产要素，将人力资本作为解释战后日德经济高速发展的主要原因，证明了人力资本对经济增长的促进作用。众多学者已然达成共识，贫困的原因不仅在于物质资本的不足，而且在于人力资本水平低。人力资本比物质资本更重要，因为其边际生产效率远大于物质资本的边际生产效率。

在深度贫困地区，残疾人、孤寡老人、长期患病者等“无业可扶、无力脱贫”的贫困人员以及部分受教育程度低、技能水平低的贫困人员，都是人力资本极度匮乏的典型群体[①]。据了解，过去城口县平均受教育年限为 9.2 年，主要劳动力平均受教育年限为 10.3 年，人力资本匮乏深深制约了外出务工人员的工作选择。以 J 乡某村为例，村里的建卡贫困户普遍文化程度较低，辍学较早，学历最高的是高中，大部分的人都是小学，甚至小学都没有读完。……家境贫穷、对教育不重视等造成贫困人员的文化素质相对较低，缺乏对信息的有效获取。“他们都说上网，网上有，那我也不会啊，我看了也学

① 秦博，潘昆峰．人力资本对贫穷的阻断效应：基于深度贫困家庭大数据的实证研究[J]．教育科学研究，2018(8)．

不会。”受教育程度低，又缺乏一技之长，于是他们认为自己“脑筋不行，做什么都不行，种庄稼也不行”。教育滞后一直是制约城口县经济社会发展的瓶颈。

二、基于人力资本培育的脱贫对策

卢卡斯将教育积累分为两种：一种是阿罗式的“边干边学”、在职培训以及再就业培训等非正规教育，另一种是舒尔茨式的学校正规教育。前者可以直接提升生产技能，提高生产效率；后者可以提高劳动者的知识水平，能增强认知能力、理解能力、研发能力，发掘生产潜力。

在一些落后的贫困地区，部分贫困人员由于目光短浅、知识局限，对教育的重视程度不够，因而孩子失学比例较高。“读书无用论”的观点在部分贫困家庭中滋生，当经济条件无力支撑子女接受更多的教育时，他们往往会选择放弃。“哎呀，我们这种家庭哪有钱送孩子读书嘛，就算是他读得起，我们也送不起的。”对于抱有“读书无用论”想法的服务对象，社会工作者往往会通过种种方式矫正服务对象不当的认知，引导其正确地看待教育的过程和作用，而对于担心家贫无力负担教育开支的服务对象，社会工作者则会向他们普及国家和地方政府的各项优惠政策，帮助他们申请各种教育补助。

人力资本的积累除了正规教育外，还可以通过非正规教育进行，主要包括社会再就业培训、职业技能培训和自我积累。贫困人员的基本素质不高、劳动技能有限、自学能力较差，实施再就业培训是帮助他们获取新技能、争取新工作的最直接有效的方法。社会工作者在城口县的实践主要是链接社会资源，先通过需求调查来统计服务对象个体或家庭劳动力的个人信息、从业状况、技能水平、培训意愿等，然后根据需求调查联系、邀请有关专家、技术人员对贫困家庭进行实用技术培训。不少贫困家庭也尝试用种植业以外的其他生产方式来增加收入，技术方面的欠缺导致产出不高甚至亏损严重，失败的经历会降低其自我效能感，打击其脱贫的信心和积极性。例如，王某发展家禽养殖，但缺乏防疫技术，出现了鸡瘟，疫情出现后没有及时控制住，导致所养的鸡大部分病死，剩下的鸡也只能被埋掉，最终一无所获。有的家庭则选择种植新品种的葡萄，但因当年葡萄大丰收，市场价格较往年降低，忙活了一年也没挣到什么钱。贫困家庭的财力、物力是十分有限的，无法承受多次失败。社会工作者对贫困人员直接进行有针对性的技能培训，有利于他们快速获得所需的知识，从而实现增效增收，这反过来又会激发贫困人员进行教育投资的主动性。为了更好地调动服务对象的积极性，社会工作者还在城口县扶贫社会工作项目点所涉及的各村组织讨论会，引导参与者进行现场交流学习、经验分享等活动，实现技能的提升。

第五节　社会资本与自我发展能力

随着贫困内涵的不断丰富，人们对贫困的认知从一维转向多维。社会资本的概念逐渐被用来分析和解决贫困问题。社会资本的积累能够建立人与人之间的联系、提高彼此间的信任和合作水平，从而降低交易成本，对于物质财富的增长具有十分重要的作用。

一、城口县贫困人员社会资本状况

从农村贫困地区的现状来看，生活在“半熟人”社区的农村居民的工作和生活环境相对封闭，其生活半径较小，生活方式相对单一，社会关系网络较为狭窄，彼此同质性较强，这就使得农村居民很难拓展社会关系网络，多局限于亲友、邻里关系。另外，相对于城市居民而言，农村居民有着更加错综复杂的人情往来，血缘、地缘、亲缘关系交织，社会关系网络在其生活中又十分重要。而农村贫困居民往往处在村庄里的相对边缘的位置上，社会资本恰恰被包含在社会关系网络之中，是人们可以从关系网络中调动的社会资源。显然，贫困农户的社会资本相对于普通村民而言更为贫乏。社会资本的匮乏反过来又导致贫困户越来越贫困。社会资本的匮乏意味着其生存、发展机会的缺乏，贫困农户没有寻找更好工作的机会，他们既难以通过弱关系获取工作信息，又无法从强关系那里获得异质性信息，信贷机会少，教育培训的机会也微乎其微。[①] 因此，要增强贫困人员的自我发展能力，就要关注贫困户社会关系网络的拓展问题，通过社会关系网络的拓展，使其拥有更多的社会资源、培育更丰富的社会资本。

二、基于社会资本建设的脱贫对策

（一）个案工作的介入

案例分享：案主赵某，女，1974 年出生，初中文化程度，已婚，育有一子

① 田莹莹，吴彤琳，张晓萍. 如何化解贫困地区金融扶贫供需结构性矛盾?：基于供给侧结构性改革视角[J]. 江苏农业科学，2017(11).

一女。她家有四口人，住在半山腰。案主身材瘦小，右膝关节退行性改变，但不影响正常行走。案主的母亲已过世，父亲尚在，她有一定的文化素养，出嫁前曾经在外打工。后通过姨婆介绍与丈夫相识结婚，婆家家境不错。其丈夫年轻时候曾因矿山放炮被炸伤双臂（双手可正常活动），精神受到一定影响，性格较为暴躁，爱抽烟喝酒，喝酒后极易发脾气。其丈夫情绪好的时候是一个很温和的人，也比较顾家。儿子 13 岁，读小学 6 年级，性格较为内向。女儿读高二，性格也较为内向，在县城爷爷奶奶家寄宿上初中时遭遇理发店人员强奸，案子尚未了结，官司已经打了好几年，至今仍未胜诉。案主的女儿也因该事件落下妇科疾病，病情已经得到控制，但极易复发，需要定期复查。

案主家庭自从经历了女儿的事件后痛苦不堪。女儿身心饱受打击，但目前基本上已从阴影中走出。案主对此事一直未能释怀，担心女儿的名誉、心理以及身体健康。案主的丈夫经此事后性格更加暴躁了，每每想到此事总是借酒浇愁，并且始终有报仇的心理，沉浸在对女儿遭受该事件后无法愈合的伤痛和自责中，一度无法正常外出干活儿。加之两个孩子要上学，女儿看病也需一定的费用，家庭经济情况一度拮据，仅靠案主在家务农的微薄收入支撑着。案主内心苦不堪言，公婆和案主丈夫的哥哥也曾给予过她家物质上的帮助。但是因案主与公婆关系不好，加上她自尊心较强，所以在接受接济一段时间后，她不愿再接受公婆的帮助。

社会工作者在接案后对赵某的情况进行了详细了解，发现赵某的问题较多，并由此确定了赵某及其家庭面临的主要需求，决定采用心理社会治疗模式、任务中心模式、家庭治疗模式等对案主及其家庭进行社会工作介入。

社会工作者与案主进行了详细的交谈，并且了解了其主要需求。在经过一系列交谈后，案主表达了自己的需求：第一，养猪致富，但缺少启动资金；第二，亲子关系调适；第三，规划自己的产业发展；第四，与女儿沟通，评估女儿遭遇变故后的心理调适情况，必要时对女儿进行心理辅导。在协调夫妻关系、亲子关系上，社会工作者做出了不少努力，如疏导服务对象及其家属的不良情绪，建立高效的沟通模式，促进家庭关系的融洽等。家庭关系的缓和让案主得到了极大的精神慰藉，心理上得到了较大的舒缓。她和家属对未来有了更多的期待。

在生计方面，社会工作者协助案主找到了发展方向。案主有养猪经验，希望通过生态养猪，制作并售卖原生态腊肉而脱贫，社会工作者也尝过案主制作的腊肉，肉质口感实属上乘。项目组论证后认为，此方案具有可行性：城口县盛产腊肉，其肉质鲜美，家喻户晓，而现在市场上销售的腊肉在生产供给方面无法得到保证。案主拟采用传统养殖技术和方法制作腊肉，虽然耗费时间长，但肉质上乘，销路较好。但案主在筹集启动资金时遇到了困难，当时一头猪崽儿一般要花 800～1 000 元，案主想养五头猪。案主考虑到自己的家境，又考虑到自尊心，她表示借钱是一件很困难的事情。社会工作者后来经过与案主协商，拟采用轻松筹的方式为案主筹集少量资金。案主同意，但表达了一个请求，希望社会工作者在轻松筹的过程中不要透露女儿的隐私。社会工作者与案主就轻松筹有关事宜达成了一致。社会工作者通过轻松筹为案主筹得养猪资金 2 300 元，虽然只够案主买两头猪崽儿，但是案主表示这样子已经帮助她很多了，后面的猪崽儿等待其丈夫发工资后，可以购得。轻松筹的方式为案主筹得了部分所需资金。

案主养猪致富所需启动资金问题得到解决，社会工作者也帮助案主与村委会、社区建立了联系，社会工作者向街道主任讲述了案主的情况，街道主任也非常同情案主的遭遇。案主也主动找了街道主任，希望街道和社区能够给予支持，街道主任向案主介绍了现行的帮扶政策，表示案主可以申请低保，但等待的时间可能较长。案主感受到了来自社会工作者和政府的帮助与支持，自身改变的意愿也更加强烈了。她表示，看到社会工作者和政府这么用心帮助自己，除了感谢以外，生活上要更加积极向上，增强改变自我现状的能力。考虑到案主在养猪过程中可能遇到的一些问题，如猪的养育、生态猪的营销策略等，社会工作者一方面教授案主如何在互联网上收集信息、发布信息，另一方面联系了县城有关专业技术人员定期来村里开展技术培训。针对其女儿的案件问题，社会工作者帮助案主联系到了有关法律援助中心，并介绍其认识了当地一位律师，该律师也积极协助案主进行案件申诉。

从该案例来看，社会工作者充分尊重案主的自决权，运用优势视角找到了案主的自身优势，与其一起决定以养猪为未来生计，并解决了筹资难题。案主所理解的筹资方式仅限于向亲友借钱，而社会工作者帮助其拓展了筹资渠道，并帮助赵某与社区建立了更紧密的联系，使其能够从正式组织那里获得资源。可见，社会工作者在链接资源方面发挥了极大的作用，也帮助案主拓宽了社会支持网络，培育了社会资本，从而使其能接触到和调动的资源变得更加丰富。在培育社会资本的同时，社会工作者也对案主开展情绪疏导、心理抚慰，并引导其寻找和发现生活中的美好事物，在其取得一些成绩时不断予以肯定，增强其自我效能感，唤起其对未来的希望。同时为了使其能更好地养猪、制作生态腊肉销售等，社会工作者为其介绍有关的市场营销知识，通过链接资源来帮助其获得培训技能的机会。显然，社会工作者针对案主所做的介入是以心理资本、健康资本、人力资本和社会资本的积累为目的和结果的。

（二）社会资本培育与反贫困

社会资本在不同个体或家庭中表现出较大的差异性，而贫困人员的社会资本拥有量往往较少，其迫切需要的是重构社会支持网络、培育社会资本。社会资本的多寡直接影响着个体的社会支持网络，社会支持网络则影响着个体的社会互动与社会关系。社会资本占有量少，则社会交际网络狭窄，可获得的社会支持相应地也就少些。

案主王某，女，64岁，小学学历，低保户，独自居住在廉租房中，有过两次婚姻。第一次婚姻中育有一子一女，在王某因故服刑期间被他人收养，案主与他们的联系越来越少。儿子在广西桂林，女儿在河北某地，均与案主几乎无联系。王某平时主要是靠侄子侄女的关心照顾，十天半月通一次电话。王某常年独自居住，生活孤单，渴望有人陪伴，“我一直是自己管自己，有时不免觉得内心空荡荡的；靠缝纫等临时活儿一天挣个几十元”。她虽然对子女十分想念，但也只能“通过亲戚朋友打探孩子们的情况，我从没有和他们联系过，他们也没有联系过我，我心里很想他们，我都不敢存他们的电话号码，一旦存了，肯定就会忍不住去打”。案主因为有服刑经历害怕被社会歧视，觉得“我们这种走过弯路的人，很多人都用另一种眼光看待我们”，故而平时很少与他人主动交往，但又渴望社会大众的接纳与认可。针对案主的具体情况，社会工作者以社会支持网络理论为指导对其开展个案服务，借助具体的服务如缓和家庭关系、开展小组服务、促进社区参与等，协助案主一同应对来自工作、生活和健康方面的挑战，鼓励案主走进社区，帮助案主构建更为稳固可靠的社会支持网络，为案主正常的社会生活和个人生活提供支持和力量。

可以看出，贫困人员有一个较为普遍的特征，即社会支持网络较为薄弱、社会资本占有量相对较低，或多或少地存在家庭、亲友及其他社会关系的疏离。鉴于这些情况，社会工作者在介入时往往着重帮助贫困人员重新建构与拓展社会支持网络。已有研究证实，在物质资本和人力资本较为匮乏的农村贫困地区，社会资本在一定程度上可以发挥“穷人资本”的作用，能够减轻贫困，改善家庭福利。[①] 丰富的社会资本在一定程度上能够帮助农户规避风险，降低致贫概率。而社会支持网络作为社会资本的重要组成部分，能够帮助农户改善多维贫困[②]，具有情感性、工具性内涵的社会资本也有利于收入减贫。[③]

实际上，社会资本还可以快速地促进网络成员共享就业、交易等信息，又能够有效地保障网络成员的合法权益。此外，社会资本还会影响个体或家庭防范风险的能力。农村居民的脆弱性非常明显，他们在生产和生活中既要面临水涝、干旱、病虫害等自然灾害，又要面对疾病、老龄、死亡等健康问题，还要担心粮食价格波动、失业等经济活动带来的风险，贫困农民在遇到这些问题时就显得更加脆弱。

① 叶初升，罗连发. 社会资本、扶贫政策与贫困家庭福利：基于贵州贫困地区农村家户调查的分层线性回归分析[J]. 财经科学，2011(7).
② 谭燕芝，张子豪. 社会网络、非正规金融与农户多维贫困[J]. 财经研究，2017(3).
③ 武岩，胡必亮. 社会资本与中国农民工收入差距[J]. 中国人口科学，2014(6).

社会资本的存在和积累可以帮助个人或家庭有效抵御风险，利用社会资本有助于社会成员寻找就业机会、增加收入与渡过经济难关等。因此，为了培育社会资本，社会工作者积极引导农村居民组建各种社会组织，促进他们的联系与交流，如老年协会、互助小组等，组织成员互相倾诉生活中和情感上的烦恼，并寻求实现自身价值的途径。

本章小结

脱贫，不仅需要政府的政策支持与资源倾斜，更需要贫困人员发挥主观能动性。扶贫，不仅是物质扶贫，还是精神扶贫。城口县贫困人员的现状说明，贫困往往与其自身发展能力有关，能力缺失或能力不足导致脱贫困难。多维资本的挖掘与培育，为贫困人员提升自我发展能力提供了可能路径。通过自我效能感、乐观、希望、韧性等心理因素的发掘与刺激，培育贫困人员的心理资本；通过宏观的健康扶贫运动和微观的个体健康帮扶，培育贫困人员的健康资本；通过鼓励、吸引贫困人员参加正规的体系教育和非正规的培训，提高贫困人员的人力资本；通过资源链接、网络构建等，丰富贫困人员的社会资本，从而促进其自主发展能力的提升，最终实现脱贫解困。

第五章 代际阻断：贫困家庭儿童的多重能力增能

在社会工作领域诸多概念界定之中，常见的分类方式是广义与狭义，如社会工作、社会救助等概念。狭义的概念常常是以解决已经产生的问题为导向，属于治疗的被动反应。广义的概念常常是具备发展性与预防性的，属于防患于未然的主动出击。正如当下人们的生活水平与观念日新月异，对于健康的态度从有病治病到无病防身，预防显得比治疗更重要。如何将问题解决于萌芽阶段，是社会工作诸多领域正在研究的问题，也是我国社会工作适应当下社会变迁、回应社会需求的发展方向。

精准扶贫是相对于粗放扶贫的概念提出来的具有中国特色的扶贫理念，是指针对不同贫困区域环境、不同贫困农户状况，运用科学有效的程序对扶贫对象实施精确识别、精确帮扶、精确管理的治贫方式。“精准扶贫”的重要思想最早是源于2013年11月，习近平总书记到湘西考察时，首次做出“实事求是、因地制宜、分类指导、精准扶贫”的重要指示。习近平十分关心扶贫开发工作。他指出：“扶贫必扶智。让贫困地区的孩子们接受良好教育，是扶贫开发的重要任务，也是阻断贫困代际传递的重要途径。”①

在城口县的反贫困社会工作服务中，我们也开展了大量教育扶贫的工作，推动本地儿童青少年树立远大理想，弥补贫困地区教育资源与机构的缺失，增强儿童青少年的多重能力，阻断贫困的代际传递。

第一节　增能与阻断代际贫困

一、增能理论

增能是增强权能的简称，含义是通过各种方式增强社会弱势群体自身的能力并改变其弱势的地位。美国学者芭芭拉·所罗门（Barbara Soloman）在1976年出版的《黑人的增强权能：被压迫社区里的社会工作》中首先提出了增强权能的概念，并使增强权能的观点被社会工作界广为接受。

增能理论的基本假设有：个人的无力感主要是受到环境压迫而产生的；环境中的障碍使个人无法实现权能，但障碍可以改变；通过鼓励人们与社会环境互动可以增权；受助人是有能力、有价值的；我们要与服务对象发展合作性的伙伴关系。这些基本假设也为我们的实务工作提供了具有操作性的参考意见与工作思路。

依据增能理论，在开展社会工作的过程中，我们的工作取向应当是：

1. 受助者与社会工作者要建构起协同的伙伴关系；

2. 重视受助者的能力而非缺陷；

① 习近平. 携手消除贫困 促进共同发展[M]// 中共中央文献研究室. 十八大以来重要文献选编：中. 北京：中央文献出版社，2016：723.

3. 注重人与环境两个焦点；

4. 确认受助者是积极的主体；

5. 以专业伦理为依据，有意识地选择“缺权”状态中的人作为服务对象。

因此，我们的目标就是要带领服务对象认识到以下几点：

1. 自己是改变自己的媒介；

2. 社会工作者的知识、技巧是可以分享和运用的；

3. 自己才是解决问题的主体；

4. 无力感是可以改变的。

我们在教育扶贫工作中，一直以增能理论为实务指导理论，充分发挥儿童青少年解决问题的主体性，调动贫困地区内部资源，挖掘阻断代际贫困的内生力。

二、城口县代际贫困的原因分析

（一）自然环境因素

人与自然环境的矛盾是造成贫困代际传递的客观原因之一。生产要素的缺乏导致贫困人员达不到脱贫的基点，并处于生产要素低水平均衡配置和恶性循环之中。我们可以将生产要素的内涵归纳为物质生产条件（土地、生产设备等自然资源）和人的劳动两部分。

首先，就生产要素中物质生产条件来看，城口县人口以农业人口为主，第一产业是城口县贫困人员收入的主要来源。第一产业的发展与自然环境有着天然的联系，城口县农村贫困人员的客观自然环境有以下劣势：一是城口县为偏远山区，人均耕地面积少；二是环境恶劣，自然生产力低下，农民赖以生存的农业收入缺乏保障；三是贫困地区交通不便，制约着人们与外界的联系。

其次，就生产要素中人的劳动来看，城口县农村贫困人员由于土地、资金、技术等物资条件的匮乏，因而只能通过增加劳动力的方式来替代资金、技术的投入不足。人们以这样的方式来保持或者增加农业的产出，维系其生活需求。又因科学技术的缺乏，农村贫困人员增加劳动力的方法通常是延长劳动时间和增加劳动人口。这里人口数量的增加不仅加剧了农民的生活负担，而且使得人均获得的劳动报酬降低，物资人均占有率更低，生产要素中物质生产条件更为短缺。与此同时，受早期非法开矿业的影响，城口县贫困人员中有相当高比例的残疾人，加上青壮年劳力入城打工热潮导致留守在村中的劳动力数量少、劳动能力不强，家庭负担重。

最后，下一代受上一代物资匮乏的影响，既难以拥有改善自身寻求突破的条件，又受家庭贫困影响必须缩短受教育时间，尽早投入大量的体力从事农业劳作，故只能重复上一代的贫困际遇，造成城口县的贫困代际传递。

（二）贫困主体自身因素

贫困代际传递的主体是贫困家庭父辈成员和家庭下一代成员，其中下一代的资源匮乏是贫困代际传递的直观现象，父辈资源的匮乏是引发这一现象最直接的原因。贫困家庭父母对下一代构成贫困代际传递影响的途径主要有健康、文化和社会资本三个方面。

健康方面，城口县贫困人员从孕育开始就潜藏着贫困代际传递的因素。早婚早孕多育、孕育期和生长期的营养不良会影响贫困家庭下一代的身体机能、智力发展，从而引发因病或竞争力不足导致的贫困或恶化贫困。不合理的生活方式、医疗资源的匮乏以及心理素质健康问题等致贫因素不断累积，使下一代及再下一代的健康问题往往成为致贫、返贫和贫困代际传递的重要原因。

文化方面，“养儿防老”的家庭观会导致贫困家庭规模庞大，低水平循环，阻碍家庭个体的发展。“安贫守贱”“等、靠、要”的思想则会使贫困人员消极对待工作和生活，不思进取。“自我价值感低”“自我效能感低”也深深阻碍着人们打破贫困现状、实现提升自我的意愿，影响着人们去实现更高个人价值、提升生活综合水平。

社会资本方面，马克思认为社会资本和其他资本一样，具有生产性，也就是个体通过物质上或者精神上的投资行为，以获得或维持社会关系，为其进行生产和生活提供帮助。在城口县贫困人员居住的偏远山区农村，社会资本主要受血缘和地缘影响。由于血缘呈现代际传递的性质，因而城口县农村的贫困问题受其影响，必然也有着代际传递的性质。地缘上，贫困地区多存在交通不便的问题，优质的生活、教育、就业等资源稀缺，而城乡间、不同地区的农村社区之间的社会资本的差异性也并非短时间内可以改善的。社会资本不足导致了贫困人员除体力劳动外无增加财产性收入的资源；周围人群收入水平大致相当（大部分都较低），难以获得周围人群的援助；地缘性限制导致消息闭塞、信息落后、发展受阻、缺乏环境支持等问题。上述诸种因素引发的贫困也随着社会资本的血缘、地缘代际传递，形成了城口县贫困代际传递现象。

综上所述，导致贫困代际传递的原因是复杂多样的，且这些原因之间相互联系、相互制约。

三、增能与阻断代际贫困的关系

增能的核心思想是增强弱势群体的权利和能力。在指导社会工作实践服务中，我们展现出的两个具体目标是：一方面，我们要帮助服务对象挖掘内在权能，发展其“内在自主性”；另一方面，我们要推动社会改革，消除造成个体失能的环境障碍。

通过对城口县代际贫困情况的分析，我们发现：

1. 城口县农村贫困地区存在严重的贫困代际传递现象。随着扶贫进程中绝对贫困人员数量的不断减少，贫困的代际传递程度有所降低，但是相对贫困层面的代际传递现象依然较为突出。这意味着，对于父辈处于贫困状态的人来说，其重复父辈贫困境遇的可能性仍然很高。

2. 家庭整体（特别是父辈）受教育程度较低是导致贫困代际传递的重要因素。通过对两代人的受教育程度相关性进行分析，我们可以发现，若父辈的受教育程度低，则子女贫困的现象很普遍。人力资本理论认为，受教育程度低、工作能力差、就业经验不足，会导致劳动者在劳动力市场上的待遇低、升职机会少，获得的劳动报酬也低。法国社会学家布迪厄的文化资本理论认为，家庭的经济资本会部分转化为家庭文化资本，例如父母的家庭教育能力、可以提供给子女的教育条件与资源等。故父辈受教育程度较低的家庭，容易重复“受教育程度低—家庭贫困—子女获得的教育支持不足—子女受教育程度偏低—子女家庭贫困”的贫困循环，或亦可称为贫困代际传递。这意味着，贫困家庭的子女因受教育程度低而重复父辈生活的可能性较大。

3. 妇女是贫困代际传递的主要传导者。由于农村贫困妇女是家庭主要劳动力之一，且往往肩负着照顾老人、教育小孩等家庭事务，在抚育后代、考虑家庭未来发展方面具有特殊作用，因而她们更容易将导致贫困的相关条件和因素（如世界观、人生观、价值观的传递，对待贫困、学习、工作的看法，日常生活习惯等）传递给子女，从而使贫困代际传递。

4. 精神扶贫措施缺位。近几年来，精准扶贫更多关注物质层面的扶持，而精神层面的扶贫措施较少。比物质贫困更可怕的是精神贫困，对于存在"等、靠、要"思想的贫困户，如果不解决其内生动力问题，就会使其产生依赖思想，失去脱贫的主观能动性，即使脱贫了，也会因为缺乏动力而返贫。同时，精神扶贫工作也是难度较高、所需人力物力投入较大、短期难以见效的工作。

5. 教育扶贫任重而道远。成年人规避贫困的最有效方法之一就是接受良好的教育。学历较高、受教育时间较长的群体要比教育投资较低的群体的收入更丰厚，但教育扶贫的实施范围有限、措施不得当、人员流动性大，造成扶贫资金对人力资本投资失败。

由上述分析可见，阻断代际贫困最重要的措施就是：普遍提升贫困地区人口的受教育程度，充分发挥妇女抚育后代的作用，加强精神扶贫以改变农民陈旧落后的意识，建立持续性的教育扶贫机制。这四点同增能理论的核心观点与手段、目标都非常吻合。以增能为手段、以阻断代际贫困为目标，这也是我们在工作中一直贯彻的指导思想，即提升儿童青少年的多重能力，改善其周遭的教育环境，建立互助团体、摆脱无力感，培养积极向上的学业观念，树立具有激励作用的人生目标。

第二节　增能与儿童的多重能力提升

在城口县驻村工作中，我们开展了十余场针对儿童需要而设计的小组或社区活动。在这个过程中，我们的社会工作者真切感受到儿童的改变与成长。下面借由一些案例来分享我们的思路与效果，为其他地区开展贫困地区儿童增能服务提供参考。

一、增能视角下的儿童多重能力

增能理论促使我们的社会工作者思考这样一些问题：我们面临的儿童具有哪些能力？这些能力之中，哪些能力较强，哪些能力较弱？

在长期接触过程中，我们发现，城口县贫困地区儿童的自身优势是独立性较强，有着旺盛的求知欲与好奇心，愿意尝试新鲜事物等。这与普通城市地区儿童几乎一致。但家庭教育较为缺失（多为留守儿童）、学校教育资源有限（课种单一，只有语文和数学课可以保质保量，其他科目都由教师兼任）、社区资源较差（有的孩子需要单程徒步一个小时以上去上学，村中缺乏儿童娱乐以及保障儿童安全的设施）等因素，使得儿童普遍眼界较为狭窄，有孤独感，缺乏对未来的期望与个人规划，抗逆力较差。

增能理论也同时告诉我们，要在工作中传递给孩子们一种信念：自己是改变自己的媒介，是解决所遇到的问题的主体。在具体工作中，我们关注个人能力提升与环境改善两个焦点。

二、案例分享：携手成长路——儿童参与视角下的留守儿童陪伴教育服务

城口县的儿童是这样一个群体：他们身处重庆18个深度贫困乡镇之一的城口县J乡，每个星期天都会从家中来到J乡唯一的小学求学，在星期五放学后返回家中，陪伴年迈的爷爷奶奶；他们大多在10岁左右（年龄最小的为8岁，年龄最大的为12岁）；他们是一群留守儿童，父母没有在身边，爷爷奶奶就成了他们的依靠；学校离家太远，他们是一群住校生，这对家庭来说是最好的选择；他们是一群自强的孩子，夜晚住校从不害怕，相信自己可以照顾好自己。

（一）成长中的缺失

住校的留守儿童们的成长似乎显得更加"孤单"，这直接体现在家庭陪伴教育的缺失上，即上学期间每周同家里人在一起的时间只有两天。新教育改革提出的亲子间"共读、共写、共同生活"的"三共"主张，基调就是亲子陪伴。教育心理学研究表明：在学龄前、童年期、青春期三个关键阶段，孩子需要的沟通与陪伴的方式是不同的；3～12岁是陪伴教育的黄金时期，这一阶段的陪伴教育可以增强孩子的安全感、自信心和创造力，从而达到在陪伴孩子的同时提升孩子综合素质的效果。从社会工作者视角来看，长期家庭陪伴教育的缺失对部分孩子产生了消极影响，主要表现在心理行为发展、感情发展、生活习惯、智力和社会化发展等方面。

（二）从眼里到心里

社会工作团队来到J乡后，政府安排社会工作者住进了J乡小学的学生宿

舍楼。在这里，社会工作者发现并近距离观察了小学生群体，特别是他们的晚间生活，还有他们存在的缺失和需求，将这一切都默默地看在眼里，总有一种抑制不住的冲动，想为他们做点什么。另外，社会工作团队也发现这一群体中的部分孩子与早期离开了的社会工作者之间建立了深厚的友谊，孩子们时常怀念当初与社会工作者打球、玩耍的日子，而这一切早已牢记在他们心里。

（三）从心里到行动

针对住校留守儿童家庭陪伴教育缺失的问题，社会工作团队一直思考开展“陪伴教育”的可行性，并分析其系统性。从项目层面来看，其服务内容包括了对留守儿童的服务，而这一群住读生里面集中了J乡大部分家校距离较远的学龄留守儿童，团队应该为他们提供服务；从政府层面来看，民政工作、团委工作、妇联工作、文化站工作中都包括了对留守儿童的关爱服务；从学校层面来看，学校很关心这一群体，并且学校团委、少先队也对留守儿童进行积极的支持；从社会层面来看，部分单位的年轻人和一些社会人士有志愿服务意识，也愿意为留守儿童群体做一些事。

思考和架构成熟后，社会工作团队着手制订J乡小学留守儿童陪伴教育方案，即开展一种团体式的针对留守儿童家庭陪伴教育缺失的补充性服务。社会工作团队首先寻求到了政府的支持，并通过近一个月的努力与学校达成了合作共识，另外也邀请西部志愿者、政府年轻工作人员、学校生活教师等参与到服务中。

（四）“三余”互助社

陪伴教育的落脚点是建立一个住校留守儿童的组织——一个在学校的“家”，“三余”互助社应运而生，而陪伴教育与服务的开展也主要围绕互助社这一平台。

2018年12月4日晚，经过积极而紧张的筹备，在互助社全体社员、西部志愿者、乡政府工作人员、社会工作者的见证下，由学校教师宣告“三余”互助社正式成立。互助社共招募了54名学生，这让陪伴教育服务覆盖了J乡小学住校学生的93%。互助社每周开展一次服务，服务主要侧重“陪伴”与“互助”，即由社会工作者、志愿者带领留守儿童一起学习、玩耍，陪伴大家健康快乐地成长；以“三余”互助社组织化的引导，培养大家的团队意识和合作意识，以促进留守儿童之间团结友爱、互帮互助，并帮助住校留守儿童加强自我管理，树立自信心，以促进住校留守儿童健康成长。

为此，J乡小学专门为社会工作团队提供了活动阵地——一间教室，作为社会工作者的服务场所。

同时，互助社也是儿童参与视角下的互助社。社会工作团队相信，住校留守儿童如果有机会参与到广泛的生活中，就会获得丰富而均衡的生活体验和实践，从而积累经验、发展能力、增强自信，更好地表达意见，更为主动全面地发展。“三余”互助社的存在，就是要促进儿童参与，积累经验，发展能力和互帮互助。另外，日常服务主要在社会支持理论和增强权能理论的指导下开展，如通过为住校留守儿童链接陪伴资源，以建构他们住校期间的社会支持网络；通过住校留守儿童在与他人共用环境中积极互动，获得更强的对生活空间的掌控能力和自信心，以及促进环境资源和机会的利用，以进一步帮助住校留守儿童获得更多能力。

根据当前学校社会工作开始凸显儿童青少年正向发展的14项核心能力素质，社会工作团队为更好地引导住校留守儿童参与“三余”互助社，参与有关管理，也在服务内容设计上借鉴了这些能力素质，如与健康成人和益友建立人际关系、抗逆能力、社交能力、情绪控制和表达能力、认知能力、分辨是非的能力、自我效能感、建立目标和决策的能力等，并以此搭建了服务板块和能力架构（见表5－1），用以指导服务的开展。

表5－1　陪伴教育服务板块和能力架构

服务板块	能力描述	能力指标
互助意识	培养学生的团队意识、合作意识，引导学生互帮互助、团结友爱	发展相互扶持关系；包容的行为和互助合作；分享、援助和支持
参与意识	培养学生参与互助社管理、小组内部管理，引导学生进行自我管理	明确的团体或集体身份；能建立目标和做出抉择；积极的认知能力
关系能力	增强学生积极健康的人际互动和交往能力，促进学生与健康成人、益友等建立更强情感关系	建立自我价值与自尊；与同学建立良好的情感关系；建立正面的人际关系；有较强的社会行为
正向能力	增强学生的自我效能感、抗逆能力、情绪控制和表达能力，以及负责任的能力	相信自己有能力；能应对成长转型和生活压力；能处理负面情绪和应对逆境；能分辨是非，对自己的行为负责

（五）儿童参与历程

“三余”互助社定位为住校留守儿童自我管理、自我服务的组织，互助社以自愿参与为原则，也鼓励大家参与到对组织的管理中来。社会工作者定位为倡导者、协助者以及服务的提供者。所以，社会工作团队努力吸引和培养住校留守儿童参与互助社的管理。

一是建立组织平台。参与管理需要一定的平台，经学校批准，社会工作团队在设计服务之初就开始搭建“三余”互助社，作为服务平台，也作为儿童参与的实践平台，以互助为组织内涵，并取古文“冬者岁之余，夜者日之余，阴雨者时之余也”中的“三余”作为互助社的名称。

二是招募组织成员。社会工作团队通过海报、宣传单、寝室探访、集中宣传等方式将互助社的有关事项告知所有住校留守儿童（58 人），先后共招募成员 54 名，占总住校留守儿童的 93%，另外招募 3 名走读学生参与到活动中进行陪伴。

三是搭建组织架构。根据社会工作团队对互助社的长远规划，我们成功邀请到了学校教师（兼生活教师）作为互助社的社长——互助社总负责人，并宣告互助社的成立，初步建立成员对于组织的归属感；在服务活动进入正轨后，我们将全体成员分成 5 个小组，并单独进行团队建设，各组选出了组长，确定了队名，制定了口号，初步形成团队凝聚力。从组织架构来看，初步形成了以教师为主导、社会工作者协助、各组组长参与管理的模式。

四是进行小组建设。每组基本上保持在 10 人左右，设 1 名组长，各组包括了 3 至 6 年级的学生。组长主要是调动组员参与积极性，保证每次活动的全员参与。比如，开展小组规则制订、互助社契约选择、互助社口号的确定、小组任务的完成，这些任务都需要全员参与；而在小组任务、小组代表发言中，组长树立权威并发挥示范作用，而重点在于组长发挥组织和协调能力，搞好团队之间的相互配合，如开展“碎片拼一拼”“搭塔”，以及以小组为单位的积分制度，等等。

五是发展成员能力。对于住校的留守儿童，社会工作团队首先要做的是为互助社成员去标签和增能，通过活动增强大家的自我认同感、自信心，同时培养其合作意识，尽量给予每位成员肯定，如经常使用“你很棒”“你可以”等正向词语对其进行表扬。

三、案例分析与总结

（一）陪伴作用显现

陪伴服务的开展已趋成熟，服务也在按照计划进行着。经过大家的共同努力，住校留守儿童“陪伴教育”步入正轨，并取得了一定的成效，可总结为以下几点。

1. 初步搭建了儿童自我管理体系。截至目前，互助社形成了“社长＋组长＋社会工作者”的管理模式，社长由学校教师（兼生活教师）担任，这里考虑的是学生毕业及其流动性；组长共5名，每小组1名，负责小组内部的管理以及团队任务的指挥、协调，同时社会工作者也在逐步地赋予组长更多的管理权利；社会工作者对于整个互助社进行统筹，并负责提供服务，进行组织架构的搭建，调动成员参与积极性和能力的培养等，主要发挥协助的作用。

2. 基本形成了陪伴教育服务模式。住校留守儿童陪伴教育服务的落脚点在于“三余”互助社。J乡政府对整个服务进行统筹，重庆扬光社会工作服务中心与J乡中心小学联合开展，社会工作者、学校教师、西部志愿者、政府职工、走读学生为陪伴的主体，其中以社会工作者为核心，服务涉及互助意识和参与意识培养、关系能力和正向能力提升。（见图5－1）

3. 住校留守儿童对于夜晚有了期待。随着服务的开展和陪伴教育的持续推进，每周二晚上就成了住校留守儿童最期待的日子，除了大家能够相聚一堂感受欢声笑语，还有社会工作者、老师、志愿者、同学的陪伴。

4. 小组内部形成凝聚力并开始改变。最近的一次团体任务中：第二组成员说，“我们虽然败了，但是我们并不介意，我们追求的是艺术，输赢已经不重

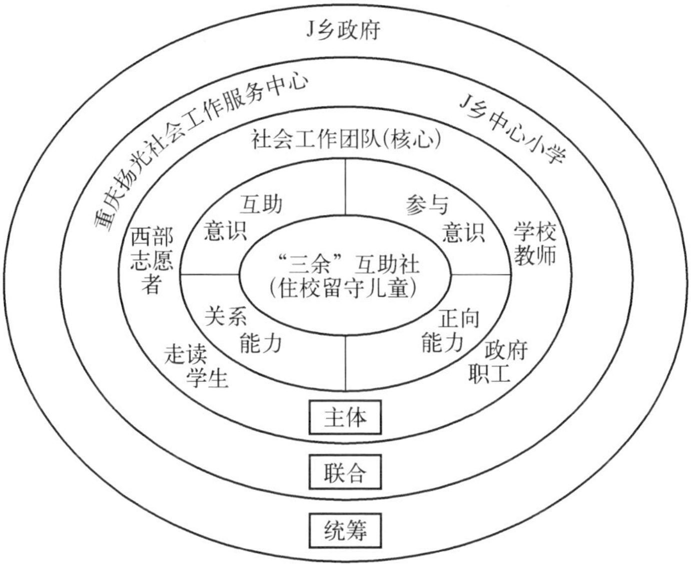

图 5-1　陪伴教育服务模式示意图

要了”;第四组成员说,“这是在组长的指挥下,我们大家一起完成的”;在比拼过程中,第二组和第三组之间相持不下,又单独进行了一次比拼,而对于结果,两组在组长的带领下都放弃了名次,认为自己努力了就是最好的。第一组和第五组的分享,主要包括“经历了失败、尝试了一次又一次、没灰心和不放弃”。第三组因为作业原因请假成员较多,导致完成任务比较困难且最终失败。对此,组长眼中充满了泪水,但仍坚强地忍住泪水并笑着面对大家,且与成员们一起表示,下次会更加努力。他们也赢得了其他各组的称赞与肯定。

5. 陪伴教育服务形成了一定影响力。住校生的服务活动在全校引起了热议。3 名走读学生以志愿者名义加入了互助社中,用参与的形式提供陪伴。服务活动的开展得到了 J 乡政府的大力支持,也得到 J 乡小学的认可。除了学校教师,共有 4 名西部志愿者和 1 名政府人员加入陪伴服务中。另外，城口县新闻网、新华网重庆频道也对陪伴教育服务进行了报道，产生了一定的社会影响力。

（二）陪伴仍在路上

住校留守儿童陪伴教育不是一时的，儿童的参与和自我管理、社会工作者的服务、志愿者和教师的参与等都是为了把服务坚持下去。“三余”互助社是持续服务的基础，也是关键，而住校留守儿童想要达到自我管理、自我服务，还需要一个漫长的过程。在培养第一批管理团队的同时，我们还需要进行第一批管理者的筛选与培养等，所以互助社的培育也不是短期内能达成的。

让住校留守儿童主动参与，引导大家共同为“三余”互助社提供服务、进行活动设计，是今后服务和培养的主要方向。另外，我们也将致力于引进其他陪伴力量，他们主动带活动或服务进入“三余”互助社，让陪伴教育在多元力量和内生动力的共同推进下扎根。

第三节　阻断代际贫困目标下的儿童多重能力提升

一、儿童多重能力提升对于阻断代际贫困的意义

在对阻断代际贫困的对策进行研究的过程中，我们得出以下结论：

1. 要对贫困家庭进行有效教育干预。“教育成本增加和贫困文化的根深蒂固，进一步加剧了贫困家庭的贫困程度。”①针对贫困家庭子女不能充分

① 李昭楠，刘七军. 民族生态脆弱区慢性贫困问题实证研究：基于农户的视角[J]. 北方民族大学学报（哲学社会科学版），2015(4).

利用教育机会的现状，有效的解决办法是发挥制度的干预作用。一是重视贫困家庭子女的早期教育。加大对农村公立和私立幼儿园的投资，确保不让一个贫困家庭的儿童输在起跑线上。二是通过社会服务等多种方式来帮助贫困家庭进行人力资本投资，使得贫困家庭子女在后期的劳动力市场竞争中能够拥有获取一定资本的能力，与其父辈相比，重建劳动力市场中的角色，获取长期的人力资本投资回报。三是提高贫困家庭子女的教育质量。促进教育均等化发展，使贫困家庭的子女可以享受高质量的教育。

2. 提升贫困人员应对风险的能力。为阻止贫困代际传递，我们应该将重点放在恢复能力和个体技能培育上，以帮助贫困家庭提高应对贫困冲击的能力。一是在已有扶贫措施的基础上构建包括营养、医疗健康、计划生育、女性识字率以及公共健康照料在内的人力资本投资机制。二是对儿童开展抗逆力的训练，提升儿童在家庭经济条件较差、家庭教育缺失等情况下的自身应对与承受能力，突破逆境，迎难而上。

二、案例分享：正向成长，逆风飞翔——抗逆力视角介入贫困地区儿童服务

一个孩子如果在贫困的环境中成长，那么他将承受些什么呢？他所承受的是物质资源匮乏、教育水平落后、居住环境恶劣等带来的阻碍和冲击。在儿童生存状态恶化的同时，贫困深入内心，折磨和扭曲着儿童的情感认知，使其产生焦虑、抑郁、自卑等负面情绪，甚至导致偏差行为的出现。随着营养午餐、捐赠物资、修建校园等公益项目走进贫困地区，当地儿童的物质生活条件得到了极大改善。为了贫困地区儿童的全面发展，我们也应聚焦

于其心理需求的满足，帮助其应对困境，走出心理贫困。

（一）身处逆境之中

他们来自J乡。J乡是城口县自然条件最恶劣的乡镇之一，孩子们的成长环境中存在诸多不利因素。J乡为深度贫困乡，仅有一所学校——J乡小学。这里聚集着466名求学儿童。学校师资力量薄弱，大多数教师常以问题视角去关注儿童的问题。学校里有近一半的学生为贫困留守儿童，父母常年在外，极少关注和陪伴孩子的成长。

身处逆境的孩子们，不知如何去应对困难。有的有自闭、压抑等不良情绪，有的选择打架、偷东西等去发泄。他们如同被困住的小鸟，扑棱着翅膀，向笼外发出求救的信号。最先获得信号的是教师，可惜他们没有找到破解的密码，无法得知。接着是社会工作者，他们接过教师手中的信息，进行解密。

由于服务对象需具备一定的认知能力进行抗逆力水平测量，同时考虑到参与的可行性，因而社会工作者将服务对象选定为4年级、5年级学生。通过与校方对接，各班由班主任抽选出20名存在行为偏差或综合表现差的学生。社会工作者利用抗逆力水平量表对所选学生进行测量和评估，最终确定10名存在抗逆力提升需求的学生作为服务对象。

通过量表测量和与服务对象及其家长、教师交流，社会工作者发现服务对象在抗逆力中有以下需求：

1. 效能感的需要。服务对象的自我效能感低，主要表现在事情控制能力和问题解决能力薄弱。服务对象未树立目标意识，对未来缺乏明确规划。例如，大多男生在谈起未来职业时，往往将游戏兴趣混入其中，说“自己要做游戏职业选手，一直打游戏”。在情绪管理方面，服务对象不知如何应对和处理负面情绪，大多选择抑制或者以暴力方式去发泄。

2. 乐观感的需要。社会工作者从教师口中得知，服务对象大多是他们眼里的“问题学生”，“成绩差”“有不良行为习惯”等负面标签被贴在他们的身上并逐渐内化，这些学生承认自己是坏学生。他们得到的不仅是教师的批评，还有同学们的排斥，甚至家长的冷漠和放弃。谈到“成绩不太理想，应该怎么办”时，服务对象回答“无所谓”，不会感到难过，也不会有意识地想要改变。

3. 归属感的需要。服务对象对学校和家庭具有较高的归属感，而社会归属感相对较弱。经测量，服务对象的法律道德意识模糊，未建立起正确的思想政治观念。例如，当问到“为了赚钱而放弃一些道德原则”时，超过 50% 的人认为这话不存在问题，引起了社会工作者的重视。

（二）逆境中的希望

2018 年 4 月至 2018 年 6 月，社会工作团队第一次与 J 乡小学联合开展了“生命教育”课堂，引导学生更好地认识和珍惜生命，学会尊重他人的生命，从而树立正确的世界观、人生观和价值观。“生命教育”课堂打破了儿童对教育的传统认知，让学生们感受到社会工作者给予的关注和爱，将他们所处的逆境震裂开来，也奠定了教育帮扶服务的基础。2018 年 11 月，社会工作团队与 J 乡小学对接住校留守儿童“陪伴教育”“正向成长”课堂，其中“正向成长”课堂旨在提升贫困地区儿童的抗逆力，透过裂缝输入光芒和希望。

1. 理论依据。“正向成长”课堂以抗逆力（抗逆力是个体在高危环境中能够成功克服的适应能力）为依据，而目前关于抗逆力研究更多的是倡导以优势视角而非问题视角去看待个体发展，是以积极的心态去消除贫困地区儿童所处的困境。因此，社会工作者在服务过程中应挖掘儿童的潜能，去培养和提升儿童应对困难的能力。学者彭华民、刘玉兰将抗逆力概念具体化为效能感、乐观感和归属感三个变量进行可操作性研究。效能感是指个体对自己是否有能力完成某项行为所进行的推测和判断；乐观感是指个体建立自身价值和自尊，对自身形象和能力给予正面评价；而归属感体现在个体与家庭、学校、社区等环境保持良好关系，外界环境能给予个体资源和情感方面的社会支持，帮助其顺利渡过难关。

2. 服务目标。“正向成长”课堂采用小组工作的专业方法，针对服务对象的需求展开介入，旨在增强服务对象的抗逆能力，服务目标在于：一是帮助成员正确认识自我，提升自信心，相信自己有能力胜任和安排所承担的任务；二是协助成员树立目标意识，对未来抱有积极期望，学会分析和规划目标导向途径；三是引导成员树立积极向上的生活态度，以正面想法去应对逆境和处理负面情绪；四是增强成员的社交能力，加强与同辈群体的联系，有效采取适当行为策略，做出符合社会规范的行为。

3. 服务内容。“正向成长”课堂服务内容见表5－2。

表5－2 “正向成长”课堂服务内容

活动名称	课时/个	具体目标	涉及变量
“正向成长”课堂启动仪式	1	建立小组成员间的团队信任感，增强凝聚力	归属感
掘金之旅	1	帮助成员客观评价自我，正确认识自我，增强自我认同感	效能感、乐观感
能人三项	1	团队协作体验成功经验，对成功有正确的认知，肯定自我能力	归属感、效能感、乐观感

续　表

活动名称	课时/个	具 体 目 标	涉及变量
“SMART”计划	1	树立目标意识，协助成员根据自身能力制定目标	效能感
人生马拉松	1	帮助成员探索人生规划，对未来产生正面期望	效能感、乐观感
寒假及前后空档时间(为不影响学生进行期末复习和适应新学期学校生活)			
开学第一课	1	了解学生近况，恢复课程影响	归属感
我的世界我主宰	1	在正确评价自己能力和努力前提下，依照自己的想法和所处环境做出选择	效能感、归属感
变色龙的保护色	1	有效运用语言或非语言的策略去进行可被社会接受的和常规的行为	效能感、归属感
头脑特工队	1	采取有效的自我情绪管理策略，恰当地处理和表达情绪	效能感、乐观感
社交三部曲	1	保持良好的人际沟通，促进学校、社区等周围环境的融入	归属感

4. 服务模式。社会工作团队以“学校＋社会工作者”的服务模式开展“正向成长”课堂活动。学校配合社会工作者开展服务：在服务筹备阶段，学校调整服务对象课程安排，单独设立“正向成长”课程；学校教师协助社会工作者发现有需求的学生，并向社会工作者反映学生具体情况。社会工作者运用专业方法去评估和测量学生的抗逆能力，有针对性地开展服务。社会工作者及时向教师汇报服务开展情况以及学生的课堂表现和成长变化，并适当提出建议请教师配合。另外，社会工作者在服务过程中挖掘个案，对有具体需求的儿童提供个别化服务。学校和社会工作者达成合作关系，共同给予儿童支持和帮助，提高其抗逆力水平。(见图5－2)

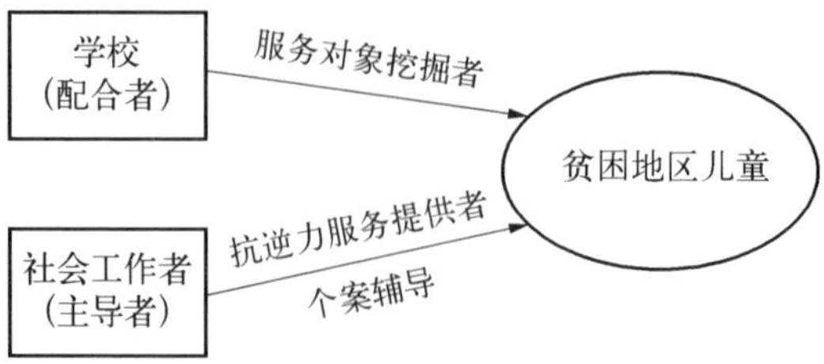

图5-2 “学校+社会工作者”服务模式的具体介入

（三）在逆境中成长

“正向成长”课堂实施经过与校方对接、量表发放测量、小组成员筛选，以及团队建设开展、小组工作执行、服务成效评估等环节，开展了如下工作。

1. 确定服务对象及其需求。前期，在校方的帮助下，社会工作者对班主任抽选的20名同学进行评估测量。既有的研究表明，“华人青少年正面发展量表”具有较高的可信度和有效性，能科学地反映测量者的能力情况。社会工作者采用该量表进行测量，具体包括成员姓名、性别、年龄的基本信息和关于效能感、乐观感、归属感三个核心变量的具体问题，按非常不同意、不同意、有点儿不同意、有点儿同意、同意、非常同意分别计分为0,1,2,3,4,5。所得数据运用SPSS 21.0软件进行分析，得分越高则所测能力水平越高。经过测量，社会工作者从中筛选出10名服务对象作为小组成员参与“正向成长”课堂。

2. 开展团队建设活动。团队建设的主要目的在于增强团队凝聚力，培养小组成员的归属感。“正向成长”课堂在初期和中期共开展两次活动。初期的启动仪式，社会工作者邀请校方负责教师参与，向成员简单介绍“正向成长”课堂。通过制订小组契约，社会工作者和小组成员建立了初步的亲密关系；通过“踩报纸”“比特长”“你比画我来猜”等游戏，打破成员间的生疏感，营造轻松愉悦的氛围，使成员能在往后的课堂中释放自己、快乐成长。经过一个寒假，成员在“开学第一课”上和社会工作者共同回顾前期小组所学到的内容，并对新学期的小组活动进行展望。成员们争先恐后地向社会工作者分享自己的成长经历，课堂成效逐渐显现。

3. 进行系列小组活动。小组工作通过培养成员个人能力来增强其效能感、乐观感和归属感。就效能感而言，服务对象通过小组活动来培养个人在采取行动、建立目标、自我抉择等方面的能力。就乐观感而言，效能感的增强能帮助服务对象重新审视自身价值和能力，赋予自身积极评价。同时，服务对象获得社会工作者和其他成员的正面评价，使其自我认同感和自信心增强。就归属感而言，课堂内容设计得贴切，涉及学校、家庭和社会规范，协助儿童更好地融入周围环境。此外，社交能力的培养及其在课堂中的运用，服务对象与社会工作者、其他成员建立良好关系，均使小组凝聚力和归属感得以增强。小组工作总体上按照以下流程进行：社会工作者以一个故事或现象引出本节小组主题；成员在社会工作者的引导下参与各个环节并进行自我反思；成员分享感受和体会，并由社会工作者进行总结，点明本次小组活动的服务目标。其开展形式丰富多样，社会工作者运用表演情景剧、观看电影片段、参与游戏等成员喜爱的方式教授技能，将难以被理解的抽象的知识点化繁为简，使服务对象能更好地吸收与掌握。

4. 综合评估服务成效。在小组结束后，社会工作者运用量表再次测量成员的抗逆力水平，通过前测和后测来对比分析服务目标的完成情况。如表 5－3 所示，各项变量的 p 值均小于 0.05，说明结果具有显著性差异，课堂介入贫困地区儿童抗逆力有一定的现实意义。通过对比介入前和介入后的均值，我们发现各项变量均有提升，特别是效能感和归属感的均值提升较大，证明“正向成长”课堂能有效提升儿童抗逆力。

表5-3 课堂介入前后的显著性差异检验

核心变量	介入前		介入后		SIG③（双测）
	M①	SD②	M	SD	
效能感	3.10	0.58	3.72	0.28	0.045
乐观感	3.82	0.05	4.83	0.14	0.018
归属感	4.01	0.29	4.22	0.23	0.040

注：① M=Mean，均值；② SD=Standard Deviation，标准差；③ SIG=Significance，显著性。

三、案例分析与总结

（一）服务效果评估

结合社会工作者在小组工作中的观察情况，我们发现，“正向成长”课堂使成员产生了积极变化，成员的抗逆力在一定程度上得到提升。

1. “我相信我可以”——效能感增强。成员的目标意识确立，自我效能感增强。在“开学第一课”上，许多成员展示上学期学习计划的成果，学习成绩有所上升。成员甲分享：“我去竞选班干部，成为班级的清洁队长。”成员乙说道：“我的数学成绩比上学期提升了几分……”在社会工作者的引导下，成员的目标意识树立起来。成员丙根据自己的学习情况和能力特长，制定了清晰合理的未来规划：“我和爸爸商量过了，因为自己的特长是跑步和做饭，所以我要么当兵要么当厨师。如果我的成绩不好，就去当兵；如果我的成绩好，就去做厨师。”成员丁受社会工作者影响，提出了人生规划：“我要努力学习，考上大学，像社会工作者姐姐一样去偏远山区做社会工作者。”成员们通过“能人三项”团队活动，体会了成功经验，从“做不到”转变为“做得到”，体现了对自我能力与价值的肯定。

2. “我积极我向上”——乐观感增强。在乐观感方面，成员变得更加勇敢和自信，在小组中敢于抒发自己的想法和意见。成员甲在新学期展望环节表达了积极期望：“希望在新的一学期成绩能有所提高，希望每天都能开开心心。”成员乙面对成绩不理想的态度是：“不放弃，要想办法取得进步。”在“正向成长”课堂中，社会工作者是使能者、陪伴者和鼓励者，自始至终都在挖掘和肯定成员的能力，引导成员正确认识自我，对自我进行正面评价。小组以团队的形式去完成社会工作者所设置的任务，成员运用个体和群体的力量解决问题，顺利完成系列任务，摆脱困境的自信心得到增强。

3. “我热爱我参与”——归属感增强。归属感的增强主要体现在“正向成长”课堂小组的凝聚力中。经过两次团队建设活动和八节小组活动，成员和成员间、成员和社会工作者间都保持着紧密的联系。寒假过后，课堂的启动时间和地点并未及时告知成员，而成员按照上学期规定的活动时间和地点，自发地聚集在一起，并主动邀请社会工作者去开课。成员中的 90%表示，从“正向成长”课堂中有所收获，希望能继续参与。成员丙告诉社会工作者：“我在课堂中学到了许多知识：SMART 原则、ABC 理论……并在这里交到了新朋友。”

（二）愿逆风中飞翔——服务效果进一步深化

前测、后测评估和观察记录的结果证明了“正向成长”课堂介入贫困地区儿童抗逆力的有效性和可行性，而社会工作者也看到了参与“正向成长”

课堂的儿童的点点滴滴变化与成长。“正向成长”课堂所获成效并不意味着它止步于此，我们不只希望儿童能在逆风中成长，更希望他们能逆风飞翔。

在与学校达成共识后，社会工作者完善“正向成长”课堂并扩大服务受益人群。前期的服务侧重于个体化的介入，未考虑家庭、学校等外界环境的影响。往后，社会工作者将着眼于服务对象及其生态系统，完善实务操作系统，从提升个人能力和改善所处环境来全方位介入抗逆力。“正向成长”课堂由个别需求者小组延伸至班级所有儿童，选取一个班级定点开展服务(当前，社会工作团队已经针对J乡小学4年级一班开设了“正向成长”课堂)。此外，“正向成长”课堂将以年级为单位，围绕心理疏导和素质拓展两个方面开展服务，引导学生学习抗逆力理念，帮助儿童积极面对和克服困难(当前，社会工作团队已经针对J乡小学6年级开展了“小升初”的年级素质拓展活动)。

本章小结

“扶贫必扶智”是精准扶贫的重要工作战略之一。“让贫困地区的孩子们接受良好教育，是扶贫开发的重要任务，也是阻断贫困代际传递的重要途径。”在我们的教育扶贫实践工作中，如何发挥贫困地区儿童青少年的主体能动性，调动贫困地区内部资源，一直是我们所关注的重点，也是阻断贫困代际传递、激活儿童青少年的内生力的难点。

我们所服务的城口县之所以产生贫困代际传递，主要有自然环境的因素(村镇基础设施落后、道路不通、生产力水平低下等)和贫困主体自身因素

（不注重优生优育、陈旧的家庭观念、社会资本贫瘠等）。因此，我们在关注脱贫主体的内在能动性的同时，也要推动社会改革，注重消除反贫困的环境障碍。

在服务过程中，我们根据城口县儿童青少年的优势与劣势，通过观察、分析与调研，针对其家庭、学校、社区资源相对缺失，个体眼界狭窄、有孤独感、缺乏对未来的期望与个人规划、抗逆力较差等问题，提供了陪伴教育服务与提升抗逆力的“正向成长”生命教育课堂服务等。服务初见成效，主要表现为：搭建了儿童青少年自我管理体系，形成了陪伴教育的常规模式，增强了儿童青少年的效能感、乐观感与归属感，推动了儿童青少年对未来的规划等。在社会工作者的陪伴下，孩子们的自我管理与学习能力进一步增强，互助与助人的能力与主动性进一步增强，对未来实现自我价值以及与家里人共同脱贫的信心进一步增强。这就是教育扶贫想要达到的目的，也是一线社会工作者与孩子们共同努力的成果。

第六章　地区发展：农村居民的社区参与能力建设

农村居民的社区参与积极性、社区参与能力都与脱贫攻坚有着紧密联系，同时也是社会工作服务的主要落脚点之一。社会工作者在城口县开展教育扶贫实践的过程中，重视培育农村居民的社区认同感和归属感，培养农村居民的社区参与意识和参与能力，不断拓宽农村居民参与社区公共事务的途径并丰富其形式。贫困农村居民在社区参与过程中及时获得政策信息和社会支持，不断增强主动脱贫的意识和信心；其他农村居民则在社区参与过程中积极助力扶贫工作的开展，有效支持贫困村农村社区服务体系的建设。另外，乡村振兴战略宏图中提出的建立健全现代乡村社会治理体制包括了社会协同和公共参与，也在道德约束机制方面提到，要引导农村居民进行自我管理、自我教育、自我服务、自我提高。[①] 这些任务和要求都体现了农村居民社区参与的必要性，以及农村居民社区参与能力建设在社会工作实践中的重要地位。

---

① 张勇．乡村振兴战略规划(2018—2022 年)[M]．北京：中国计划出版社，2019：65.

第一节　农村居民社区参与能力概述

一、地区发展模式在农村社区参与中的运用

（一）地区发展模式的含义

美国学者罗斯曼（Rothman）将社区工作划分为三类：地区发展模式、社会策划模式和社会行动模式。其中，地区发展模式是指通过调动社区居民的参与、互助合作，寻求政府和外界机构组织的协助和支持，同时调动社区内外资源，以解决社区问题，满足居民需求的一种工作模式。

在地区发展模式指导下，社会工作团队在实践时选取了“居民解决问题能力缺乏、参与积极性不高或参与度低、离散型或归属感差、政治与文化背景单一、居民对政府信任”的农村社区，并把人的发展放在第一位，关注社区共性问题，重视社区成员的参与，注重培养居民的个人能力、公共意识、社区归属感；积极扮演促进者、协助者角色，推动服务对象广泛参与，推动社区成员为社区发展共同努力。

（二）社区参与的界定

参与是一个政治学的概念，它是一种权力关系的体现。参与首先意味着“放权”与“赋权”，是指决策活动中的参与①。杨荣等的观点被学界广泛接纳和认同，即社区参与是指社区居民自觉自愿地参与社区内的各种活动和事务的管理、决策和运作的行为与过程，它使每一个居民公平地为谋取社区共同利益而施展和贡献自己的才能，同时也让社区居民分担社区责任、共享

---

① 卡罗尔・佩特曼. 参与和民主理论[M]. 陈尧，译. 上海：上海人民出版社，2006：65.

成果。基于社会工作教育扶贫实践，本书更倾向于王蓉的观点：社区居民自愿参与社区活动，为社区发展贡献自己的意见即是社区参与。

所以本书中的社区参与，即农村居民社区参与，单指农村社区居民共同参与社区活动和公共事务的意愿、行动，并在参与社区活动和公共事务的过程中贡献自己的力量。它具体表现为农村居民的参与意识、参与能力及其参与的行动。居民通过多次的社区参与来增强参与能力，能够达到社区发展、居民个人成长的目的。

（三）地区发展模式在社区参与中的适用性

中国城乡社区建设、社区治理、社区服务的有关文件都强调居民的社区参与，这与地区发展模式提倡的基本思想相呼应。《民政部关于在全国推进城市社区建设的意见》提出，要坚持政府指导和社会共同参与相结合，充分发挥社区力量。中共中央办公厅、国务院办公厅印发的《关于深入推进农村社区建设试点工作的指导意见》指出，完善村民自治与多元主体参与有机结合的农村社区共建共享机制，健全村民自我服务与政府公共服务、社会公益服务有效衔接的农村基层综合服务管理平台。《城乡社区服务体系建设规划（2016—2020 年）》提出，坚持人民主体，多元参与，引导社区居民参与政策制定、项目设计、服务供给和绩效评估，增强农村居民自我服务能力；充分发挥专业社会工作在统筹社区照顾、扩大社区参与、促进社区融合等方面的重要作用；发挥城乡社区自组织作用，吸纳社区居民参与社区服务项目提出、运行、监督全过程。《中共中央 国务院关于加强和完善城乡社区治理的意见》要求，增强社区居民参与能力，提高社区居民议事协商能力，支持和帮助居民群众养成协商意识、掌握协商方法、提高协商能力，探索将居民群众参与社区治理、维护公共利益情况纳入社会信用体系。

政府在“单位人”向“社区人”转换的大背景下，依靠基层社区自身力量推动社区发展，应该是我国社区发展的主要方向①。现实中，农村居民社区参与意识普遍薄弱、参与意愿低，同时参与能力不足，难以有效发挥居民自身作用。而地区发展模式所倡导的内容也正好与现实情况相反，但反过来看却是在有针对性地解决这一问题：调动农村居民社区参与的积极性，培养农村居民社区参与能力。

二、社区参与现状及其影响因素

（一）社区参与现状

农村居民的社区参与现状为其社区参与能力的建设提供了参考依据。近些年来，我国农村社会急剧变迁，乡村社会“散沙化”现象严重，呈现社区碎片化、社区公共性衰落、居民日益原子化等问题，村庄共同体正面临解体的危险。②

综合国内学者不同的研究，我们发现，城乡居民的社区参与情况不容乐观，存在参与主体失衡、参与覆盖面小、参与形式和内容单一、参与程度不足等问题，具体表现为：参与主体主要是以社区的留村人员为代表，青壮年外出后缺少参与；参与的内容除涉及政治选举活动外，主要表现在执行性参与上，涉及行政性的文体活动、志愿服务等，形式、渠道单

① 李赢．基于社区认同的地区发展模式创新研究[J]．林区教学，2014(5).

② 杜玉珍．落后农村村民自治考察：以河南平原地区乡村为例[J]．唐山师范学院学报，2015(3).

一。多数农村居民偏向选择参与同自身利益相关的事项，如政治层面事务、个人经济利益以及社区对自身存在影响的事务；同一社区、不同位置的居民的参与情况受参与距离限制并存在差异，当前易地安置或搬迁的新型农村居民的社区参与意愿相对于传统农村居民来说较高；参与意愿人人都有，只是强烈程度有差别，转为实际行动也有具体差别，表现为参与主动性有高有低，或者有的积极、有的消极，同时传统的被动参与也制约着农村居民的主动性。

（二）社区参与影响因素

农村居民的社区参与在一定程度上受到一些因素的影响，包括积极影响和消极影响。顾名思义，积极影响会促进居民的社区参与，而消极影响会阻碍居民的社区参与。如居民参与意愿高、参与能力强，会对居民的社区参与起到积极的促进作用；又如居民居住地远、行动不便、社区凝聚力低，则对居民的社区参与存在消极影响。在不同的社区，影响居民社区参与的因素各有不同。笔者认为，影响社区参与的因素包括居民的参与意识、参与行动能力、诱导居民社区参与的客观条件、行政力量的干预等，而社会工作需要介入的正是去减少消极影响、增加积极影响。同时，笔者也把居民社区参与的影响因素分为内在部分和外在部分。

查阅国内学者的有关研究，都是围绕居民个人、社区现实情况进行分析的。关于内在部分，学者张莉曼、汤夺先认为，参与能力贫困是影响居民社区参与的关键因素，这主要表现在居民社区参与意识的欠缺、居民意愿表达能力的缺乏；学者杜云素认为对居民社区参与行为产生正向影响的因素主要包括社区认同和利益关联。关于外在部分，学者张晓霞认为，社区工作中存在过度行政化、社区管理体制不健全等问题，导致社区参与机制不完善、参与渠道不畅通，抑制了居民参与的热情；学者高崇、王德海则认为，当下农村社区边缘居民的社区参与程度较低，主要由于起点、规则、结果的不公平以及由此造成的低公平感。

三、城口县农村居民社区参与现状及其影响因素

在城口县的社会工作扶贫实践中，不同的项目团队面对不同的社区居民开展服务，因地域文化和环境相似，农村居民社区参与总体情况相近。本书拟从居民的参与意识、参与行动能力、诱导居民社区参与的客观条件、行政力量的干预几个方面对城口县农村居民社区参与现状及其影响因素（见表6－1）进行阐述。

表6－1　城口县农村居民社区参与现状及其影响因素

影响因素	参与现状	具体影响因素表现
居民的参与意识	对社区事务关心程度低、参与意愿较低、参与动机不强	与自身的关联度、对自己是否有益、主人翁意识等
参与行动能力	参与知识欠缺、参与经验较少、参与认可程度较低	文化程度、年龄、身体健康状况、自我效能感、熟悉程度、性格、沟通与表达能力等
诱导居民社区参与的客观条件	参与渠道单一、参与契机不充分、参与内容缺少吸引力	参与途径、方式、内容、时间、距离、符合居民需求、宣传、人际关系、外界支持等
行政力量的干预	依赖与信任行政力量主导、选择面较窄、社区群体压力较大	政治任务多与少、信任程度或关系亲疏、群体选择、行政力量或行政能力情况等

（一）居民的参与意识

部分居民当前对社区事务漠不关心，甚至把自己作为旁观者；少数居民

受限于文化水平或传统习惯，没有关注社区事务的意识，认为参与就是人到现场即可，或者是对政府的工作表达口头支持即可。随着扶贫资源的倾斜，一些居民开始关心资源分配或使用情况。当社区事务或社区发展关系到居民自身的时候，居民的参与意愿强、参与动机充足、关心程度迅速提高；当社区事务或发展与自身无关的时候，则需要看居民是否有主人翁意识或者积极的参与意识。

（二）参与行动能力

参与行动能力是居民社区参与的必要条件，也关系到社区参与深度或参与效果。无论是政治参与，还是经济参与，抑或服务参与，都需要居民有相关的知识储备或基础。目前城口县农村社区的留守人员受教育程度不高（有一定教育基础的青壮年普遍外出），这方面相对欠缺；大多数农村居民参与最多的是换届选举、社区组织的会议或者活动（被动式），在经验方面的积累相对匮乏；同时，居民的社区参与没有得到相应的认可，也没有得到其他人的肯定，所以参与积极性会受到一定的影响。居民的文化水平可以在一定程度上决定其社区参与的深度，特别是在政治参与中；年龄对社区参与也会造成一定的影响，如年龄过大、年龄太小在参与内容或方式方面会受到一定的限制；身体健康状况也是社区参与的决定因素，如病人、肢体障碍人士参与不便等；自我效能感对应于成就感，如果居民在社区参与中没有获得相应的期望值，或者在参与过程中受到了打击或产生了不好的印象，就会直接主导居民的参与决定；朴实、内向、谦让等性格也会影响居民的参与程度，如总把机会让给他人、不喜欢出风头。此外，良好的沟通与表达能力会让居民的参与更加顺畅。

（三）诱导居民社区参与的客观条件

居民社区参与需要平台，需要满足相应的条件，也需要得到他人的支持。城口县作为贫困区县，社会工作教育扶贫实践平台更是扎根在深度贫困乡村。受地貌和经济发展水平等的影响，这里的居民居住分散，让社区参与受到了很大的限制。参与渠道又仅限于到社区参加有关会议，以及被动地参与社区活动，大多数居民不知道还可以做些什么、参与些什么。只有克服或者解决限制居民参与的问题（如人在外地、住的地方偏远、没时间或者与农活儿时间冲突、不知道有这个事情、不感兴趣、不能胜任），才能更好地促进居民参与。例如，有人说："不管是啥子活动，只要你们喊，我空的话都要来。首先是空闲时间多，其次是感兴趣，不然一闲下来的话我又要去打牌，打牌又会遭到家里人的责怪，我老公要说我，孙女也要说我，他们都希望我多参加这些活动。"这是服务对象谈到的要坚持参与社区活动的原因，即在有意愿参与的情况下，一方面有参与的平台，另一方面也得到了家庭成员的大力支持。

（四）行政力量的干预

农村居民的社区参与需要以乡政府、村委会为代表的行政力量或基层自治组织的介入。行政力量或基层自治组织有针对性地进行干预，可以逐步培养居民的参与意识和参与能力。城口县处于脱贫攻坚的决胜阶段，运用行政力量等引导广大群众参与产业发展、社区建设、人居环境改造、文化氛围营造等，也是在调动大家共同努力的积极性。另外，就乡政府而言，其他社区成员对待行政力量的倡导或安排的态度，也会影响居民的社区参与选择；若居民与行政力量之间相互信任、关系良好，也会促进居民积极参与。

四、农村居民社区参与能力建设策略

（一）农村居民社区参与能力对反贫困的现实意义

查阅有关研究，关于社区参与能力的定义尚无定论，不同学者、不同学科对社区参与能力概念的理解落脚于"能力"二字，也有学者尝试将社区参与能力定义为"个人在社区参与的活动或事务中，为完成社区参与任务，达到社区参与目标，促进社区参与效果，所表现出来的一系列综合素质"。[①] 本书把社区参与能力理解为居民社区参与的意愿、行动和综合表现，即意愿和行动也是能力的一部分，也是在城口县社会工作扶贫实践中社区参与能力建设的核心，而综合表现则是社区参与能力的外显，如方式、方法、深度、技巧等综合素质。

对城口县农村居民社区参与能力进行建设，有利于调动其参与反贫困的积极性和主动性，以及提高其配合程度。村民广泛而有序的参与，可以提高扶贫政策制定与贫困群体的脱贫需求之间的响应性，降低政策执行的成本，避免政府的扶贫决策与村民扶贫需求不匹配和脱节，促进政府与扶贫对象之间形成信赖关系，使得双方在良好的帮扶与合作中提升扶贫的整体绩效，进而提高村民在扶贫工作中的主动性和积极性。[②]

城口县农村居民社区参与能力建设有利于提高群众满意度，缓和干群

① 宋念. 农村老年人社区参与能力的社会工作干预研究：以重庆市 S 社区为例[D]. 重庆：重庆大学，2018：7.

② 彭小霞. 精准扶贫政策实施中村民参与的困境及其突破[J]. 理论导刊，2019(3).

关系，促进非贫困群众和建卡贫困户之间关系的和谐，同时也可以改善农村居民和政府之间彼此不信任的状况，提高群众的获得感。（因贫困家庭享受到大量的政策倾斜，引起部分临界家庭与其他非贫困群众存在心理失衡，同时因为不了解和不参与，他们对政府的满意度逐渐降低，所以干群关系日趋紧张。）

（二）城口县农村居民社区参与能力建设主体

社区参与是多元参与，其中也有主客体之分。周华伟、沈伟雄认为，每个地方都存在差异，会造成参与主客体的区别。冯敏良对社区参与主体进行归纳，认为参与主体主要为居民、机构和政府，参与主体主要参与到社区的活动与事务中。据此可知，在城口县社区参与的主体是农村居民、村“两委”和乡政府。

围绕农村居民社区参与积极性提高、能力提升的目标，社会工作服务机构作为中间桥梁积极推动社区参与能力建设，以期带动农村居民更多地参与到反贫困中来。以 J 乡为例，以农村居民为代表的群众、以社会工作团队为代表的社会工作服务机构力量，以及 J 乡政府和有关村委会，是本书中农村居民社区参与能力建设的主体。

（三）农村居民社区参与能力建设策略

在实践探索中，鉴于时间有限，我们主要立足于农村居民社区参与的意愿、行动两个方面，并在实践过程中适当引入对其“综合表现能力”的培养，以及对少部分人进行重点培养。下一节将对关于能力建设的社会工作实践内容做具体阐述。

第二节　农村居民社区参与能力建设行动逻辑

一、农村居民社区参与能力建设的可行性

（一）地区发展模式对能力建设的指导意义

J乡是重庆市18个深度贫困乡镇之一，位于重庆市城口县南部。全乡共有5个村和1个社区，5 000余人，属于典型的传统农村地区。致贫原因具体为：地理环境恶劣，交通极为不便；山地居多，耕地面积小，产业规模不大；缺乏致富途径，经济收入以务工为主；生病；等等。在脱贫攻坚开始后，高山上的部分村民陆续搬迁至场镇或场镇安置区生活，与其他农村居民混合居住，管理相对不便。村民解决问题的能力缺乏，社区参与积极性不高，对社区的归属感差，地区发展模式适用于该社区。在J乡农村居民社区参与能力建设方面，社会工作者着重于推动服务对象广泛参与，积极扮演促进者、协助者的角色，推动社区成员共同为社区发展而努力。

（二）目标与价值理念对能力建设的指导意义

J乡农村居民社区参与能力的建设目标是，在社区发展模式的指导下，通过多次的社区参与以及参与能力的训练提升，社会工作者引导居民参与到反贫困工作中，以达到社区发展、居民个人成长的目的。

在服务开展的过程中，参与实践的社会工作团队以存在主义理论为基础开展服务。理论的核心是个人存在，个人具有选择的自由，而在社会工作者的实践中强调个人的自由和责任，强调个人生命的意义、个人的内在价值。社会工作团队明确服务对象的行为是可以改变的，肯定服务对象独特

的生活方式。社会工作团队服务的作用就在于帮助服务对象选择他们的目标，突破现实目标的限制、肯定自己的本质、增强参与意识和自信心，并引导服务对象更多地参与到社区活动和社区事务中。

（三）城口县农村居民社区参与能力建设的可行性分析

从 2016 年开始，社会工作团队入驻城口县，先后在 F 街道、H 乡的两个村开展社会工作扶贫实践，同时为当地培养社会工作人才。2017 年下半年，社会工作团队入驻 J 乡，深入参与到脱贫攻坚的历史潮流中，并探索农村居民社区参与能力建设。社会工作团队最初在 D 村、S 村开展服务，后延伸到 Y 村等地，随着受益范围的扩大，社会工作的影响力不断增强，社会工作团队在当地得到了认可与支持。同时，社会工作团队与城口县民政局、J 乡政府、驻乡（村）工作队、村委会、小学、卫生院、敬老院建立了良好的合作关系，并得到了高校、西部志愿者等其他社会资源的大力支持。在社会工作服务的影响下，J 乡政府、村委会、专业团队和督导力量，形成了农村居民社区参与能力建设的基础。

二、城口县农村居民社区参与能力建设的实践

（一）能力建设的社会工作实践内容

以 J 乡为例，农村居民参与能力建设作为社会工作实践的内容之一，旨在培养 J 乡农村居民的主人翁意识和参与意识，增强凝聚力；鼓励和认可居民的参与行动，反复进行行动训练；为居民创造社区参与条件和拓宽社区参与渠道，增加参与内容的契合性与吸引力；加强与行政力量、基层自治组织之间的合作。这四个方面分别对应于城口县农村居民社区参与的影响因

素，即居民的参与意识、参与行动能力、诱导居民社区参与的客观条件、行政力量和基层自治组织的介入。

实践的整体思路是：在项目服务的基础之上，社会工作团队联合行政力量等组织为居民社区参与创造条件和拓宽渠道，并通过服务活动培养居民的社区参与意识，鼓励、肯定居民积极参与本村的社区活动和社区事务。

（二）能力建设的社会工作实践方式

农村居民社区参与能力建设的载体为社会工作服务项目，并贯穿和融入项目所有的服务内容之中。经过不断探索，整个团队在城口县实践过程中，逐步把服务内容划分为党建引领、组织培育、文化扶贫、教育帮扶、协助产业发展、本土人才培养、组织孵化、政策倡导八个板块，其中的组织培育、文化扶贫、教育帮扶、协助产业发展、本土人才培养、组织孵化都与农村居民社区参与能力建设密切相关。

具体的实践方式包括以下几个方面：链接各方资源，用丰富的社区活动为居民创造和提供充足的参与机会，增强社区的归属感与凝聚力；建立社区自组织，如同心老年学堂、心悦手工坊、Y 村循善志愿服务队，拓宽居民的参与渠道，培养居民的参与意识；选择不同主题，用小组的形式培养和锻炼核心骨干居民的参与能力，并增强居民参与的信心；农村基层组织介入并开展切合居民需求的各项服务，提高居民对农村基层组织的满意度。

（三）能力建设的社会工作实践过程

根据实际情况和现实需求，社会工作团队集中力量进行了探索：在项目服务内容上，立足教育扶贫，选取精神扶贫、教育帮扶、人才培养、组织培育四个方面，积极开展农村居民社区参与能力建设，如精神扶贫的“文化发展”

服务、“人居环境”服务和“社区参与”服务，教育帮扶的“正向成长”服务、“陪伴教育”服务，人才培养的“宣传普及”服务、“专项培训”服务和“定向培养”服务，组织培育的“同心老人”服务、“心悦妇女”服务。每一项服务的效果如何，都需要时间去检验。

居民的社区参与受到了J乡政府的高度重视，所以在项目服务中单独罗列了“社区参与”服务。该服务以J乡爱心超市为依托，用积分的形式充分调动居民的参与积极性，且社会工作团队承担了积分制度的设计，以及积分制度的试点工作。

教育帮扶方面，通过为孩子们设计切合需求的服务，充分带动社会工作者与在外务工的学生家长之间的互动。而其中的陪伴教育服务，得到了J乡政府、J乡小学的大力支持，社会工作团队为住校留守儿童建立了“三余”互助社，吸纳了不同主体参与到服务中，如生活教师、走读学生参与陪伴，以及数名西部志愿者和政府部门职工加入。“三余”互助社被定位为住校留守儿童自我管理、自我服务的组织，需要住校留守儿童积极参与到组织的管理中。这也是社会工作团队培养农村居民社区参与能力的一个方面。

组织培育方面，同心老年学堂、心悦手工坊和J乡的志愿服务队（本土人才培养的一部分）都是社区自组织，需要成员进行自我管理，而社会工作者只是扮演协助者的角色，服务过程中都是围绕成员的参与积极性、参与能力开展的。

三、实践案例：精神扶贫中的农村居民社区参与能力建设

2018年春，社会工作团队受J乡政府邀请，参与制订《J乡思想扶贫试点

方案》《J 乡龙王沟思想扶贫实施方案》，随后又协助 J 乡政府制订《Y 村家风家训建设方案》。随着社会工作教育扶贫实践的推进，社会工作团队开始尝试把精神扶贫作为一个服务板块。2018 年秋，社会工作团队加入 Y 村精神扶贫示范点建设工作组，推动了精神扶贫服务的正式开展。2018 年 10 月，城口县民政局召开了社会工作介入精准扶贫座谈会，主要领导在会上指出，社会工作者需要关注精神上的扶贫，而县委主要领导也提出推进精神扶贫工作，同时还要加强社会工作团队与行政力量的对接。最终，经过多方讨论和不断调整服务设计，居民的社区参与能力建设成了精神扶贫的立足点。

（一）精神扶贫是社区参与意识培养的契机

随着扶贫工作的推进，大多数的贫困家庭生活上有了保障，生活水平也在逐步提高。但是，目前仍有部分贫困家庭的脱贫意识不足，认为脱贫是政府的责任，因而这部分贫困家庭参与积极性低。部分临界贫困家庭对现行的扶贫政策的认知存在一定误区，把自己当作旁观者。还有一些群众认为政府在养懒汉，他们对政策或政府工作的满意度不断降低，社区参与度低。另外，在群众的物质生活有着落的同时，他们的精神生活仍比较单一，偶尔的一次文艺演出或者电影播放难以满足群众的需求。随着 J 乡的产业扶贫、健康扶贫、金融扶贫等的不断探索与深入，这些方面都取得了良好的成绩，而精神扶贫还处于探索初期，政府等责任主体精力有限。在社会工作者开展服务的过程中，J 乡政府逐步认同社会工作者的工作，并认为社会工作者的工作能够很好地契合群众的服务需求，也能够充分调动居民参与的积极性。

（二）社会工作团队与行政力量对接是居民参与能力建设的基础

长期以来，社会工作团队虽然不断地加大资源链接力度，积极与其他单位进行合作，其中也不乏上级主管单位，但更多的是社会工作团队在单打独斗，或者只能在某一方面进行结合。此种情况直接暴露了社会工作者一直处在行政力量的外部，同时也说明了社会工作者的作用发挥得远远不够。为此，社会工作团队有针对性地加强与行政力量的对接，争取“1＋1＞2”的效果。地区发展模式要求有上级政府或者外界的支持，也为社会工作团队与行政力量对接提供了理论支持。

（三）理论指导实践

理论强调服务对象的自由和责任，居民的社区参与是居民的自由，同时也是居民的责任。居民是否参与，虽然是居民的自由，但是在关乎自己利益或者大家共同利益的时候，居民要能够承担责任，一起参与。如前所述，地区发展模式理论把人的发展放在第一位，关注社区共性问题，重视社区成员的参与，社会工作者在精神扶贫中着眼于推动服务对象的广泛参与，培养居民的参与意识和参与能力，增强居民的社区归属感，推动社区成员为社区发展共同努力。在社会工作团队与行政力量进行对接的过程中，若借鉴社会性表征理论，那么在特定的情境中，社会工作团队或行政力量的行为都会被所处的情境控制，而与一个个体独立完成任务相比，社会工作团队与行政力量进行的互惠合作可以带来更高的成效。

（四）居民社区参与能力建设探索

针对精神扶贫的服务计划，社会工作团队主要依托Y村精神扶贫示范点建设工作组，完成活动策划组的任务要求。计划内容主要包括：在Y村开展文化发展服务，营造村级文化氛围并促进Y村文化建设和发展；为安置区的66户贫困家庭提供人居环境意识培养和行为引导服务；充分调动Y村居民和场镇居民的参与意识，鼓励居民参与社区内公共事务。而在落实服务计划的过程中，社会工作团队与J乡政府等部门进行合作，并根据新情况进行调整，如表6-2所示。

表6-2 J乡精神扶贫领域中社会工作团队与行政力量对接事项

建设内容	事项发起	社会工作团队职责
Y村常规服务活动	Y村精神扶贫示范点建设工作组（乡政府、驻村工作队、村委会）	负责每月主题活动的策划、执行，拟订卫生评比方案并执行
J乡爱心超市积分	J乡政府	拟订积分管理制度，试点和积分统计，协助兑换
Y村志愿服务队	社会工作团队（Y村驻村工作队和村委会采纳）	拟订方案，前期筹备，骨干成员技能培训，协助志愿服务活动开展
J乡政策宣讲团	J乡政府	一对一辅导宣讲团成员协助宣讲并展现社会工作元素

1. Y村常规服务活动。每月的常规主题活动，是为了激发和培养社区居民的参与意识——参与公共服务，同时增强社区凝聚力和居民的社区归属感。作为Y村精神扶贫示范点建设工作中的一部分，常规服务活动有着不可或缺的作用。其中，扶贫办主任是J乡政府代表，在活动开展过程中进行人员的调配、宣传报道并提供支持；村委会综合专干是Y村村委会代表，与社会工作者进行直接对接，为服务活动提供场地与物资支持，进行活动对象招募；社会工作团队主要进行活动的设计与执行，收集服务对象的反馈。截至目前，已在Y村开展了75场活动，如“孝老爱亲，情浓重阳”“宜居生活，互爱互助”“乐爱有你，和谐社区”等主题活动，累计服务4 800余人次。社区居民参与拟订《J乡卫生评比方案》，开展了“Y村公路沿线卫生评比活动”等服务活动，拓宽了居民社区参与的途径。

2. J乡爱心超市积分。爱心超市的成立主要为调动居民参与积极性，鼓励居民参与社区内公共事务。例如：主动参与河道区域保洁工作的，每次加5分；积极配合检查验收，客观公正并如实反映情况的，每户加10分；积极参加村、乡、集体组织的各种会议和活动的，每次加3分；参加各项公益活动、志愿服务的，每次加10分；邻里关爱互助、孝老爱亲的，每户加10分；等等。超市由乡政府统筹建立，提供可兑换的商品和经费支持，设计积分卡；各村村委会宣传爱心超市并发放积分卡，按照规则为居民积分；社会工作者拟订并完善了《J乡爱心超市积分方案》，于2018年9月开始在Y村进行试点，通过活动的形式为居民积分并统计汇总，试点中社会工作者为163名居民积分。爱心超市由乡政府统筹，在辖区的6个农村社区推广，各村指定专人负责，全部正式运营。

3. Y村志愿服务队。志愿服务队成立于激发居民参与意识和调动参与积极性之后，重点培养居民的个人能力和公共意识。而建立志愿服务队的初衷来源于三个方面：一是以激发居民内生动力为出发点，引导居民自行关爱社区内弱势群体或贫困家庭，并在社区内开展公益性的服务活动；二是希望志愿服务队承担爱心超市积分管理等工作，因政府、村委会、社会工作者不能长期地主导这项工作，需要村民参与；三是结合本土社会工作人才培养工作，把志愿服务队的核心骨干培养为J乡本土社会工作人才，增强居民服务社区的能力。该提议得到J乡政府的支持，而Y村驻村工作队和村委会联合社会工作团队积极落实组建工作。其中，Y村为志愿服务队提供场地、经费、管理、人员等支持，社会工作者为志愿服务队拟订方案、进行前期筹备、队伍培养、骨干成员技能培训，协助志愿服务队开展志愿服务活动等，以培养居民互帮互助意识，充分调动居民参与社区活动和公共事务方面的积极性。初期，村委会主任任志愿服务队队长，让志愿服务队产生了一定的影响力；村干部、驻村工作队成员、老党员、退休干部为核心骨干，起到了带头示范的作用；农村居民积极分子为志愿队的主要力量和行动者，也是村民社区参与的具体体现。

4. J乡政策宣讲团。为进一步激发群众内生动力，增强农村居民自我服务能力，切实抓好精神扶贫工作，有效提升群众满意度，社会工作团队协助J乡政府组建政策宣讲团。宣讲团成员由各农村社区推荐2名在脱贫攻坚中涌现出的具有代表性的居民组成，共12名，其中有年迈的老干部、退伍的军人、农民、理发师。宣讲内容主要围绕脱贫攻坚、帮扶干部、农村社区干部、孝老敬亲、环境整治以及“无事酒”整治等主题，通过居民“现身说法”，引导广大群众不等不靠、主动参与，靠自己的双手脱贫致富。宣讲团成立之后，协助组织宣讲团成员进行讨论并确定各自的主题，分配帮扶人员，排练，组织进农村社区宣讲，提供后勤保障。各农村社区召集居民，提供场地、设备等并积极配合宣讲团进行宣讲。社会工作者在宣讲团中扮演的角色主要体现在两个方面：一是为2名宣讲团成员进行一对一辅导，为其梳理故事信息、整理思路，协助其完成宣讲稿，提供宣讲建议等；二是协助乡政府组织进农村宣讲，并在宣讲过程中穿插社会工作元素，包括活跃现场氛围、传达主题思想、调动居民的参与积极性等。村民们对宣讲活动反响热烈，同时也为这12名成员的社区参与提供了锻炼机会。

（五）居民社区参与能力建设模式

社会工作团队在服务过程中，积极探索专业社会工作者与行政力量之间的互动关系，多方面地挖掘服务对接切入点，并不断尝试与J乡政府、D村村委会、Y村村委会等行政力量进行合作。同时，居民社区能力建设还涉及其他方面。例如：乡政府为社会工作者对接J乡小学，让社会工作团队在小学开展教育帮扶服务，培养小学生的参与意识和参与能力，具体体现在“正向成长”课堂和住校留守儿童陪伴教育；与乡政府对接本土社会工作人才培养，最终形成《J乡本土社会工作人才培养方案》，为居民参与能力建设提供动力源泉；与乡团委（西部志愿者）合作，多次开展敬老院关爱活动和其他主题活动，不断地调动其他主体参与到激发居民参与积极性的活动中；D村村委会为社会工作者提供场地，建立同心老年学堂、心悦手工坊，而社会工作团队也充分地调动留守老人、留守妇女参与社区服务，培养骨干成员运作社区自组织的能力，同时引导成员用服务反哺社区。而在这些实践探索的过程中，特别是在精神扶贫领域，社会工作者初步探索出一种居民社区参与能力建设模式。

该模式坚持政府指导，J乡政府、各村村委会是行政力量代表，社会工作团队是专业社会工作者代表。其中的工作事项是指行政力量主导、推进的事项，如Y村常规服务活动，J乡爱心超市积分、政策宣讲团等；服务事项是指社会工作者执行的服务计划以及推动的服务事项。无论是行政力量与专业社会工作者的对接，还是专业社会工作者与行政力量的对接，两者都是为了激发居民的社区参与积极性，以促进居民将参与意愿转化为参与行动。

如图6－1所示，该模式中，行政力量主动对接专业社会工作者，主要围绕行政力量自身主导或者推进的工作事项，做出工作指示，布置工作任务，或者提出联合开展服务活动以及征求社会工作者的意见，而社会工作者在对接后积极地配合或者开展协助工作。专业社会工作者主动对接行政力量，主要围绕社会工作者自身项目服务计划事项，推动服务事项，向行政力量请示、寻求建议与支持，争取合作开展，而行政力量在对接后通过资源调配、人力协助等来协助社会工作者服务的推进。

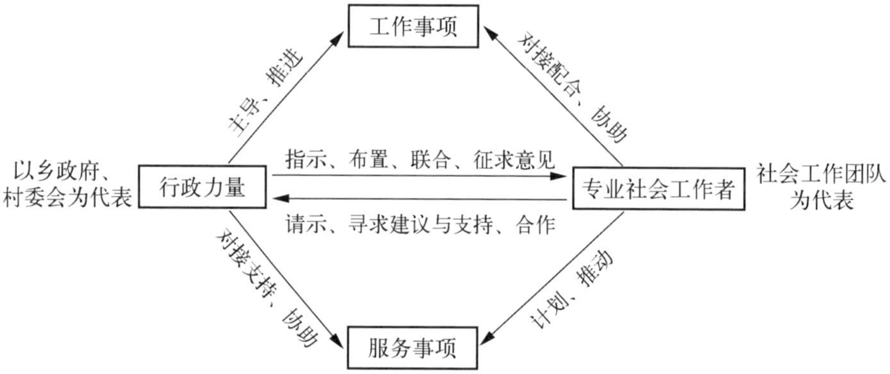

图 6-1　专业社会工作者与行政力量有效对接下的居民社区参与能力建设模式

（六）完善与巩固

当前专业社会工作者与行政力量对接的模式，是以政府为主导，社会工作团队并没有以独立身份与行政力量进行对接，社会工作团队更多的则是作为行政力量管理中的力量之一。该模式尚不成熟，还有许多不足的地方，需要在大量的、长期的实践中予以完善和发展。对此，社会工作团队将在今后的社会工作实践探索中，继续探索专业社会工作者与行政力量有效对接基础上的居民社区参与能力建设模式，充分发挥 Y 村常规服务活动、J 乡爱心超市积分、Y 村志愿服务队、J 乡政策宣讲团的优势。

第三节　城口县农村居民社区参与能力的经验与启示

一、实践效果

城口县开展的农村居民社区参与能力建设，得到了地方政府的大力支持和有效配合，同时也推动了行政力量与专业社会工作者之间的衔接，促进了社会工作在贫困地区的生根发芽。当前，在实践地区的H乡、J乡，特别是社会工作团队驻守或服务覆盖的P村、D村、Y村等地，居民社区参与的意识与行动能力与入驻初期相比有了明显的提高，结论主要来自社会工作团队针对服务对象开展的需求调查与服务满意度调查（前测与后测的对比得出），具体表现在如下几个方面。

1. 主人翁意识形成，参与意识增强。如H乡培育的新时代老年学堂，通过服务参与让学堂成员形成了主人翁意识，而在不断地参与和反复训练后，培养了学堂成员的参与能力，推动他们开始独立承担组织运转并以服务反哺村民，具体表现为开展文艺演出活动、政策宣传与倡导、看望慰问村内弱势群体等。

2. 付诸行动积极，自我效能感提升。如J乡敬老院一位姓严的老人，存在言语障碍、轻微听力障碍、行动不便的不利因素，初期参加社会工作团队在D村服务活动时，受到了其他村民的排斥。例如，一位退休教师认为，严姓老人跟不上节奏、听不懂、不会做，和他一起活动，降低了自我的获得感。每次社会工作团队在D村开展活动时，严姓老人都会早早地在活动场地上等候(活动过程中社会工作者也尽量对他予以照顾，以及做其他同志的思想工作，或者通过社会工作团队辅导的形式让他融入集体)，遇到不会的、跟不上的就静静地看着并保持微笑。经过一年的坚持，那位退休教师已经接纳了严姓老人，也对他给予了较高的评价，表示非常乐意与其共同完成团体任务。严姓老人参加活动时是快乐的，在其中得到了尊重与肯定，所以无论客观条件怎么受限，他都会积极地付诸行动，不断地积累参与经验。而社会工作团队每次访问敬老院时，都会得到严姓老人的热情迎接。

3. 参与途径多元化，内容贴近居民生活。在J乡，参与人群做到了基本全覆盖，贫困家庭与非贫困家庭，同时也让外出务工人员通过线上方式感受到了家属的参与。参与地点打破了地域局限，如社会工作者与政府、村委会把服务延伸到居民聚居点、院坝等地；同时也突破了村界，如D村坐落在安置区内，包括了其他各村人员，不进行区分，统一纳入村内公共服务，有时也会组织人员到其他村参与公共服务活动，克服了时间因素，如把参与的时间延后到晚上、调整至农闲，以方便大家参与。另外，社会工作团队还丰富了服务内容、调整了参与方式、寻求了外界支持、扩大了宣传途径等。

4. 行政力量发挥统筹作用，充分提高群众获得感。如推动J乡政府把群众放在首位，积极创新基层社会治理，为群众提供优质公共服务，包括联合社会组织关注非贫困家庭需求。具体体现在：为群众提供各种文艺演出，增强政府职工服务意识，调动志愿者服务力量，培育社区自组织，以及联合社会工作团队为群众提供切合需求的专业服务，丰富群众的日常生活。

二、实践经验

总结城口县农村居民社区参与能力建设的经验，主要是社会工作团队能够扎根一线，与群众一起并坚持，寻求各方力量的支持。地区发展模式关注社区共性问题，重视社区成员的参与，为社会工作团队在农村居民社区参与能力建设提供理论依据。地区发展模式注重培养居民的个人能力、公共意识、社区归属感，指导社会工作团队在服务的具体方面分别从居民的参与意识、付诸参与行动的能力、诱导居民社区参与的客观条件、行政力量的干预四个方面入手，如：增加参与事项与居民自身的关联度、增强居民的社区归属感、强化居民的主人翁意识和参与意愿；鼓励、认可居民的参与行为，常态化地组织参与事项，训练居民的参与能力，使居民的参与经验更加丰富，同时引导居民学习参与知识、沟通表达技巧等；为居民创造参与条件和拓宽参与渠道，增强居民参与内容的契合性与吸引力；考虑居民参与的现实情况，加大宣传力度，改进宣传方式，扩大以居民为中心的宣传内容，广泛链接社会资源；提高居民对政府的满意度、信任感，紧密联系行政力量并加强合作，共同推动居民参与能力建设。

三、启示与借鉴

整体来看，城口县农村居民参与情况仍处于相对传统的阶段，社会工作团队想达到以点带面的效果，还需要继续深耕，以形成成熟的体系与经验模式在其他地区进行推广。把人放在第一位，增强居民的社区归属感，是居民参与意识形成、参与意愿提高的基础，社会工作团队要充分调动居民参与的积极性，促进居民把参与意愿付诸行动。同时，农村居民社区参与能力建设需要整合社会各界的力量，特别是居民自身的参与，包括其他服务事项也都需要居民的积极支持与配合。无论是在居民参与能力建设的过程中，还是在其他社会工作服务的过程中，都需要行政力量的支持。而在行政力量的充分支持下，服务往往会取得更好的效果，也有利于国家福利政策的落地与群众满意度的提升。最后，每个地方的现实因素都存在差异，需要具体问题具体分析，理论的运用、服务内容与方式的选择，都应切合当地实际情况。

本章小结

城口县J乡的实践路径，从调动农村居民社区参与积极性、培养居民的参与意识，到加强居民的参与能力建设，为农村居民树立参与自信，再到为居民参与提供条件，引导农村居民把参与意愿转化为参与行动，最后则是积极争取行政力量的支持或谋求与行政力量的合作，让农村居民社区参与得到强有力的保障。各种力量之间相互关联，相互作用，不可分割。脱贫攻坚即将结束，乡村振兴即将来临，除了在已有实践基础之上继续深入探索外，社会工作团队正在对农村居民社区参与能力建设进行梳理和归纳，并与乡政府、各农村社区共同为村民的社区参与打造平台，即新时代文明实践中心(所)和新时代文明实践站，从而提供更多的参与机会。这些平台是J乡农村居民社区参与能力建设的新篇章，社会工作者作为不可缺少的力量，已经在其中起到了示范和带头作用。当前，社会工作团队负责J乡新时代文明实践中心(所)的常规服务工作、M社区新时代文明实践站的示范打造工作。农村居民社区参与能力建设问题也将在社会工作团队的实践中翻开新篇章。

第七章　组织增能：社会工作与贫困地区农村村民委员会建设

第一节　社会工作介入城口县农村村民委员会建设的背景

一、城口县农村村民委员会基本情况

（一）村委会组织规范与人员构成

城口县农村基层群众自治组织主要是指以行政村为单位建立的村民委员会。村委会是当前我国农村自治组织体系中承上启下、左右衔接的重要常设工作机构，是村民的自我管理、自我教育、自我服务、自我监督的群众性自治组织。《中华人民共和国村民委员会组织法》《重庆市村民委员会选举办法》等国家和地方法律法规对村委会的组成、职能、设立原则、标准与程序、村委会领导班子候选人条件等做了相关规定。在社会工作团队入驻的城口县，当地行政村面积通常在10～30平方千米，拥有林地和耕地资源，以

山林地为主，部分村地势险峻，坡度较陡，达到 25°以上。行政村户籍人口通常为 1 000～2 000 人，常住人口占比为 60%～70%，农业人口占比为 80%～90%。根据每个村的实际情况，村委会成员通常由 5～7 人组成，其身份不属于国家公务员和国家编制事业单位人员，每个月享受 1 200～1 800 元的补贴或补助。村委会成员通常包括 1 名村委会主任（全面主持工作，同时为村党支部委员）、1 名村文书（负责村级财务管理）、1 名妇女专干（兼管卫生健康工作）、1 名综合服务专干、1 名护林员、1 名社保员。村委会下设 5～10 个数量不等的村民小组，每个村民小组有组长 1 名。其中，村支书、村委会主任、村文书、妇女专干和监委会主任被当地人习惯性地称为“村五职干部”。一般情况下，当选为村委会成员的村民在当地一般属于文化程度较高、办事能力较强的“能人”。但在当前农村精英、年轻劳动力大量外流的背景下，许多村的村委会成员多为 40 岁以上，文化程度为中职、高中者占 70%～80%，整体文化水平并不高。

（二）村委会与村党支部的关系

当前我国的村民自治是在党的领导下，在国家规定范围内的自治。村党支部和村委会通常在同一个场所办公，人员也有一定交叉，其组成成员通常被统称为“村干部”。从性质上看，两者有本质区别，村党支部是中国共产党开展农村工作的战斗堡垒，性质上是基层政治组织；村委会是依法实施的村民自治组织。两者是政治上的领导与被领导、监督和被监督的关系。村党支部主要负责宣传和贯彻执行党的路线方针政策，以及上级党组织和本村党员大会（党员代表大会）的决议。除了基层党建工作外，按照先党内后党外的原则，村党支部负责讨论、决定村庄发展的重大事情，并维护和遵守村民会议或村民代表会议做出的决议、决定；村委会则通过具体工作开展，把党的方针政策、党支部的意图以及村民会议的决议、决定变为村民的自觉行动。因此，村党支部是村委会同其他组织关系的协调者，是村委会职能发挥的支持者和监督者，村委会是村一级自治事务以及各类事项的具体执行者。

在精准扶贫背景下，我国开展了广泛的政府内部动员，各重点扶贫地区普遍实行干部驻村帮扶工作制度①，即由省、市、区直接派出或由下属各部门、企事业单位、人民团体和乡镇共同派出数量不等的干部，组成驻村工作队，重点贫困村的驻村工作队队长兼任驻点村党组织第一书记，成为实际工作中村一级组织的最高权力者。

（三）农村精准扶贫工作体系中村委会组织的角色与功能

从组织目标来看，村委会主要承担推动居民自治和协助政府事项两大职能。精准扶贫是一项重要的国家工程，涉及对贫困社区、贫困家庭、贫困个人的精准识别、精准帮扶、精准管理与精准考核的一系列过程。村委会是国家精准对接贫困社区、贫困户（人）的中间组织环节之一。这里的国家从广义上包括精准扶贫制度、政策的制定者、扶贫指标分配者的中央和各级地方政府。城口县开展的农村脱贫攻坚工作中，村委会作为基层群众性自治组织，在乡镇党委、政府等上级党政部门的指导与指挥下，接受村党支部的领导与监督，发动村民、农户和群众团体与其一起参与，推动精准扶贫各类项目、计划的实施。

以J乡为例，当地村委会承担的与脱贫攻坚相关的具体工作主要包括：

① 2014年5月，《建立精准扶贫工作机制实施方案》开始推广实施。

1. 组织本村村民评选建卡贫困户，上报贫困人员变化信息，协助基层政府将贫困信息精准掌握到每户每人。

2. 制定本村脱贫攻坚规划，制订年度工作计划，向上级政府申报项目，争取资金、技术等资源。

3. 协助政府落实产业扶贫政策，优化产业结构。如鼓励贫困村民发展畜牧养殖、种植经济作物，鼓励动员贫困户入股专业合作社、参加各类实用技术培训，发动和组织村民参与乡村旅游、特色农业等产业发展。

4. 协助各级政府落实教育、易地搬迁、就业等各类扶贫政策，积极宣传党中央、国务院扶贫方针政策和当地各项惠农政策，调动广大村民群众脱贫的主动性和积极性。

5. 协助政府开展村级道路、水电、通信、房屋等基础设施建设和卫生环境整治，改善贫困地区生产、生活、生态条件。

6. 积极发展村集体经济，管理村集体资产，使用好集体资产收益。

7. 处理协调本村在扶贫工作中出现的各类矛盾纠纷，确保社区稳定安全。

8. 协助各级各类外来组织和人员，如驻村工作队、扶贫第一书记，开展好扶贫工作。

9. 协助上级有关部门做好本村各类扶贫项目的资料收集、整理和汇总上报。

由上可见，村委会作为农村基层群众性自治组织，是位于国家—农村社区与农户、农民个体之间的一个中介平台。村委会具有一定的信息优势和组织优势，是国家政策在基层实践中的末端组织者和执行者。在精准扶贫过程中，村委会通常扮演扶贫基础信息的收集者、贫困群体的精准识别者、村级扶贫规划的决策者与实施者、村民参与精准扶贫的动员组织者、国家地方扶贫政策的宣传者、国家地方扶贫政策基层落实的推动者、群众与政府信息的沟通者等多重角色。同时，村委会具有较强的行政功能，虽然较过去农村基层民主水平有了较大提高，但村委会仍需协助上级党委政府开展大量行政事务，履行基层行政职能。如在精准扶贫中，村委会是精准识别贫困户的实际组织者和操作者，是有关制度和政策向下宣传、落实，居民信息、需求向上反馈的重要沟通渠道，其运作效率和能力直接影响国家资源的精准投放、扶贫资源的使用效率。

二、社会工作介入村委会组织能力建设的理论依据

（一）社区发展理论

从社区发展理论视角来看，精准扶贫本质上是一场自上而下发起的社区发展计划。从实施缘起和宏观层面来看，这是党和国家通过自上而下地安排组织、资源动员、计划执行来解决农村社区贫困问题，是有计划地促进社区整体变迁的过程。在实施过程和微观层面，社会工作团队不仅要调动贫困群众的参与积极性，还要有更广泛的村民和内外部组织的参与互助，充分整合资源，满足多元需求，才能共同推动社区整体脱贫目标的实现。因此，除了社区物质环境改善外，居民参与、能力素质和公共意识的培养，也关系到这一计划最终的成功。

社会工作团队在驻扎城口县农村后，在实地走访中逐渐发现，基层党政机关在制定扶贫政策、村级自治组织在扶贫发展规划的决策与实施过程中，

存在着村民参与面不广、参与度不均衡的问题。除了乡村基层干部和利益密切相关的少部分群众，普通村民的参与率不高，参与程度不深。一定范围内存在“等、靠、要”、政府包办、不想主动脱贫摘帽的社会情绪，反映出村民公民意识不足、社区自组织乏力、村民参与渠道不畅、基层自治组织行政主导性过强等问题。村委会作为当前农村最具政治资本、信息优势和组织能力的群众自治组织，在以反贫困为明确目标的社区发展计划中，发挥了社区政治资源动员、社区经济资产建设、物质和自然资产建设、社区公共服务供给、社区倡导与社区教育、弱势群体救助帮扶、居民团体建设、居民矛盾调解等多种功能。村委会的组织运行能力在精准扶贫计划的基层执行过程中起到非常重要的作用。因此，村委会组织能力建设问题事关精准扶贫工作在基层推动的有效性，值得社会工作者关注。

（二）社会组织能力建设理论

虽然村委会组织在性质上与西方语境中的非营利性组织、民间组织不能完全等同，其具有半官方、半民间的特点，但回归其基层自治组织这一本质，本书暂借鉴社会组织有关理论进行分析。社会组织能力建设是指社会组织通过吸纳各种新的理念、制度与手段，提升组织能力，改进组织治理，促进组织的适应与发展，实现组织的目标和使命。[①] 研究者针对不同类型的社会组织能力建设提出了不同的指标体系。其中，有人提出社会组织能力建设包含六级指标的观点，分别是社会组织对社区资源整合与利用的能力、社区自组织网络的发育程度、居民参与社区事务和活动状况、社区自我管理能

① 邓宁华. 发达国家的非营利组织能力建设[J]. 外国问题研究，2011(2).

力、社区自我服务能力和社区自治能力。[①] 也有人提出了社会组织能力建设的五大指标，分别是组织存在能力、组织能力、关系和资源动员能力、执行能力、组织发展能力。[②] 归纳起来，社会组织能力建设至少包括服务能力、资源整合能力、管理决策能力、组织动员能力等要素。对于一个具体组织来说，其能力建设的重点内容应结合组织的类型、目标、使命、制度、环境、现存问题进行分析。社会工作团队在驻扎城口县农村后发现，村委会组织普遍存在组织决策、组织动员、公共服务、资源整合等方面的能力不足，组织功能发挥不够或不当的情况，在面对公共性、系统复杂性较强的问题时解决能力不足（这些具体问题的表现在下一节有详细论述），对于社会工作介入村委会组织能力建设有迫切需求。

（三）增能理论

前文已述，美国哥伦比亚大学芭芭拉・所罗门初步提出了增能赋权的实践框架。在《黑人的增强权能：被压迫社区里的社会工作》一书中，作者提出增能是社会工作者针对服务对象所采取的一系列活动的过程，这一过程旨在减少基于污名群体的成员的负面评价而形成的无力感。[③] 随后，弗莱雷(Freire，1973)提出，增能是一种提供希望、关怀、思考和行动的教育活动，经由对话和合作，鼓励人们争取自己的权利，并参与其中的一种实践活动。

20 世纪 80 年代，该理论被广泛用于美国社会工作实务活动中，实践框

① 杨贵华. 城市社区自组织能力建设及其指标体系[J]. 社会主义研究，2009(1).
② 李慕芸. 基于组织能力测评的 H 省红十字会改革研究[D]. 武汉：华中师范大学，2014：15.
③ 何雪松. 社会工作理论[M]. 2 版. 上海：上海人民出版社，2017：169 - 173.

架更加清晰。齐默尔曼（Zimmerman）等认为，增能主要涉及个人、组织和社区三个层面。个人层面包括参与行为、动机以及效能与控制感；组织层面的增能强调加强共同领导的能力、得到提升组织技巧的机会以及提高组织在社区中的影响力；社区层面包括为社区组织增能、增加公民参与决策的机会。[①] 李（Lee）提出增能视角实践十大原则以及三类干预策略。[②] 李指出，社会工作者可以通过三类策略实现服务对象增能。第一，与服务对象建立良好信任的合作关系，满足服务对象的立即性需要，包括链接资源、促进意识觉醒。第二，通过组织各类小组或团体活动，教服务对象学习一些知识和技巧。第三，形成集体、参与倡导或进行社会活动。在专业关系的建立原则上，摒弃干涉主义，相信案主能力，与案主形成工作联盟，相互分享知识和技巧，实现相互增权的目标。

综上所述，增能是可以跨越微观与宏观的概念，其干预技巧是多元化的。增能对象可以是个人、家庭、群体、组织乃至社区，增能的目标可以是个体互助、知识共享到群体互助，最终推动社会变迁。社会工作者应该竭力与村委会有关人员建立平等、互信的合作伙伴关系，为村委会及其成员提供希望、关怀、思考和行动的教育性过程。这是旨在改变其外部负面评价和自身无力感状态的过程，是挖掘与激发组织潜能的实践过程。社会工作者综合运用个案、小组、社区、倡导等专业方法，使组织从外部获得力量，从内部改

① ZIMMERMAN M, WARSCHAUSKY S. Empowerment theory for rehabilitation research: conceptual and methodological issues[J]. Rehabilitation Psychology, 1998 (43).

② LEE J A B. The Empowerment Approach to Social Work Practice: Building the Beloved Community[M]. 2nd edn. New York: Columbia University Press, 2001: 51-56.

变意识，最终实现组织决策能力、管理能力、对外交流合作、专业素质等综合能力提升的目标。

第二节　精准扶贫背景下村委会组织能力困境

如上节所述，村委会是农村社会最重要的基层组织之一，在精准扶贫中承担着信息收集、精准识别、政策倡导、政策落实、服务供给、资源动员、上下沟通等重要职能。城口县农村村委会组织发展中面临高层次与专业化人才缺乏、精英人才流失严重的普遍性问题，对组织能力建设产生较大影响，本节将详细阐述。

一、引领经济发展与协调外部资源能力有限

当前，城口县农村社区经济资产建设主要表现为村级集体资产建设与管理、农村专业合作社建设、乡村旅游和特色农业等产业发展、基础设施改造工程，均是提升群众收入、生活水平和致富能力的综合经济活动。乡政府是当地经济发展宏观计划的制订者与推动者，乡镇企业、合作社、农户是重要的参与主体，村委会在村级经济资产建设中是直接的组织者、推动者和实践者。

城口县地处偏远贫困山区，社会工作团队入驻的J乡与其县境内大多数乡镇类似，当地以山地为主，海拔为700～2 000米，地势较险峻，坡度较陡，甚至有的村大部分坡地坡度达到25°以上。村村皆有村级公路，部分村民沿

村级公路居住，部分村民居住于海拔较高的山上，以散居为主。受到自然条件限制，村民可利用耕地较少，如J乡C村耕地共有1 306亩，D村耕地共有1 000亩，人均耕地面积仅为1.7亩左右。整个乡的产业经济发展缓慢，场镇有一家能吸纳20～30人就业的集体性质的茶叶厂，还有水泥厂、砖厂、农机厂等规模较小的企业，可吸纳的就业人员规模都非常有限。由于种植粮食作物和经济作物可获得的经济收益有限，因而村中大部分青壮年外出务工，出现大量留守老人、儿童和妇女，留守人员比例一般为70%～80%。改善基础设施、调整产业结构、发展村级集体经济是深度贫困乡的党委、政府在精准扶贫中重点关注的工作。社会工作团队对城口县多个乡镇进行走访与座谈后发现，村干部是村级经济发展的决策者、组织者和带头人，村干部尤其是村支书和村委会主任的素质与能力非常关键。在农村经济发展的过程中，高素质的村干部队伍有至关重要的作用。村干部队伍是否年富力强，直接影响基层组织的效率和活力：从思想上看，优秀的村干部具有政治意识、大局意识、责任担当意识和服务群众意识；从能力上看，村干部既要熟悉国家政策，又要敢于创新，既要立足本村实际，又要熟悉市场规律。实际上，村干部是农民学技术、闯市场的领路人，他们应该是眼界宽、有见识、思路活的领路人。

但当前如同J乡的多数贫困农村面临的现实是：由于第二、三产业不发达，地处偏僻山区，经济社会条件相对落后，农村人口多外出经商、务工、求学，留守人口老龄化、低学历化趋势明显。大部分年轻、文化高、能力强的村民都选择“走出去”，导致农村人力资源严重减少，乡村精英大量流失。人才作为乡村建设的主体，在乡村社会发展中起着决定性作用。大量精英人才的外流，致使村庄发展凝聚力和向心力减弱，也弱化了乡村可持续发展的能力。村"两委"班子成员年龄结构老化，组织队伍建设后继乏力，基层干部人才数量少、培养难是当前农村组织建设的普遍困局。从性质上尚不属于公务员编制系统、只是领着政府补贴的村委会岗位对农村精英的吸引力更弱。

精英流失带来的限制在扶贫工作中尤为明显，主要表现为：第一，贫困村干部工资待遇偏低，工作任务繁重，工作压力大，大量高学历的有智慧的年轻人不愿意持续做基层工作。村干部年龄普遍偏高，思想观念相对落后，市场参与能力不强，难以在农村扶贫工作尤其是经济发展中发挥带头作用。第二，以老人、妇女、儿童为主的留守人口的劳动能力、劳动技能相对欠缺，在村庄政治结构中也往往缺乏话语权，参与村庄产业发展的意识和能力不强。虽然现在也有部分大学生投身于农村基层，但实地调查了解到，大多数人难以发挥更大作用。大学生村官或者西部志愿者到农村基层，由于刚刚走出"象牙塔"，思想相对简单，缺乏丰富的社会阅历，农村生活经验不足，因而融入当地环境存在困难，再加上市场的复杂性、多变性，他们在处理工作事务时常常难以独当一面。

精准扶贫背景下，农村经济发展在乡村发展中至关重要。产业结构调整、集体产权制度改革是大势所趋。在城口县，许多村委会还难以顺应这些新变化、新要求，在承担引领村级经济发展的历史重任方面显得力不从心。从城口县的经验来看，村委会在社区经济发展方面的能力不足具体表现在三个方面：一是把握村级产业发展方向的决策能力不足。依据当前市场需求新变化，在城乡融合视野下，城口县重点引导农村资源逐渐向乡村旅游、生态农业、文化创意等新兴产业聚集，提升农村产业发展质量。但具体的村级产业发展规划，仍需要村委会牵头来发动村民，群策群力，集体商议，并最终由村委会制定。社会工作团队发现，当地村委会干部在制定产业规划时存在思路单一、互相模仿、生搬硬套、脱离实际的现象。二是引领村级产业模式创新发展的能力不足。在实地观察中，社会工作者发现以村“两委”为代表的基层组织人员运用现代化网络信息技术的能力较弱，开放性思维和创新意识不强，许多村的农民经济合作组织与涉农服务组织（企业）的培育、引入、合作等举措很难实施。三是统筹与协调外来资源的能力不足。随着精准扶贫和乡村振兴战略的实施，有意愿进入农村的外来资源和社会资本越来越多，同时也就意味着外来项目多，内容庞杂，这就需要基层干部具备较强的辨别能力和协调能力。然而许多村委会干部并不能有效统筹协调和利用好外来资源，资源利用率不高，甚至一些资源仅被少数群体所垄断，无法实现更大、更广泛的收益。

二、公共服务能力亟须进一步提升

随着精准扶贫战略的实施和农村整村扶贫开发的推进，城口县各村村委会公共服务的基础设施设备都得到了明显改善。大多数乡镇的精准扶贫计划中都包含建设完善村委会办公楼、周边道路硬化、兴建便民服务中心、村民活动广场、文体设施等内容。随着基础设施和硬件条件的改善，村委会的公共服务质量也有所增强。例如，社会工作者入驻时，J 乡已经建成了文化活动中心，乡党委政府、群团组织经常组织村民开展各种文体活动，组建了村民广场舞队、钱棍舞队等文艺组织，充实了村民的闲暇时间，丰富了社区精神文化生活。J 乡拟建立便民服务中心，推行“一站式”代理服务，以便村民足不出村即可完成事务办理。

但受到行政归属、村委会干部数量、能力素质和知识结构的限制，村委会的公共服务意识、能力和水平与村民多元化的精准服务需求之间还有较大距离。通过在城口县农村对村民、村干部进行深度访谈，社会工作者发现村干部的服务意识较为淡薄，工作观念也比较陈旧。村干部没有受过相关训练，调研、分析和决策能力较弱，服务方式方法比较僵化单调，工作效率不高，服务水平还不能很好地满足村民需求，造成很多公共文化休闲场所、设施设备利用率并不高，能够为村民提供的文化教育、休闲娱乐类的公共服务比较欠缺。如H乡P村修建了占地约1 000平方米的村民文化广场，建有乡村大舞台，但在社会工作团队入驻前，除了居住在附近的少数村民会自发来广场散步、聊天、跳舞外，几乎没有以村委会或居民团体为名义组织的群众团体性文体活动。与此同时，在家务农、养殖和照顾家里人的留守妇女与留守老人则普遍向社会工作者反映生活无聊、寂寞，社会交往较少，心理压力较大。

究其原因，主要是村委会的附属行政化倾向仍然很强，这和村委会的物资来源、工作考核机制有关。大部分村委会难以自主发展集体产业，收入来源主要靠乡政府拨款，而这些经费仅能满足日常办公需要，因而限制了公共服务的开展。在大多数村民和村干部心目中，村干部日常行政性工作任务繁重，乡镇政府与村干部的关系是命令与服从，乡镇政府下派的工作任务，村干部必须加班加点完成，否则就会被通报批评。村委会成员的工作状态可以用“会议多、文件多、汇报多、接待多”来形容。填不完的数据和表格也常让他们忙得晕头转向，“5＋2”“白加黑”疲于应付的状态在一定程度上阻碍了其公共服务和社区公益职能的发挥，对于鼓励、动员更多的村民参与脱贫攻坚的积极性不足。个别村委会甚至完全成为上级政府执行任务的工具，处于机械执行的状态，难以代表大多数村民的意愿。在评价标准上，一些村干部认为，首先要做到“上级不批评”，而群众满意不满意则是次要标准。在经济理性主导、公共精神欠缺的大背景下，村委会的工作对村里年轻、文化知识水平较高、能力较强的村民的吸引力不够，在岗的人员的工作积极性也难以得到调动。队伍素质和能力有限，时间与精力分配不足，导致高质量的、专业化的公共服务难以保证。村委会成员每月的工资补贴水平不高，为 1 200～1 800 元，仅能维持一般生活需要。很多村干部、村委会成员实际上并未脱离农业生产，因此投入村委会工作的时间和精力也存在不足的现象。比如：社会工作团队服务过的 S 村的党支部书记是一个 40 多岁的女性，家里经营农家乐，生意旺季时通常要帮助家里经营；该村妇女专干是一个 20 多岁的年轻女性，育有 2 个孩子，家里人支持其到村委会工作主要是因为可以就近就业，方便照顾孩子生活和读书，她家里种了 5 亩地的药材，在忙碌时期也得兼顾家庭生产。此外，在扶贫攻坚中，由于信息采集和走访任务重，村委会干部经常要入村家访，村委会普遍实行轮值制度，即工作日保证每天有 1 人值守，一周至少有一天全体人员集中办公。遇上农忙的时候，村委会、农家书屋、妇女儿童活动室等场所经常是大门紧闭，人去楼空，难以持续性地面向村民提供文体、教育和休闲娱乐服务。

三、组织动员群众广泛参与能力不足

社会工作团队在 J 乡的需求调查表明，大部分村民有响应乡政府产业扶持政策的意愿，除了缺乏劳动力、耕地地理位置受限而不能参与相应的种植业等客观因素外，村民养殖和种植技术匮乏、农户单打独斗缺少互助机制等也是导致贫困户脱贫和村民致富效果不明显的重要影响因素。因此，村委会组织动员有劳动力的村民参与职业技能培训、职业技能鉴定，参与经济合作社活动等，促进当地产业发展。然而，村委会及村干部普遍面临着外部信任困境，不少群众依然存在着"中央是好的，大政方针是正确的，但村干部却无力满足群众期待"的不信任态度。一些村委会干部缺乏群众威望和公信力，因而组织发动村民比较困难。甚至在一些村，村干部难以发动村民积极参与公共事务，村委会很少召集村民大会。加上村民参与社区治理的渠道不畅，大多数村都没有相应的规划和制度，村民参与的深度和广度受限。村民常规化的参与项目主要是村委会选举、环境整治等方面，村民自治的作用难以真正发挥。

造成这一状况的原因主要有两个：其一，因为村委会组织目标定位模糊，行政依附性强，公共服务功能弱，导致群众获得感不高，因此对基层干部的工作满意度不高。在我国农村村民自治的长期实践过程中，乡镇政府扮演着管理者的角色，通过不同方式对村级财务进行监督和控制，因此使两者关系变成实际上的领导与被领导关系。乡镇政府长期习惯于"分任务、下命令"，甚至某些乡镇政府用行政命令的手段代替村民决定村务。村委会依附于乡镇政府的现象普遍存在，村委会的很多事情都要听从乡镇政府，造成其自身独立决策意识和组织能力不强。加上受到官僚主义作风影响，村委会对普通农民的利益重视不够，甚至当利益出现冲突的时候，村委会一般会听从基层政府的要求，完成上级传达的命令。社会工作团队在J乡入户走访中发现，当地村民对大部分基层工作者认可度较高，尤其是受到帮扶的贫困户对扶贫干部的满意度更高。但是，村民普遍对乡干部的认可度比对村干部的更高，对部分村委会干部的工作满意度不高。这些村民普遍的描述是“上面的政策是好政策，只是下头执行的人不行”。他们认为村委会处事不公、对村民情况不了解、没有很好地尽到为村民服务的责任等。在精准扶贫中，受到基层政府工作重心的影响，村委会工作往往优先服务于建卡贫困户，容易忽略非建卡贫困户的感受，使村民产生心理落差，加剧了部分村民对村委会工作的不满情绪。

其二，村委会组织动员村民参与受限也受到客观大环境的影响。在市场经济冲击下，随着农民群体的利益分化加剧，守望相助的乡村共同体意识与集体主义观念逐渐萎缩。大多村民对村庄公共事务持冷漠态度，即使基于利益密切相关性而参与，其权利意识也超过责任义务意识。再加上前面提到的村委会“行政性强、服务性弱”的特点，许多村民对村委会干部的信任度不高，即存在着认为“村干部不会为他们做好事、带好头”的想法。社会工作者通过实地走访、参与观察等发现，即便没有实际证据，一些村民主观上也认为在本村建卡贫困户的申请确认过程中，村委会干部或多或少存在着“优亲厚友”的现象。社会工作者在跟当地农民聊天儿的过程中，常常会听到类似“扶贫扶的都是关系户”“某村的建卡户中，谁家住着楼房、开着小车还领着扶贫款”这样的议论。事实上，村民对村委会的不信任不但容易变成谣言滋生的温床，也影响村委会在村民心中的权威感和认同感，导致村委会动员组织群众参与扶贫政策、参与社区治理的能力下降。

总之，“开发性扶贫”趋势下，动员和组织贫困群众参与经济项目，参加技术和能力培训并为其提供相应的市场信息和资源这一过程变得日益重要。村委会的行政依附性强、自身定位模糊、公共服务能力弱、运行不规范、外部阶层与利益分化等导致其吸引村民参与公共事务的能力有限。面对当地精准扶贫中的产业扶持发展，以及乡风文明建设、环境卫生整治、移民搬迁、技能培训等任务，村委会在调动更广泛的群众积极性上存在一定的困难。

四、整合资源和协同合作能力不足

通过对城口县多个乡、村的调研，我们发现，农村精准扶贫实践面临的关键性问题之一是农村社区缺少承接和整合外来资源的能力。这种社区的无力感，可以概括为社区失灵、社区缺少活力或内生动力，其主要原因就是社区组织的缺失。

作为当前农村最重要的基层自治组织，村委会是一个综合性服务载体，需要与社会各行业进行充分互动和密切合作，借助有关行业的力量增强社区服务能力。除此之外，村委会还需发挥好其促进居民自治、帮助社区提升内生动力的功能。贫困地区农村的自组织发育内生动力往往不强，发展速度和发展程度与城市地区有较大差距。社会工作团队在城口县调研时发现，该县广大农村社区的内生力量没有被激活，多元化主体合作治理格局还有待建构。以 J 乡、H 乡为例，社区党组织、自治组织的设置和运作相对完善，但是涉及居民生产生活、文体娱乐、志愿互助、公益慈善、法治调解、环境保护等社区服务性组织普遍欠缺。村委会在完成行政性任务之余，已鲜有时间和精力去挖掘社区内部资源、培育居民自组织。

精准扶贫需要建立多方参与的扶贫政策执行联动机制，发挥政府的主导作用，调动和开发社会组织的支持和参与力量，共同推动协同有效的工作机制的建立，广泛链接社会资源并充分整合公共资源。村委会是整个联动体系的枢纽和支点所在：一方面，村委会要开展大量的走访调查、精准识别，提供社情民意的基础性和信息性工作，同时又需要及时将村民需求向政府、企业、社会组织反馈，是贫困群体和居民利益的倡导者和代言人；另一方面，村委会作为扶贫政策落实的“最后一公里”，需要动员各方力量，用好各类资源，形成脱贫攻坚的合力，激发贫困村的内生动力。这一联动机制与社区治理现代化背景下的“三社联动”机制具有高度耦合性。“三社联动”是指在农村社区这一平台层面，创建一种在基层自治组织主导下，以社会组织为载体、社会工作专业人才为支撑，实现分工合作、相互协调、共同进行社区治理的新机制，从而在社区内部形成政府与社会协同共治的创新局面。[①] 基层自治组织处于中心位置，发挥着调动社会组织、社会工作者参与社区服务的作用。无论是精准扶贫系统性要求，还是新的社会治理要求，都对村委会的协调能力和资源整合能力提出了更高要求，也是当前村干部最为欠缺的能力素质之一。

五、政策下达与群众诉求上传的沟通能力不足

村党组织和村委会等在精准扶贫体系中扮演着承上启下的关键角色。

---

① 徐永祥，曹国慧.“三社联动”的历史实践与概念辨析[J].云南师范大学学报(哲学社会科学版)，2016(2).

党和国家的路线方针政策要通过基层组织有效传递到农村家庭或农民个人，同时农民的诉求、需要也要能够通过基层组织收集并向上反馈。然而，在扶贫工作实践过程中，此功能发挥还有很多欠缺之处。

第一，部分村委会存在精准扶贫政策的传递不到位、传递有效性不够的问题。一些村委会干部难以有效地把国家的扶贫方针、政策传递给村民，或者传递效率不高，效果不尽如人意，主要有两个方面原因：一是能力不足，本身对最新的国家政策内涵理解得不够到位，面向不同需求的群众宣传手段又相对刻板、单一；二是基于自身利益或利益相关群体出现一些选择性、自我解释性传达。社会工作团队在调研走访中发现，建卡贫困户均能享受到政府的政策帮扶，基本生活得到保障。但多数人对扶贫政策一知半解，缺乏全面深入的了解。普通村民获取有关信息的渠道少，多为道听途说，且缺乏了解、利用政策的主动性和积极性。对于国家政策的不了解和误解，导致少数建卡贫困户存在着较严重的"等、靠、要"思想，政策依赖性强，存在害怕脱贫的心理。

第二，对于村民的迫切需求，村委会在信息收集、信息整合和信息传达方面的能力还有所欠缺。由于忙于应付各类行政任务，少数村干部对群众疾苦不太关心，对群众利益诉求不敏感，因而难以承担扶贫基础信息收集"神经末梢"的职责，致使贫困户、普通群众的迫切诉求得不到及时回应与解决。一头是困难群众和普通村民缺少利益诉求的渠道，另一头是上级政府无法及时了解到群众诉求和反馈，两者之间失去了沟通的桥梁，长年累月就会产生扶贫政策缺乏针对性、群众对干部不信任甚至干群矛盾激化的负面后果。

综上所述，受到经济社会条件落后、地理位置偏远的限制，贫困地区村委会的组织结构亟须创新，组织能力亟须增强。在内、外部因素的共同作用下，在精准扶贫背景下，贫困地区村委会组织能力的局限性主要体现在：引领农村产业结构调整与村集体经济创新改革的能力有限，动员协调外部资源的能力欠缺，公共服务的意识、能力和水平都亟须提升，组织动员群众广泛参与以及与其他组织合作的能力不足，扶贫政策下达与群众诉求上传的沟通渠道功能发挥不够充分。

第三节　城口县社会工作介入村委会组织能力建设的实践

社会工作团队在介入村委会组织能力建设过程中主要以增能理论实践原则为指导，针对村委会在引领经济发展、提供公共服务、居民组织动员、沟通协作与资源整合等方面能力不足的困境，通过与村委会成员建立平等合作的伙伴关系，为村委会及组织中的个人提供支持和帮助，助其思考和行动，综合运用个案、小组、社区、倡导等专业方法，使其从内、外部获得力量，从内部改变意识提升能力，旨在减少其外部负面评价和自身无力感。因此，社会工作团队在城口县J乡、H乡助力村委会组织能力建设的工作中制定了“专业＋本土”社会工作人员联动互助机制，以专业社会工作嵌入、专业社会工作服务示范、专业社会工作者引领、本土社会工作人才培养为路径，通过为组织增能的系列实践过程，带动更多的社区成员参与扶贫攻坚，激活社区内部动力。以下从组织能力建设维度来详细介绍社会工作团队的实践内容、路径和成效。

一、为村委会组织公共服务增能

从2016年开始，四川外国语大学派遣第一批社会工作专业师生团队到达城口县，以项目化运作、团队驻村驻点的方式开展持续性的社会工作助力脱贫攻坚服务。先后在城口县F街道、S村、J乡、H乡等地，利用村委会空闲办公场地、活动室等建立了3个乡（街）社会工作服务站和10余个村级社会工作室，因地制宜，利用村文化活动室、会议室、图书室、中心广场等不同场所打造服务空间。社会工作团队链接城乡、高校、合作企事业单位等多方资源，促进多组织联动，综合采取个案、小组和社区工作方法，面向贫困村的贫困群体、"三留守"群体开展社会救助、情绪疏导、技能培训、生计发展、组织培育、资源链接、政策倡导等系列服务。在服务过程中，社会工作团队充分发挥"三社联动"机制，鼓励更多的村民积极参与社区建设。外来专业社会工作团队的"嵌入式"服务，一定程度上弥补了农村基层自治组织原有的社会服务功能。如前分析，不少贫困村的村委会在公共服务与自治组织方面几乎处于"失灵"状态，社区内的资源不能得到充分发掘和利用。社会工作者进入基层社区后，采取与村"两委"、社区自组织联动的方式，搭建乡—村两级社会工作服务平台，唤起居民参与意识，完善村落公共服务网络，同时完善有关参与和监督机制，增强了村委会在精神文明、休闲娱乐、医疗健康、邻里互助、公益慈善等方面的公共服务能力，有效提升了农村基层群众的幸福感和获得感。

在服务平台的搭建方式上，这里以H乡为例进行介绍。四川外国语大学向H乡派驻5～7人组成的工作团队，其中2人为高校教师，2人为面向社会招募的全职社会工作者，1人为当地招募的本土社区工作者，1～2人为社会工作专业研究生或高年级本科生（以实习生身份加入）。除实习生外，其余人员均为稳定成员。出于安全和交通方面的考虑，社会工作团队首先在乡级层面获得H乡党委、政府的大力支持，利用乡政府社会管理服务中心办公场地建立H乡社会工作服务站，作为项目统筹运作和社会工作者办公生活的主要阵地。同时，社会工作团队又以该乡P村为试点，成立村级社会工作室，按照城市社区社会工作室的建设规范，完成工作站挂牌、工作制度和流程上墙。社会工作团队以村社会工作室为平台，日常派驻1～2人，协同村委会班子成员一道开展专业服务，积极宣传，着手进行社会工作服务示范村建设。同时，社会工作团队从县民政局获得配套经费支持，对本土社会工作人才予以每月200～300元的专项补贴，以激励其参与社会工作室工作的积极性。

通过入户走访、重点人员座谈等调查方法，社会工作团队发现P村的“三留守”人员呈现出以留守的空巢老人居多、留守儿童次之、留守妇女相对较少的现象。首先，留守老人年龄段主要集中在60～70岁，文化程度较低，文盲所占比例为57%。多数留守老人独居，慢性病较多，缺乏保健知识，均已购买农村养老保险、医疗保险，但九成以上的老人存在就医困难、情感孤独空虚的困境，家庭支持有限，社区支持网络薄弱，他们呈现出对保健、交往、关怀、爱与被爱的强烈需求。与此同时，当地民风淳朴，这些老人具有热情好客、善良、乐于助人的传统美德，对社会工作者这一外来群体接纳度、包容度较高，也有较大的意愿学习新知识与新思想。其次，这些老人中能工巧匠较多，如有深谙种植技术的退休农技人员、产业养殖大户，能说会唱的退休教师，刺绣达人、藤椅编制巧匠等乡村能人。在制订服务计划时，社会工作者首先以困境留守老人为切入点，以为其提供生活帮扶和情感慰藉为初级目标，在社会工作者主导、村委会工作人员协助下，以个案工作为主要手法，开展困难老人的个体帮扶。社会工作者在与村民、村委会干部建立一定的信任关系后，利用村委会干部熟悉社区情况的优势，以留守老人为主要对象，扩大走访范围，不断挖掘乡贤能人，同时宣传社会工作和入驻团队。中期依托村委会场地设备，采取小组工作方法，发挥骨干力量的带头示范作用，逐渐组建“心”时代老年学堂这一群众自组织。后期，以该老人自组织为单位，以社区发展理念为指导，自下而上与自上而下相结合，开展各类社区文体活动、社区志愿服务、邻里互助活动。P 村由于自然风景优美，旅游资源丰富，乡政府投入资金，修缮了村落道路、治理了河道，修建乡村大舞台、活动广场、乡土文化博物馆，但由于村民的组织性较弱，公共空间一直未得到有效利用，社区公共活动几乎没有，村落冷冷清清，缺乏活力。2017 年年底，老年学堂中的老人们自发讨论即将到来的元旦活动，为活动献计献策，一起筹划节目并规划活动流程，同社会工作者一起共庆元旦。在社会工作者的组织下，老年学堂确定了庆祝活动的节目单和大致的活动流程，其间老人主动排练节目。在排练节目的过程中虽会出现一些分歧，但是老人们都能很好地处理分歧并能很好地照顾他人的情绪，做到互帮互助。同时，社会工作者成为老年学堂和村委会之间的协调者，争取村委会在场地、音响设备、用电及其他物资等方面对活动的支持，增强了老人们对村委会的认同感和信任感。2018 年元旦，社会工作团队联合 H 乡政府、P 村村委会，依托学堂开展了主题为“展长者之风，亮乡村之采”的元旦联欢会。全村有100余人参加了此次联欢会，其中包含25位老人、4名外来社会工作团队成员、1名村委会社会工作专员以及其他村民。元旦联欢会上学堂老人表演舞蹈、脱口秀、情景剧、二胡等十几个节目，节目内容贴近当地生活，形式新颖独特，具有浓厚的乡土气息。联欢会一类的社区活动不仅满足了农村老人的精神文化需求，为村民之间的交往交流提供了机会，同时又激发了村民参与社区活动的兴趣和信心，对公共精神和乡村精神文明建设起到了极大的促进作用。社会工作者嵌入的专业服务，既有效满足留守老人的精神文化和互助自助需求，切实增强了群众获得感，同时又活跃了社区氛围，促进了社区互助，增强了社区留守群体的组织性和凝聚力。社会工作者与村委会通常是互相配合，在宣传时通常也是合力而为，这也让村民对村委会的认可度和满意度大幅提升。

类似的成功案例还有很多，如在S村，社会工作者了解到村里有20余名留守妇女有晚饭后参加文体活动的需求。与村委会干部协商后，利用村委会楼前空地、电灯、音响设备等资源，社会工作者通过挨家走访、单个鼓励、亲身示范带领的方式，组建了P村妇女舞蹈队。舞蹈队规模不断扩大，且培养出两三名得力骨干，自发带领村民进行文体活动。在社会工作者的鼓励和协调下，村委会出资支持舞蹈队添置服装，参加全县级别的比赛，增强了社区凝聚力和认同感。与此同时，村民对村委会的评价和看法也得到了一定程度的改善。

二、为村委会组织专业素质增能

增强农村基层干部和村委会工作人员的社会工作专业能力，是加强农村基层组织社会服务能力建设的题中应有之义。村委会成员整体年龄偏大，专业素质不强，但其中不少年轻优秀人才有较强学习力和上进心，办事能力较强。通过接触观察，无论是物质激励还是自我成就动机，不少年纪较轻的社区一线工作者都有意愿通过继续教育或培训提升自己的业务能力，包括社会工作专业能力。故社会工作团队在城口县的J乡、H乡，面向这些基层工作者以嵌入、示范、培养为手段，开展社会工作人才能力提升服务。

首先，社会工作团队与乡镇、街道等基层政府协商，在其协助下建立本土社会工作人才培养机制。社会工作团队在当地政府委托与支持下，多次举办社会工作主题教育培训，对村委会成员、驻村干部、乡村教师、大学生村官等综合素质较高，对从事社会工作、社会服务事业具有一定兴趣和热情的人员进行培训。同时，社会工作团队促使城口县社会工作专业人才使用机制不断完善，以县民政局为突破口，以合作的基层政府为试点，鼓励政府制定积极的人才使用措施。如鼓励当地基层组织工作人员积极学习社会工作的理念与方法，鼓励其报名参加社会工作职业资格考试，并给予相应物质激励。就村委会而言，以组织推荐与自愿参与相结合的方式，从试点村村委会成员中选出1～2名较为年轻、学历较高的人作为本土社会工作人才种子选手，以每月200～300元的岗位补贴的方式激励其参加培训、考取职业资质，以成为未来的村社会工作专员。

其次，在本土社会工作人才培养的过程中，社会工作团队通过开展示范性社会工作服务，普及社会工作价值理念。外来的社会工作团队在服务中起到专业教育、政策倡导和资源链接的作用。① 专业教育是社会工作团队通过专题讲座、技能培训、服务示范等方式，协助村委会进行精英挖掘和骨干人才培养，包括：社会工作者编订课程大纲，围绕基层社区治理和社会工作专业知识，定期为基层干部开展讲座；定期到相应试点村开展贫困群体社会工作服务，在此过程中注意与种子选手合作，包括服务方案设计、现场执行、反思评估等过程均共同完成。在此过程中，社会工作者起到示范带头与服务督导作用，建立常态化机制，在本地能人中培养出“知社工”“懂社工”和“做社工”的三类人群。同时，社会工作团队还发挥咨询与督导的作用，运用社会工作者擅长的组织、沟通、协调专业优势，在村委会及其他社区自组织的管理运营方面给予专业指导，帮助其明确组织架构和准确定位组织发展方向。② 政策倡导是在各种工作接触过程中，社会工作团队不断将国家和地方有关社会工作专业人才培养、使用、社会工作服务购买、机构孵化培育的法规政策等信息传递给基层领导干部和工作人员，包括村委会成员，激发其参与动机与参与热情。③ 资源链接是指通过有高校背景的社会工作团队，链接专家资源，对基层领导干部进行专题培训。例如，社会工作团队曾经先后邀请国内扶贫领域专家向德平教授、四川外国语大学社会学系教师为H乡基层干部进行社会工作知识授课。

通过上述专业增能实践过程，社会工作团队在城口县乡镇、村基层组织里培养了一批了解社会工作理念、熟悉社会工作方法的本土人才，有效缓解了当地农村社会工作者匮乏的问题，为社会工作介入精准扶贫常态化奠定了初步基础。以村社会工作室为平台，“外来专业社会工作者+本土社会工作者（抑或本土种子选手）”联动的方式，在P村、S村重点解决了社会治理中的一些突出问题，如因群众不了解扶贫政策、干部不注意工作方法而引发的干群矛盾，因信息传递不畅而产生的某贫困老人救助不及时以及扶贫搬迁困难，因宣传手法过于单调、简单而产生的建卡贫困户不熟悉政策导致考核结果不佳等问题。此举向村委会工作人员和乡镇领导干部有效地普及了社会工作的有益成果。工作人员纷纷表示获益良多，社会工作的方法能够很好地运用到自己的日常工作中，一定程度上提升了本土社区组织人员的工作热情和工作能力。

三、为村委会组织产业规划和经济引领增能

扶贫项目中产业扶贫必不可少，在城口县的精准扶贫规划中，以产业结构调整为核心的第二、三产业发展也是重头戏。社会工作者要借助社会工作专业优势，助力产业发展；在需求调查和对贫困人员的帮扶中都和当地的扶贫政策进行有效对接，使社会工作的扶贫行动立足于驻点地区的扶贫规划之上。例如，社会工作团队曾经依托互联网技术助力当地特色农副产品销售，借助高校大学生"互联网＋"创业项目，将学生创业实践与城口县农副产品宣传售卖结合起来，先后打造多个大学生创新创业项目，为J乡茶叶、H乡蜂蜜、药材等土特产做互联网推广。

除此以外，社会工作团队还与H乡有关人员和P村村委会协商，结合当地森林资源优势以及大力发展乡村旅游的需求，协助其完善当地旅游行业中介组织。通过这一中介组织，不少农户改变了各自为战的经营模式，通过抱团发展，聚众人智力，畅通了行业中介组织与政府沟通的渠道，打造特色服务，提高了P村旅游整体服务质量与服务水平。社会工作团队以小组手法组织农家乐经营者共同交流经验，就怎样发展好本村旅游进行讨论，逐步完善农家乐基础设施，提升接待能力与服务态度，共同制定行业守则，使经

营更具规范性、组织性；以个案工作手法，选取典型性突出的农户，结合本村特有居民建筑，打造与本村文化相关的特色民居，形成示范点；结合妇女、老人自组织，发动当地富余劳动力学习藤编、手工布鞋等手工艺制品，帮助家庭增收，生产具有本村特色的产品，形成特有的乡村旅游文化。同时，社会工作团队链接外部组织资源，助推P村旅游发展，搭建旅游宣传平台，邀请重庆市部分市民到P村观光旅游，盘活乡村农产品市场，增加村民收入。社会工作者在P村建立农产品特色销售市场，联系重庆市主城以及周边游客，统计游客对特产的需求类型、数量、价格等，组织P村困难家庭或普通居民准备腊肉、蜂蜜、核桃、土鸡、洋芋粉等特产，约定集市时间与地点，这些带着当地特色的绿色健康食品备受游客欢迎。新时代的科技融入也为这一次的特产市场增色不少，这不仅是一次特产交易市场，也是一次学习网络支付的课堂。农村集市实现了旅游发展与本地特产销售模式的结合，为“游客进山，产品出山”提供了一种新的思路。

在产业扶贫实践过程中，社会工作专业技能在激发脱贫对象潜能、培养脱贫对象能力、挖掘脱贫对象优势、协助脱贫对象制订个别化脱贫计划、链接资源等方面具有一定优势。如在Y村协助村委会引进锡箔加工手工技能，为留守妇女提供手工技能培训；为S村村委会打造的生态鸡养殖项目做好信息宣传和项目推广；在D村，当地留守妇女在社会工作团队的倡导与组织下，组建了手编鞋手工小组，申请了微企，探索互联网销售渠道。在村委会推动产业脱贫实践的过程中，社会工作团队积极参与，尽力协助，利用城市和高校身份为其广泛链接资源。在针对建卡贫困户家庭与个体帮扶过程中，社会工作团队注重引导和启发服务对象思维、意识和能力的改变，鼓励其积极参与本乡本村产业，寻找家庭和个人生计发展的可行路径，通过自身努力来提高生活水平。社会工作团队发挥社会工作的教育引导功能，协助社区居民参与产业扶贫项目，例如通过举办讲座、观看纪录片、邀请专家分享案例、技能培训等形式，提高村民对村级产业发展的认可度并引导村民积极参与。

四、为村委会组织沟通协作和倡导动员增能

贫困治理既要突出基层党组织的领导核心地位以及其他基层组织的合力作用，又要进一步完善多部门、多组织之间的联动协同机制，握紧拳头形成合力。在精准扶贫过程中，许多村存在着易地搬迁、合作入股、危房改造、产业发展等难题，基层政府等各部门任务繁重，常常忙得不可开交。社会工作者入驻以后，积极宣传倡导，促进部门、组织之间的联动。例如，在社会工作者的大力倡导和组织引领下，Z 乡成立了由社会工作团队、驻村工作队、村委会成员、帮扶责任人、村民积极分子等组成的志愿服务队伍，形成多元主体共同参与机制。2018 年 8 月，志愿服务小分队进行了第一次志愿服务——下田挖药材。村民看到各级、各部门领导对于药材产业的重视，了解了药材产业的可预见的收益；看到村委会成员以身作则，带领大家共同促进集体产业增收，其参与热情被点燃。志愿服务小分队的“产业帮扶”除了带头挖药材外，针对村里养蜂产业，还邀请了畜牧局工作人员、专业养蜂人对有意愿养蜂的村民就蜂种的选择、蜂群的来源、场地选择、养蜂工具、蜂群管理及病害防治等进行指导，真可谓干部有担当、村民有干劲。经过一段时间的努力，志愿服务小分队“产业帮扶”得到村民认可，村民在竖起大拇指的同

时，态度也从消极怠工转变为积极主动。

除此之外，社会工作团队在扎扎实实做好服务、培养本土社会工作人才队伍、助力当地扶贫工作发展的同时，也通过多种渠道对国家扶贫政策、乡政府及村委会的扶贫规划与工作举措进行宣传，主要从三个方面进行服务宣传：一是在服务对象层面，通过制作视频宣传片、发放宣传画册、摆放服务展架等方式，扩大扶贫工作的影响与村民认知度；二是在不同的基层组织机构内部如乡镇党委、乡镇政府、驻村工作队、村委会之间，以社会工作项目为契机，通过微信公众号、QQ工作群发布，递送季度总结、工作简报，举办座谈交流会等形式，分享交流近期工作重点和经验，有助于提高扶贫工作质量与工作效率；三是对外进行宣传，主要通过中国新闻网、人民日报、城口县新闻网、城口县手机台等媒体，扩大社会工作服务和村委会扶贫成果的知晓率，有助于链接更多的社会资源。

五、为村委会组织工作人员个体增能

社会工作团队作为农村基层社区工作的一支外来专业力量，面对农村基层工作人员的艰辛和压力，也是同行者、陪伴者和鼓励者。很多时候，村委会成员也是社会工作者的直接服务对象。社会工作者通过个别化的情绪疏导与心理调适以及团体化的休闲娱乐活动，有效地为其减压增能，减轻职业倦怠感，提升组织活力。

社会工作团队通常利用节假日，面向乡镇干部、村委会干部等人员提供能激发个性潜能、提升团队活力的村民素质拓展活动，收到较好效果。一般情况下，参加此类活动的有乡镇政府工作人员、乡卫生院医务人员、乡村中小学校教师以及各村委会工作人员。活动目的有如下三点：其一是搭建基础工作人员沟通合作的平台，增进彼此联系，缓解身心压力，提高工作效率；其二是加强组织内部的交流与互动，改善团队互动模式，增强团队凝聚力与合作能力；其三是通过体验式教育，增强村委会工作人员的服务能力。如2018年元旦前夕，一场以迎接新年为主题的团队建设活动在H乡党委和政府的支持下开展，共计60余名基层工作人员参加，带领者为社会工作团队的5名成员以及1名本土社会工作人员。在活动过程中，经验丰富的社会工作者带领大家通过暖场游戏、团队搭建、团队竞争等方式，不断融入，积极参与，现场欢声笑语，其乐融融。活动结束后的评估显示，基层工作人员对政府的认同感和归属感有所增强，基层工作人员的服务意识和组织能力得到增强。同时，此类活动的推广也有助于乡、村两级组织的纵向合作以及党政组织和群众自治组织的横向交流，为乡政府、村委会、社会工作者的交流提供了一种新的形式。另外，活动也促进了基层社区人员对社会工作的认同和理解，有助于本土社会工作人才的培养。

本章小结

本章运用社区发展理论、社会组织能力建设理论，结合城口县村民委员会组织在精准扶贫过程中的重要作用和面临的困境，论述了村委会组织能力建设的重要性和迫切性。本章以增能视角为理论框架，结合四川外国语大学教育扶贫团队的服务实践，阐述了社会工作介入村委会组织能力建设的实践内容和服务成效。我们希望能够借在城口县的实践向读者介绍社会工作者如何在当前中国农村特定的社会文化结构和精准扶贫背景下，运用专业方法推动村委会的组织能力建设，并助其进一步发挥组织功能。

通过本章的介绍，读者可以发现，当前农村基层自治组织结构有待更新，人才流失较为严重，行政主导性过强，组织动员和服务能力偏弱，在引领经济发展、提供公共服务、组织群众参与、协调利益矛盾、资源整合与协同联动解决系统性、复杂性问题等方面，存在着明显的能力欠缺和功能发挥不够的问题。来自高校的专业社会工作者，在县、乡两级政府支持下，通过政府购买服务、校地合作办学等机制，采取专业社会工作者嵌入为主、本土岗位社会工作者为辅的模式，搭建了乡镇—行政村两级社会工作服务平台，初步建立了本土社会工作人才培养机制。通过平等合作关系的建构，发挥社会工作专业优势，实现了在公共服务、产业规划、经济引领、沟通协作、倡导动员、专业素质、职业认同等方面为村委会组织增能的目标。借助社会工作服务平台和社会工作服务队伍，面向贫困群众、困难群众开展个性化、精准化、科学化服务，提升群众获得感和满意度。发挥社会工作资源链接、动员组织、宣传倡导的优势，助力村级产业发展，提升村委会经济引领能力。社会工作者综合运用增能、小团体工作、社区教育和倡导等专业技巧，充分动员村委会、企事业单位、当地志愿者和普通居民，增强基层组织之间的沟通联动能力，初步形成“三社联动”机制，优化当地社会治理结构。无论是居民群众、乡镇政府还是村委会工作人员，对村委会组织的整体满意度都有所提高，负面评价减少，参与动力更强，“无力感”状态有所改观。

第八章　资产为本：贫困地区老年社区自组织培育和发展

社区中的人力资本与组织资源往往是有形的。本案例以挖掘村里老年群体的“资产”为导向，使用“社区自组织培育”的介入策略，找出老年人的资本和优势，让彼此陌生的老年群体打破冷漠、认识彼此、找到村里共同关切的议题，促进老年人之间自发解决内部问题，培养这一群体的参与感和使命感；更深层次的目的是挖掘老年群体的自我价值，增强老年群体的信心，加强老年自组织建设，改善村落环境，并促成其自我价值的实现，形成农村参与脱贫攻坚和乡村自治的良好氛围。

第一节　贫困地区老年群体的资产辨识

一、资产为本背后的理论思维

“资产为本的社区发展模式”在当今许多国家和地区已被广泛运用。

文献表明，最早提出资产为本模式的是美国西北大学的约翰·克雷茨曼(John Kretzmann)和约翰·麦克奈特(John McKnight)教授①。该模式挑战了传统的以“社区需要”为取向的介入模式，提出应以社区资产或社区优势为介入重点，其主要特点表现在三个方面：一是资产为本，即强调不是由社区问题或需要出发，而是由社区拥有的资产或优势出发来介入社区；二是内在取向，即强调社区居民自身参与社区发展的能力；三是关系构建，即强调居民和社团之间的接触，以及各种网络关系的建立。② 资产为本的社区发展模式对于改变传统的社区发展理念和改进介入方法具有重要启示。

资产为本的社区发展模式较传统社区发展模式有其特定的内涵。在斯图尔特·哈沙奇(Stuart Hashage)看来，资产为本的社区发展模式首先关注和思考的是社区居民、社区小组以及团体的资产，而不是传统的社区发展模式所认为的“缺失与问题”。其次，资产为本的社区发展模式将其策略集中在能力上，强调社区居民、社团和机构解决问题能力的突出地位。最后，社区发展的过程是关系驱动的，需要不断建立和重建社区居民、协会和机构之间的关系。因此，资产为本的社区发展模式关注社区资产、能力和优势，而传统的社区发展模式则关注问题，其区别见表8-1。

---

① KRETZMANN J, MCKNIGHT J. Building communities from inside out: path toward finding and mobilizing a community's assets [M]. Chicago: ACTA Publications, 1993: 51, 69.

② 陈红莉，李继娜.论优势视角下的社区发展新模式：资产为本的社区发展[J].求索，2011(4).

表 8-1　传统模式与资产为本模式的区别①

	传统(需求为本)模式	资产为本模式
取向	外在取向	内在取向
评估	需求、问题、缺失	能力、资产、优势
社区成员参与情况	社区成员为被动接受者	社区成员为合作者、参与者、公民
核心策略	依靠专家或外部资源	依靠内在动力，培养公民意识
能力建设	外部资源或机构	公民和社会组织
社会资本	暂无成熟策略	创建链接资源的条件和桥梁

需求为本模式与资产为本模式并不存在好坏之分。需要说明的是，资产为本模式与需求为本模式存在互动性，即资产为本并不无视需求，相反它的目标包括通过建设社区自组织、培养公民意识来回应需求。选择资产为本模式作为反贫困服务中重要的模式支撑，其根源在于：贫困农村社区的需求存在多元性、重叠性和复杂性，难以逐一回应，大量的扶贫资源不断涌入村庄的过程存在资源整合和契合困境。如果社会工作者扮演了问题解决者的角色，一方面其自身的能力未必能解决所有问题，另一方面社区的能力并未得到充分的开发，一旦撤离外部资源，社区发展就将陷入困境。因此，从资产为本出发，既是对社区居民赋权的需要，也是搭建承接外部资源支持的内生平台的需要。

资产为本模式在具体操作层面上的要求是，在社区介入时，社会工作者应该首先去寻找社区内的资产及优势，而不是以问题为首要调查点，其中最

① From Needs to Assets: Charting a Sustainable Path towards Development in Sub-Saharan African Countries. Global Sustainable Development Conference, by Cormac Russell (2009).

重要的工作是去厘定一份“社区能力清单”(capacity inventory)或“资产地图”(assets map)。[①] 作为一个步骤，在这个过程中，“社区能力清单”是社区发展的关键资产和社会资源，可以用其建立、加强和维持社区强势，有助于社区居民间互利的伙伴关系的发展，进而驱动本地社区开发。

关于“社区资产”的定义，目前学术界的用法还不太一致。约翰·克雷茨曼和约翰·麦克奈特[②]通过对各种“社区资产”概念和含义的梳理与分析，把社区资产划分为个人资产、社区组织资产、社区团体和部门资产、自然资源和物质资产四大类。

1. 个人资产，包括社区内居民的天赋、才能、知识、技能、资源、价值观和投入感等。在社区层面，个人资产是社区组织资产、社区团体和部门资产的基础。增加个人资产，必须使社区居民成为社区发展中的参与主体，进而发掘社区居民的个人资产特质。

2. 社区组织资产，包括社区内的不同宗教、文化、娱乐、社交、公民组织或小组等。在社区层面，社区组织既是社区资产的一种表现形式，又是社区资产的形成机制。首先，社区组织活动是社区资产存在的重要载体。其次，社区组织是培育社区资产的土壤。社区组织的成员可以逐步学会妥协和宽容，培养组织和交流技巧，从而提高人们参与社区事务的积极性和能力，培养成员的公民意识和民主精神。最后，社区民间组织活动可以增加社区社

① 文军，黄锐. 论资产为本的社区发展模式及其对中国的启示[J]. 湖南师范大学学报：社会科学版，2008(6).

② KRETZMANN J, MCKNIGHT J. Building communities from inside out: path toward finding and mobilizing a community's assets [M]. Chicago: ACTA Publications, 1993.

会资本的存量，通过信息交流、建立互惠规范、培育相互信任来推动自发合作。

3. 社区团体和部门资产，是社区居民参与社区事务的重要途径，是社区资产流通的有效渠道，包括地区政府部门、非政府机构等。随着单位制的解体，社区人际关系日渐冷漠，关系网络匮乏，尤其是新移民进入城市以后，既缺乏老城市传统的邻里关系，又有不同地域的隔阂，加上人员流动性大，邻里之间缺乏沟通，邻里关系日益淡化。交流不畅使得社区居民间、居民和社区组织间缺乏信任，缺乏社区归属感和认同感。社区团体和部门的介入能增强居民的社区认同感和归属感，强化彼此间的联系纽带。

4. 自然资源和物质资产，可称为社区资产中的“硬件”，包括社区设施（例如公园、图书馆以及自然环境）等必要的物资设备、组织与管理的形式。通过进一步分析我们就会发现，自然资源和物质资产是可以在一个比较短的时间内通过自觉努力和行动来实现其发展的。这提醒我们，对于自然资源和物质资产，可以在较短的时间内，通过基层政府和社区成员的自觉努力来加快社区发展的速度。

借鉴约翰·克雷茨曼和约翰·麦克奈特所提出的资产为本的三大基本原则（资产为本、内在取向、关系建构），我们认为，在贫困农村社会工作发展实践中应该遵循以下步骤：第一，立足于“农村社区内部有什么”，从关注本地社区有什么开始，可以是居民、能力、资源等。第二，“推动建立稳定的居民关系网络”。以农村社区中的需求或社会关系为焦点，可以建立多种社区关系网络，如互助网络。把具有相同想法或者一定能力的人聚在一起，建立他们之间的联系，进而形成完善的组织化网络，促进互相支持，解决社区议题等(Froland et al.,1981)。第三,“内在取向的社区发展策略”中的内在取向强调的是社区居民、小组和团体去界定社区问题以及参与推动社区事务的能力。[①] 社区居民生活在社区内,最了解社区的基本情况,知晓社区的优势与强项,只有他们才是解决社区问题和发展自身社区的“专家”。社区内的小组和团体熟悉社区内各项活动的开展,最清楚活动开展过程中取得的一系列积极成果以及仍存在的问题,懂得如何利用社区的资产,发动社区内在力量与资源,推动社区发展。因此,当社区居民形成稳定的关系网络时,社会工作者应该以村中议题和解决问题为焦点,着眼于增强居民的社区参与能力和解决问题能力。

二、资产为本视角下贫困地区老年群体的资产辨识

(一) H 乡社区资产辨识

重视对社区资产的利用不仅是开发新的社区资源,也是对原有社区资源的再利用。在城口县 H 乡,我们经常看到 H 乡的贫困状况,如地处大山深处,交通闭塞,缺乏设施,缺乏资源,教育匮乏,外出务工者较多,农村空心化、老龄化和“三留守”并存。如果我们过多地聚焦于社区的问题,就会发现这些问题形成的原因极其复杂,解决问题也需要更多的支持。尤其是在现行扶贫资源大量涌入的情况下,在看到外部大量支持的同时,我们也更加感受到社区内部成员的“无能感”被不断强化,一旦没有了外部资源,社区内部成员可持续的再生发展能力仍然存在较大问题。那么,我们不妨换一种角

① 张和清,杨锡聪.社区为本的整合社会工作实践:理论、实务与绿耕经验[M].北京:社会科学文献出版社,2016:88.

度去审视这个贫困乡村已经具备的资源。在 H 乡做资产评估时，我们发现 H 乡自然风貌独特，有悠久的农耕文化历史，是政府目前正在打造的旅游景区，以农耕文化为主要特色，社区本身拥有旅游协会、妇女协会等社区自组织，社区内"三留守"人员众多，其中老年人口最多。图 8－1 所示是对 H 乡社区资产的辨识。

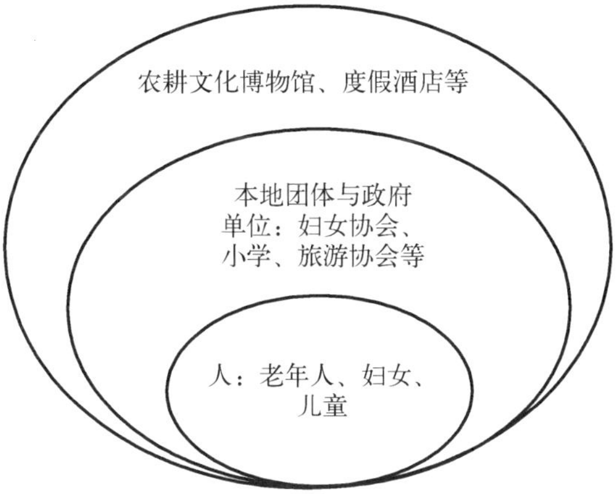

图 8－1　H 乡的社区资产图

（二）老年群体资产辨识

老年群体在社区中经常被称为弱势群体，其中的个体也是通常被"弃置""淘汰"的人。资产为本的模式要求我们应该重新检视、使用和发展各种社区资产，将被"弃置""淘汰"的人、物和土地等生产因素串联起来，使其成为可以重新利用的资源，并为其提供一个另类的交易系统和生活空间。如表 8－2 所示，在对老年群体进行资产评估的过程中，我们发现 H 乡老年群体身体素质较好，多见一些长寿者，文化素质较高，政治和经济精英占比较高，且这部分群体的社区参与意识较强。

表 8-2　老年群体资产辨识

资产类型	主要内容
人员	78位老年人
能力	党员、教师、乡村政治精英等，吹拉弹唱，领导能力
社区关怀与价值归属感	部分老年人有崇高的精神信仰，对社区事务和社区发展表现出极大的关注度和参与热情
共同的财产和资源	社区建筑、公共场地、基础设施、道路交通等

三、资产为本的老年群体发展的实践策略

资产为本的社区发展模式的目标在于尝试通过建立或重建社区中的组织、团体，将社区发展与经济发展联系起来，在创造经济机会的同时，关注市民社会的发育。① 社区中的组织、团体是农村社区发展的平台。通过社区组织的建立，社区居民可以更深入地参与社区建设，并在这个过程中掌握更多的资源、信息和技术，学会如何去提出诉求以及将社区发展的各种建议通过组织反映出来，从而达到“增权”的目的，为整个新型农村社区的发育提供养料。② 在实践过程中，资产为本的社区发展模式较为强调社区的资产辨识与组织培育，即通过盘点社区资产来建立合适的社区自组织，动员居民参与组织，增强组织归属感，提升个体能力，形成组织的凝聚力和社区治理能力。与此同时，社区组织在发展过程中不仅要提升组织参与者的能力，而且要着眼于组织的整体能力建设，联合社区外部支持力量，推动社区组织日趋成熟壮大。鉴于此，结合国内外的实证经验和本土情况，本书将资产为本的老年

① 古学斌. 农村社会工作理论与实践[M]. 北京：社会科学文献出版社，2018：99.

② 张和清，杨锡聪，古学斌. 优势视角下的农村社会工作：以能力建设和资产建立为核心的农村社会工作实践模式[J]. 社会学研究，2008(6).

群体社区发展模式分为五步：第一步，绘制老年群体和社区资产图谱；第二步，基于现有能力采取行动，以动员老年群体参与；第三步，构建资产关系，进行老年组织化建设并形成制度或规则；第四步，调整发展节奏，加强老年组织能力建设；第五步，拓展外部资源，增强老年组织服务社区的能力。

第二节　老年社区自组织的孵化与培育

一、组织孵化：组织个体资产盘点与辨识

案例呈现：

H村位于城口县H乡北部，距H乡场镇3公里，辖10个村民小组，433户，1 353人。辖区有村级小学1所，教师2名，在校学生34人。该村具体特征如下：① 居住较为集中，邻里关系融洽；② 交通便利，基础设施较好；③ 耕地较少，富余劳动力较多，很多人选择外出务工，有大量的"三留守"人员；④ 经济发展水平相对滞后，贫困人员较多；⑤ 民风淳朴，村民包容性强，旅游业发展较快；⑥ 社区居民参与热情高涨，社区骨干力量和能工巧匠较多。

老年自组织（为工作方便起见，其中吸收了个别中年人）情况如下：

组织名为"心时代"老年学堂，该学堂于2017年9月成立，目前处于中期发展阶段，学堂性质为文娱型社区组织。学堂宗旨在于让学员"老有所为、老有所乐"，以互助学堂为媒介促进老年群体的再社会化，扩大老年人社交范围，丰富其晚年生活，实现H村互助养老、社区养老新模式；与此同时培养学堂骨干人才，调动其内生动力，优化社区资源，促进社区参与和社区关系

融合；目前学堂人数约为30人，并且在不断增加，年龄为50～75岁。老年学堂有相应的办公场所和办公设施设备，但组织仍处于发展中期阶段，尚未在有关部门进行法人登记。该组织在成立时制定了章程，设有理事会、监事会等机构，并建立了相应的内部管理制度。从活动开展上来看，老年学堂拥有常规性活动内容，如每周举办两次老年课堂，每周参与一次社区帮扶事务，每月参加一次社区活动等。老年学堂的创办有效地引导老年人适应角色的转变，发现自身的价值与潜能，并从学堂中学习养老知识，加深了老年人相互间的了解沟通，推动了H村社区治理进程，促进了乡村振兴。

（一）盘点老年人群体资产，组建互助小组

“心时代”老年学堂成立之前，经历了一个多月的筹备与探索。社会工作团队通过前期观察，调研、走访各户人家，对调查情况进行整合，发现在“三留守”人员里留守老人所占比例最大，这里的留守老人普遍存在以下四类情况：一是子女在外务工，部分老人因为丧偶独自居住，情感方面得不到关怀和满足；二是留守老人大都存在健康问题，多数患有腰椎间盘突出、骨质增生等疾病，其所在村落降雨多，冬季湿冷，这对老人的日常生活也有较大影响；三是H村老年人缺乏养生保健知识，并且缺乏学习知识和培养兴趣爱好的渠道，生活较为枯燥乏味；四是有一些老年人虽然文化程度较高，但缺乏志趣相投的人，无法实现自身价值。

然而在调研中我们发现，每一位老年人都有擅长的领域，虽然这些领域不一定为人所知，甚至有时连他们自己也未必能意识到，而一切抑制主体实践或剥夺主体实践权利的力量，是造成老年人贫困和困难的症结。因此，在互助小组发展过程中，着眼于老年人个体能力建设是互助小组得以长期维持的基础。而老年人个体能力提升的核心在于要激发和恢复老年人的主观能动性，促使老年人在参与学堂活动的过程中觉知自己的主体价值，并实践自己的道路。除了主体意识的提升之外，过程评估也非常重要，即在活动中评估老年人的意愿、能力和想法。15位老年人参加了第一次老年人小组活动。第一次活动非常重要，是互助小组发展的重要开端，主要包括互助小组引入、能力取向的初步了解与发掘、参与意愿调查三大环节。在活动过程中，许多老年人表现出不自信的状态，社会工作者在互动中耐心引导，时常给予鼓励和赞扬，对惧怕参与活动的老年人给予个别指导和鼓励，耐心了解每一位老年人的兴趣、过往经历以及对学堂未来发展的想法。在与老年人互动过程中，社会工作者发现他们的潜力与能动性，老年人感受到被尊重，同时也有了表达和展现自己的机会。对于老年人来说，这种以个体的力量参与到社区事务中主动表达自己的机会是他们非常看重的。

第一次活动结束后，参与者们兴趣十足。随后，社会工作者组织大家一起填写问卷调查表，内容包括询问大家对本次活动的满意度、参与学堂的目的、想要在学堂学习的内容、对学堂未来发展的定位和建议等。学员认真填写，并表达了对学堂的浓厚兴趣。我们也从问卷中了解到每位学员的能力与想法，为老年学堂今后的发展提供了更多的思路。许多老年人在完成游戏后表示，“感觉自己太有成就感了，好久都没有发现自己这么能干，自己也是能够将一些事情做好的，也很久没有这种被尊重的感觉了”。

（二）辨识个体资产，发掘小组领袖

社会工作者在组织培育初期发挥着策划者和引导者的作用，属于组织的外部力量，而一个社区社会组织的成立和发展不能仅仅依靠社会工作者

的推动，还要依靠内部力量，我们把它称为老年组织中的骨干成员。这些骨干成员可以说是老年群体资产的彰显，老年组织的孵化在初期需要聚焦于老年群体的资产。骨干成员是一个老年组织的关键和核心所在，它将和社会工作者一起决定组织的属性和发展趋向。

Y机构项目主管介绍道："在决定成立一个组织时，我们的内心其实是没把握的，因为我们不确定谁能带领这个组织一直发展，并且我们也不太清楚组织能不能发展出我们想要的属性。于是我们开始去寻找一些社区中的能人，比如一些乡贤、巧匠和党员。很幸运的是，我们在村里找到了三位老年骨干。一位是村里退休的会计，党员，能够书写且会吹拉弹唱；一位是村里的退休教师，精通四书五经；另一位是村里的致富能手，经营一家农家乐。这三位都有一定文化，在村里威望比较高，觉悟也比较高。我们发出邀请后，他们都非常乐意加入。事实证明，这些人能真正成为组织的核心人物，为组织发展的方向提供人力保障。"

由此看来，社区骨干不仅包括社区里的能人，同时还包括村委会成员。村委会成员能够在推动老年组织发展上给予外部支持，如活动场地、设施设备、管理制度等软件和硬件的支持。

二、组织培育：组织主体意识的唤醒与能力培育

（一）组织主体意识的唤醒：认同感和归属感的建立

老年组织在成立初期，社会工作者通过评估成员需求和挖掘骨干成员，基本明确了组织成员和组织的属性。然而组织成员对于组织的信任感和认同感尚未建立，如何有效地形成组织成员对于组织的认同感和归属感是在社区社会组织

培育过程中较为重要的一步。通常而言，社会工作者会通过一些“破冰”活动让成员彼此认识，获得对组织的认知，与此同时建立对组织的认同感和归属感。

Y机构项目主管介绍道：“老年组织在培育初期，我们让之前被邀请来的成员在小组中获得快乐、认同感和价值感很重要。一般我们会以小组工作的方法去策划一些游戏或者适应组织目标发展的活动。比如，老年学堂，我们是通过四次小组活动——比如互动游戏、表演课、手指操教学——建立起来的。很多老年人发现，参加这个组织挺有意思的。慢慢地，他们也会发动身边的一些人过来，他们似乎把这个组织看成一个可以交流、可以学点东西的平台。这是让我们特别欣慰的地方。同时，我们也会告知他们，这样一个组织是干什么的，会给大家带来什么东西。”

在组织培育初期，建立组织的信任感和归属感非常重要，这能有效激发组员的参与热情。在此过程中，社会工作者需要设计一些适合组织成员参加的能够体现价值观、满足感和获得感的活动，帮助成员建立对组织的信任。此外，社会工作者还应向成员介绍组织成立的目标和未来的发展方向，强化成员对组织的认知。

（二）能力建设：制度和规范

当组织成员对组织建立起一种信任感和归属感时，真正意义上的组织便要成立了。我们把这一阶段称为组织的制度化建设时期，其具体内容主要包括选取组织的领导者，通过领导者和组员一起协商建立组织的规章制度，从而完成组织目标和组织的规范化建设。

1. 创立理事会组织。

在制度化建设过程中，组织的领导者需要由社会工作者和组织成员一起来推选，这些领导者绝大部分会由社会工作者在组织成立初期挖掘的骨干人员来担任。此外，还有一小部分领导是从组织成员中推选出来的有能力、有意愿的人士。

Y机构项目主管介绍道："当我们告诉大家，要成立一个组织时，成员们非常赞同；当我们告诉大家，我们需要领导者时，一些组织成员可能会沉默，他们可能不知道该选谁。此外，一些骨干成员会担心自己做不好而不愿意站出来。那么这个时候，我们首先会让成员推选，根据推选结果选定人员。在大家不知道选谁的情况下，通常我们会私下动员说服骨干成员来担任，然后由大家表决同意与否。理事会成员的积极性就显得十分重要。"

理事会的成立标志着组织领导者的产生对于组织的发展和组员对组织的认同感具有重要作用。这表明，成员们有了一个功能更健全、力量更强大的服务性组织。正如A组织成员所言："我们老年学堂有理事会了，虽然不懂得是个什么样子，但是每次活动的时候，他们四个人都在服务大家，给大家带来快乐，我觉得挺好，也有个主心骨了，真的感谢他们啊。"

2. 建立组织规章制度。

组织在培育过程中不仅要有领导者，同时还需建立一套规章制度，以此形成组织契约，对组织成员的行为和价值观有一定的塑造作用。在社区组织决策上，我们采取成员协商的办法，用组织成员的话来说就是"有事大家开会说了算"。具体来说，凡重大问题和涉及成员根本利益的有关事项，由组织成员会议民主决策讨论，一般性问题由理事会讨论决定、组织成员会议表决。与此同时，针对不同类型的社区社会组织，理事会成员和普通成员还制定了适合组织发展的活动规划和规章制度。

三、组织发展：联结组织与社区发展的关系

完善相应制度建设，标志着老年组织具备了一定的功能。此时，组织成员往往会处在一个矛盾的阶段：一方面，他们对组织充满希望；另一方面，他们又对自己如何参与组织发展和如何谋划自我发展充满困惑，不知道组织能干什么，自己能发挥什么作用。这个时候，我们需要为社区社会组织提供一个发展的契机和平台，通过开展组织活动，增强组织的效能，从而满足成员在参与组织活动中的获得感和价值感。

（一）争当社区志愿者

Y机构项目主管介绍道："3月5日——学雷锋日，我们开展了'展学堂志愿者风采，亮河鱼治理之美'的志愿服务活动，老年人是我们活动的志愿者。整个活动历时两个半小时，'心时代'学堂老年志愿者优美、动听的歌声，具有家庭教育意义的故事以及让人沉迷于洪湖水壮观场面的二胡独奏，让整个广场都沉浸在欢乐之中。尤其是在互动游戏环节，老年志愿者耐心的游戏规则讲解、热情的活动邀请，让一些胆怯、抱着观望态度的妇女也慢慢加入活动中来，感受游戏的快乐，感受老年志愿者认真、负责的服务态度。与此同时，所有参与者都在其中得到了满足感。"

正如Y机构项目负责人所言，社区社会组织既要着眼于原有的组织功能性，还应该注重发挥其他功能，以此增强组织成员的获得感。

（二）共同参与文体活动

A组织成员说："村里搞元旦晚会，我成了主持人，大家一起唱歌排练，中午一起吃泡面。那天上台前，我看全村老少都来了，有点儿心虚。这是我

这辈子第一次上台，就怕自己做不好。我们大家都激动坏了，还有电视台来采访，村里人都说我们成了明星。感谢社会工作者和我们这个学堂，我的心情好得很呢！”

（三）助推社区发展

老年自组织发展的关键是要回归到社区本身发展中来，老年学堂的成员也要融入社区，参与和推动社区发展。这样，成员才能感受到组织的强大和自己的成长，同时也能获得社区对组织的接纳和认同。

Y机构项目主管介绍道：“我们和社区社会组织成员讨论了今后组织发展的方向，探讨了这样的组织能做什么。理事会成员虽然积极性较高，但是他们也不知道能做什么。后来在H村，我们要推动社区的旅游业发展，成立旅游协会，做有特色的旅游产品，老年学堂的理事会成员突然明白该怎样参与进来了。老年学堂的成员表示，他们可以当导游，可以讲村里的故事，可以将吹拉弹唱和旅游融合……”

第三节　老年社区自组织的资产建设与社区再造

一、资产活化：老年经济互助组织培力

调研之初，社会工作者发现，地处贫困山区的H村，以空巢老人、留守妇女居多，他们大多靠种庄稼自产自销，自食其力。也有一些身患疾病，不能下地干重活儿的村民，只能赋闲在家，除基本口粮的满足以外，其他诸如子女教育、看病买药等开支只能依靠救济。本乡产业发展以家庭经营为主，几

乎无剩余就业岗位，老人们经不起市场规律的筛选，而留守在家的妇女要照顾家里老小，不能远离家乡打工。

在深入调研后，我们发现不少村民擅长竹编，许多物品都是他们自己编织的。而竹编艺人刘叔便是老年学堂中的一员，被村里人称为“篾匠”，曾以编售竹编家用品谋生。但由于竹编工艺品成本太高，市场价值难以体现，因此刘叔放弃了这门手艺，外出打工。再后来刘叔身体出现毛病，再次回到家里，偶尔出去打临时工以补贴家用。社会工作者也发现，作为乡村旅游基地，H 乡的旅游产业单调，只能看看山玩玩水，缺乏具有代表性的旅游产品。此外，社会工作者考虑到原生态纯手工的绿色竹香工艺品是具有独特性的，竹编产品在人们的日常生活中占据重要地位，它能客观地反映当地的人文历史发展情况。在当今“返璞归真”、追求自然和原生态的热潮中，竹编产品具有一定的市场前景。在学习“一村一品”成功经验后，社会工作团队因地制宜，因势利导，将旅游、扶贫、本土文化相结合，以教育扶贫的方式，提升居民实现自我脱贫的能力，使得本地旅游与扶贫相互促进、相得益彰。以老年学堂成员为主的竹编坊的构想在社会工作者心中逐渐成形。帮扶工作主要分为以下六个阶段。

（一）资源链接：调动本土竹编艺人的力量

在对竹编艺人刘叔有了基本的了解之后，社会工作者进一步与他详谈，了解他自身对于“竹编致富”的看法，以后的职业发展以及他在此方面的想法、需求和展望。在此基础之上，社会工作者将竹编坊的构想和他进行了畅谈，并真诚地邀请他先对 H 村有意愿的村民进行竹编培训。他满口答应道：“那可以试一试嘛！”同时，社会工作者为刘叔提供了一定的报酬。

（二）人员招募与体验培训：吸引村民积极参与

社会工作者首先开始宣传招募“心时代”老年学堂学员，鼓励他们根据个人情况参与免费竹编培训，对于有顾虑的对象，社会工作者耐心讲解组织的计划和展望，启发村民的自我造血式扶贫理念，并有针对性地逐一打消其顾虑。同时，社会工作者拜托学员积极向周边的人宣传和招募。此外，社会工作者还借村委会之力，走进村中贫困户、有留守人员的家庭，以同样的方式进行宣传、鼓励，发动闲居在家的村民参加竹编培训。除口头宣传外，社会工作者也张贴海报进行招募，全方位宣传引导，同时也注意尊重村民的意愿。经过一段时间的努力，竹编体验培训活动成功举办，得到了大家的一致好评。

（三）人员确定与团队建设：引导村民领悟“1＋1＞2”的真谛

体验培训结束后，根据双方意愿，确定团队成员组成。在基本确定成员之后，我们并未立即开课培训，而是首先开展讨论，让成员明白单个农户独立生产交易成本太高，要想做大做强，只有支持农民合作组织，大家要一条心，1 加 1 是大于 2 的。接下来，社会工作者进行了几次团队建设活动，增进了团队成员间的信任感，激发了村民的潜能与自信心。

（四）开展专业培训，培育核心骨干：奠定“自助”基础

接下来，我们开始进入正题——竹编培训。社会工作者协助刘叔为团队成员开展竹编技能培训，学习竹编基本程序和步骤，掌握竹编要领，提升竹编技能，并进行技能方面的咨询与答疑。在此基础上，社会工作者鼓励村民进行自我研发。一些原本就有一定竹编基础的成员，在几次培训之后，就能够独立编织成品了，并在社会工作者引导之下，开始教其他学得比较慢的

成员。在接近20天的培训学习期间，几位“核心人物”开始浮现，社会工作者对他们进行指导，提升其管理、沟通、领导能力，使其成为组织的“领袖”，引导组织向前迈进，促进团队的自助发展，达到“助人自助”的目标。

（五）产品研发与质量提升：瓶颈期的再学习

竹编手工艺品制作程序较多，做工讲究精细，需花费大量时间和精力，该阶段社会工作者先组织成员在固定地点进行编织的分工，提升生产效率，降低成本。但在此过程中生产并不顺畅，包括刘叔在内的成员，做出来的成品都不够精致，产品的边角比较粗糙，而且样式单调，生产出来的产品价格很低甚至无人问津。在和刘叔聊完之后，刘叔也感到无可奈何，不知该怎样做得更加精美，也研发不了新的产品，遇到了瓶颈。面对这样的情况，社会工作者积极在乡镇政府、村中打听消息，收集信息，寻找再培训的机会。

终于，在乡镇政府工作人员的介绍下，社会工作者挖到了另一个“宝藏”——高观镇上有一个发展较为成熟的叫作“巴山工艺”的工艺品协会。在看了他们精美成熟的竹编成品之后，社会工作者开始与该协会的负责人洽谈合作事宜：他们为竹编坊提供技能培训，而作为条件，他们希望回收产品。考虑到竹编坊的自助发展目标，社会工作者恳请就合作方式进行第二次商谈。在H乡政府的协助之下，对方答应条件，即出售渠道自由，H村可以不通过他们的销售平台自己独立出售。在为期15天的深化培训（技能培训、经验学习）之后，成员的竹编技能得到了较大提升，产品兼具实用性和观赏性，得到多方肯定。

（六）多渠道产品宣传与销售

在成员们拥有了制作精美竹编制品的技艺之后，竹编工艺品生产得越来越多。目前，外界对H乡的竹编工艺品的知晓度并不高，以前的零星销售已不合时宜，所以亟须开拓新的销售途径、创新宣传方式。在与组织内成员商议之后，社会工作者又一次发挥了“资源链接”的作用，通过社会工作团队，联合H乡政府、H村村民以及“巴山工艺”协会，进行了多渠道的宣传与销售。产品主要通过“巴山工艺”协会销售平台、川外大学生创业项目“怡口城市”网络销售平台以及H乡农耕博物馆定点进行展示，将H乡农耕文化、生态文化融入产品中去，打造特色旅游产品，提升其对游客的吸引力，也促进了H村旅游业的发展。

二、文化发展：文化保育与文化建设

（一）文化保育与口述史收集行动

随着经济的快速发展与时代的变迁，原有文化不断被冲击，新观念不断刷新旧有观念，传统文化被新生代鄙弃与遗忘。偶然回家的外出务工人员带着外来人的眼光审视村庄，对村庄文化的不认同与不了解已是一种常见现象。社会工作者联合老年学堂以H村变迁为着眼点，立足于传统文化和农耕文化，通过口述史、个案研究、文献资料查询、集体回忆等方式，重建村庄文化认同与社区认同，增强村民的文化自信。

口述史的收集过程，既是社会工作者对H乡传统文化、人文、景点、地域特色的挖掘与展现，也是增进村民感情的契机，还是村民自治与德治的行动践行。挖掘与推崇具有孝、善、勤、俭美德的村民故事，收集有关农耕的传统文化，借助图片与文字的力量记录历史的发展脉络与走向，以口述史的形式传承传统文化。

口述史的收集过程让老年学堂成员重新发掘、保护了农民社会成就文化，让村民寻回自己的价值和能力，进而成为历史自觉、文化自尊和社区自信的群体。同时，这一过程也兼顾了文化的保护，增强了村民的村庄内部文化意识，助力 H 村旅游产业发展。

附：老年学堂成员收集的文化景观口述史整理资料

H 村八大景

H 村有八大景观，相传是以前几个饱读诗书的年轻人为了让今天的年轻人都能够看到 H 村的优美风景，便在闲暇时，聚集在一起将 H 村优美的风景、壮观的山河记录了下来。

火炮无声仔细瞅

火炮梁建于清朝，当地一些居民凑钱修建了一座石碑，距今有 300 余年。目前该石碑还存在着，不过有些破损，但仍能辨明一些记录。此地虽然名叫火炮梁，但并不能听到火炮的声响，故而说“火炮无声”。此地环境优美，值得慢慢欣赏。游人在此可以感受祖国的山河之美，故此说“仔细瞅”。

火炮梁在 H 村人的记忆中是那样的险峻。人们走过那悬崖上用三根碗口粗的树干搭成的两段木桥，不免心惊肉跳；然后沿着陡峭的山壁上自然的或人工凿成的石梯而下，那石梯杂乱无章，高高低低，宽窄仅能容半只脚掌。木桥下有数十丈高垂直的悬崖直到河底。

克马(蛤蟆)鼓眼气横秋

克马石，看起来像是一只蛤蟆，在上午仔细看，你会看到蛤蟆正鼓着大大的眼睛瞪着东方的太阳；到了下午你会发现，蛤蟆的眼睛又瞪着西方，那正是日落的方向。

相传反白莲教时，白莲教在克马石顶上利用其天然屏障修建了寨子，与官军抗衡。官军当时驻扎在与克马石相对的桂家榜上，相互对骂挑衅。两处间距约为500米。白莲教教徒取石向桂家榜投掷，将官军的马腿砸断。

牛牡遍烧身难动

牛毛头，头望蓝天，任白云悠悠，面朝北斗，尾向南方。西与岚溪相连，扭头向东，可饮H乡河水。方士称其为犀牛望月。传说顶峰牛嘴上有千年的蛇蟒，其叶如蛇头（细辛类），大如磨盘，有蟒蛇镇守，凡人无法采挖。

石门大张任君游

石门子，原本为一座山，不知何时，此山中间如被大刀切开一般，成了两座山，山间距约十丈，恰如石门。中间原有一深潭，右侧有一巨石与岩壁形成缝隙，宽仅四尺余，砌有石梯可容人上下通过，别无他途。每遇山洪暴发，石缝即成泄洪通道。洪水形成飞流瀑布，直冲深潭，水花飞溅，水雾弥漫，轰隆之声不绝于耳，令人胆战心惊。

相传，当地居民在此地看见有水桶粗的大蛇，向着两山的缝隙爬去，在深潭中逗留了一段时间。又相传，有当地的居民看见深潭中有一只肥猪被铁链锁在潭中，最后不知去向。

鹰嘴未啄飞禽鸟

鹰嘴岩，山势险峻，一块岩石悬挂在山尖右侧，远看犹如山鹰尖尖的嘴。每年春夏，山岩上有很多从南方飞来的岩燕在那里筑巢繁殖。老鹰素来以小鸡、小鸟为食，但是在此并没有伤害其他的小鸡、小鸟，而是安静地待在此地，凝视群山，故曰："鹰嘴未啄飞禽鸟。"

狮子不玩等猿猴

狮子岩，看起来像一只雄伟的狮子盘踞于此。狮子岩位于 H 村三社。它东边是高洪村，南线绵绵青山经暴溪河连接到青龙峡。北与岚天长安接壤。狮子岩岩壁呈灰黄色（酷似狮子），十分陡峭，无人可以攀缘。岩上边有茂密的森林，岩下不远处有农户居住，地里种着苞谷等农作物。狮子岩是野生动物野猪、麻羊子出入之所。尤其是青龙峡的猕猴，夏秋常迁徙至此，在岩上居住攀缘嬉戏，到岩下寻找食物，因而得名。

映红与天同日月

映红山，为 H 村后山，是 H 乡最高的山峰，海拔约 1 400 米。山高而险，直入云霄，故而有"映红与天同日月"的说法。据传，古时，赖沃老大于此修成真龙，从此此山便被奉为神山。

明末，"八大王"张献忠"洗"四川，闻此山神奇，便踞山扎寨数里，人称"映红寨"。献忠军暴戾，时常下山扰民抢粮，夺妻霸女，百姓恨之入骨。明将左良玉率兵进剿，因山高路险，火炮不能及，只得无功而返。献忠军更是张狂，山上砍林伐木，山下烧杀劫掠，扰得鸡犬不宁。平戎村民祈告上天，惊动神龙，神龙决定下界除害。一个暑天正午，日头正烈，献忠军均回营休息。神龙见时机已到，遂口含太阳烈焰狂喷而下。烈焰点燃献忠军营寨，片刻间，一切俱成灰烬，而火光映红数十里，"映红山"由此而得名。此后百余年间，白莲教教徒抑或山贼流寇，凡做亏心事者无不绕道而走，H 村百姓因此受益，而映红神山更是威名远播。

站在山脚下，仰望山峰，山是那样的挺拔，是那样的壮观。人们可以明显地看到山上的树木和其他地方的颜色不一样。到达山顶，站在山上，似乎伸出手就能摸到蓝天白云。看向四周，高高低低的山峰绵延不断，俯瞰群山就是这样的吧！瞭望远方，你会看到对面的一条山脉好像已经和天空连接在一起，白白的云沿着山脉延伸出去，清新的绿色和纯净的白色组合在一起是那么的舒适。

另外，站在映红岭上，人们能够清晰地看到映红寨的全景。这不禁让人感叹，这都是大自然的鬼斧神工！

红岩返光照斗牛

红岩湾到了傍晚时，会出现反光的现象，反射出来的光烧透了映红山，美丽霞光照射到与之遥遥相对的红岩湾，原本白色的岩体顿时变成了鲜红的颜色。红岩发出五彩斑斓的光芒照亮了映红山，照亮了牛毛头，也照亮了整个H村。

（二）文化建设与文化氛围营造

当城市文化已成为主流文化，都市生活已成为年轻人追求的生活方式时，农村文化却在日益衰落，很多农村青壮年都会选择去城市里生活。很明显的一个问题就是劳动力的缺失，这也就导致了中国农村普遍都比较贫穷。随之而来还存在一个比较明显的问题，那就是农村精神文化生活匮乏，H村就是一个典型的例子。闲暇时，人们基本上都是在看电视、打麻将或串门。社会工作者经过调查分析得出导致这种现象的原因有如下几个：第一，村里虽然有个公共图书馆，但是能识字的老年人、妇女不多，而识字村民多数长期离家；第二，社区缺乏擅长文娱活动的人才，不能开展相应社区活动，不能满足居民对精神文化活动的需求；第三，妇女主任负责整个社区的文化活动，但她常常忙于其他社区事务，没有固定时间以及固定方式开展活动。

为丰富社区文化生活，社会工作者挖掘 H 乡文化资源，组织村中的“文化人”，以“心时代”老年学堂为传播新思想、新文化、新活动的基地，教村民学习唱歌、跳舞、乐器，丰富村民日常娱乐生活；同时，培育 H 村文化组织，搭建文化平台，通过开展不同类型的乡村文化主题活动，如元旦联欢活动、“乡坝情”物物交换跳蚤市场、五一国际劳动节等大型社区文艺汇演，有效地盘活社区现有资源，促进邻里关系的和谐发展，营造了文明、和谐、包容的乡村文化氛围。

三、公共参与：公共空间营造与公共事务参与

（一）公共空间营造

社区公共空间是美好城市生活中不可或缺的组成部分。就每个人而言，社区公共空间是使居民自然而然产生行为交集，并因共同的行为而产生情感联系与共生关系的空间媒介。就农村社区而言，公共空间是社区和谐生态的培育载体。老年学堂和社会工作者一起盘活村中荒废的场地，建立了创演文化基地，作为农民平时休闲娱乐和唱歌跳舞的活动空间，同时也为旅游增添了一道亮丽的风景线；大家一起行动，将老年学堂成员刘某家废弃的房屋建成老年活动中心；发动村民为高山贫困老人建立垃圾处理池，向他们宣传环境卫生改造和垃圾分类知识等。

（二）公共事务参与

大家一起讨论并重新定义了老年学堂今后的发展目标：一是满足学员

的日常需求(学习唱歌、下棋、跳舞，讲故事，学政策)；二是丰富居民的娱乐文化生活，提供社区服务(节假日活动、社区公共事业服务，如慰问高山贫困老人、协助扶贫政策宣传等)；三是承接商业演出，开展有一定经济效益的文艺演出。围绕这些目标，学堂一直在不断地吸纳村里有才能、有想法的村民加入，同时邀请有演出经验的老师教大家学唱山歌，创作出能代表 H 村“心时代”老年学堂风貌的歌曲等。

本 章 小 结

面对贫困农村的现实处境，我们开始反思传统的需求和问题视角的弊端。当我们以问题视角看待贫困农村时，便会看不到其内部的力量，在大量扶贫资源输入的过程中，扶贫帮扶演变成一种单向输入，即服务对象的主体性没有得到尊重和赋权，那么这种结果最终演变为一种深深的“无力感”，无法引发根本性和深刻性的社区变革，进而也无法回应社区和居民的需求，造成社区内生系统仍然是失灵的。

资产为本的发展模式，为我们提供了一个可能的切入点。从老年群体资产辨识入手，从老年互助小组到社区再造，我们学会了如何运用资产视角，发掘个体资产和社区资产，建立社区关系网络，培育社区自组织。我们通过组织培育来发动社区成员，激活社区内部系统，重拾服务对象的主体性，促进社区参与，保育与重构社区互助关系，培育社区力量，预防和解决社区问题，促成其与外部系统力量的耦合，进而助力贫困社区治理和脱贫攻坚工作。

第九章　妇女赋权：贫困地区妇女自组织培育和发展

贫困是一个世界性的社会难题，我国长期致力于消除贫困的工作。在农村群体中，妇女仍然是被贫困困扰的主要人群，同时也是权力缺失的一个群体。因此，在扶贫工作中，妇女应受到更多的关注，尤其是当前脱贫攻坚阶段倡导"造血式"扶贫的背景下，如何为妇女赋权，发挥妇女主体性作用，帮助其提升能力，最终实现自我脱贫，显得至关重要。本章以重庆市政府购买城口县某乡反贫困社会工作服务项目为依托，研究赋权理论下，社会工作者怎样通过孵化贫困农村妇女社区自组织，促进当地女性事业的发展。总体而言，该女性社区自组织的培育是通过以下途径实现的：开展兴趣类的手工教学，筛选社区女性骨干；建立妇女手工坊，并通过多个过程的发展，最后实现该社区自组织以自我服务为目标到服务社区为特色的转变，由此赋权妇女，促进其增加经济收入、提升在家庭中的地位和参与社区公共事务。

第一节　贫困地区妇女的无权化现象分析

近些年来，我国农村产生了大量剩余劳动力。社会经济的飞速发展和城市对于劳动力的需求，吸引了大量农村人口逐渐向城市进行暂时性迁移。由于传统的“男主外，女主内”的性别角色分工和尚不具备举家迁移的条件，大部分农村尤其是贫困农村地区的家庭选择了丈夫外出务工、妻子留在老家照顾老人和孩子的生活方式，因此出现了大量的农村留守妇女。从当前农村现状来看，留守妇女虽然在赡养老人、照顾子女和农业生产等方面发挥了重要作用，但妇女劳动产生的价值没有得到相应的认可，妇女自身的存在感和自我效能感也比较低。此外，农村妇女的活动领域主要集中在家庭这个私领域当中，对于社区事务管理等公领域的活动参与非常少。如何让妇女自身和社会认识到妇女做出的贡献，并且带动妇女走出私领域，走向公领域，尤其是从参与机制、参与途径等方面促进妇女平等参与、推动农村性别平等，是亟待解决的问题。

一、妇女赋权背后的理论思维

赋权的英文是 empowerment，有的地方翻译为“增能”“增权”“使……有权力”等，目前使用比较多的译法为“赋权”。赋权的概念最初源于美国学者所罗门出版的《黑人增权：受压迫社区中的社会工作》一书。该书提出了对非洲裔黑人——被歧视的少数社群——的赋权工作。[1] 经过几十年的发

① 张李玺. 妇女社会工作[M]. 北京：高等教育出版社，2008：121.

展，如今，赋权理论已经被广泛地应用到社会工作的各个领域尤其是和女性相关的领域中，赋权成了指导妇女社会工作实践的重要理论依据。

（一）权力、无权与赋权

无权即服务对象权力的不足或缺失。关于如何定义权力，陈树强教授曾经提出，人现在所具有的一些能力都是权力，包括自己现在所具有的一些有形的物质方面的资源，无形的影响别人主观感觉、实际行动的能力，以及决定资源在家庭、社会等体系里怎么分配的能力等。同时，这种能力不仅体现为一种客观的存在，也体现为个人的主观感觉，即自身的权力感。① 当然，上述状况（包括客观权力和主观权力感）的缺失即无权，当人们长期处于资源或能力缺失状态时，会将无权的现状内化，形成无力感，进而指责和贬低自己，并接受这种现状。因此，部分学者认为，赋权是帮助人们提升自尊和增强自身的社会参与能力。当然，权力是存在于社会关系中的，故赋权是要改变社会结构带来的某些阶级、性别、年龄等在权力上的主宰，鼓励无权的人们理解结构的压迫，即号召社会结构、社会制度的改变。② 另一部分学者赋予“赋权”这一概念更为清晰的层次，包括个人、人际和政治三个方面。个人方面的赋权即为增加个人主观的权力感，人际方面的赋权包括使个体能够有影响其他个体或团体的本领，政治方面的赋权强调在社会系统层面的一种行动和对整个社会的转变。③

（二）妇女赋权的目标与策略

妇女赋权的最终目标是通过有关服务，让妇女在参与活动过程中能够

① 陈树强．增权：社会工作理论与实践的新视角[J]．社会观察，2004(1)．
② 张李玺．妇女社会工作[M]．北京：高等教育出版社，2008：122．
③ 陈树强．增权：社会工作理论与实践的新视角[J]．社会观察，2004(1)．

认识到自身的真实处境，引发她们对当前情况形成原因的思考，并采取合理行动改变现状。具体而言，妇女赋权的目标是从个人层面、人际层面、环境层面让妇女能够掌握生活空间并具有发展的动力，目标包括：第一，意识提升，即形成妇女的集体意识和关于妇女受歧视、权力缺乏的社会意识；第二，增强妇女的发展技能，尤其是计划、决策、组织和沟通交流能力；第三，能够参加并增强其在家庭当中、社区当中、社会当中的支配与决定的能力；第四，由行动而得到两性间的更多平等。①

基于赋权视角的社会工作介入策略主要是对个人和环境的双重关注：个人层面，通过教育等方式引起妇女的意识觉醒；环境层面，通过集体行动改变有关制度，改进资源分配方式。“组织是通向政治权力之路”②，故社会工作者在进驻贫困地区之后，从建立社区妇女自组织入手，致力于改变妇女个人和周围环境，最终实现意识提升、发展技能、行动和参与的赋权目标，促进妇女技能的发展。

二、贫困地区妇女无权化现象分析

（一）贫困地区妇女基本情况描述

以城口县J乡为例，该乡地处大巴山南麓，位于重庆市城口县南部，距离县城近80公里，是重庆市18个深度贫困乡镇之一。全乡人口中，绝大部分青壮年男性外出务工，留守妇女大多处于贫困状态，主要分为两类：一类是未搬迁至场镇的有耕地的贫困妇女；另一类是居住在场镇以家庭生活为主

① 张李玺. 妇女社会工作[M]. 北京：高等教育出版社，2008：124.

② 塞缪尔·亨廷顿. 变化社会中的政治秩序[M]. 王冠华，等译. 北京：生活·读书·新知三联书店，1989：427.

的留守妇女。未搬迁的贫困妇女在家里不仅承担着子女教育、老人赡养方面的责任，还在农业生产方面发挥着重要作用，平时以务农、养殖为主，生活较忙，空闲时间少，多为一个人居住，较为孤单，缺乏社会交往。她们在生活中扮演多重角色，负担较重，有严重的心理压力，对于子女教育、家庭收入等问题较为担忧，休闲娱乐机会不多。社会工作者开展需求调查时，村中绝大部分的妇女仍在田间从事辛苦的农业劳动，为了尽可能减少调查给妇女带来的不便，数据收集不得不在田间地头进行，或妇女一边劳动一边回答社会工作者的问题，或社会工作者趁她们在地里暂时休息时开始访谈。采用这种“因地制宜”“因陋就简”的调查方式，妇女感受到了社会工作者的尊重和同理心，访谈内容非常深入，社会工作者也和妇女建立了良好的关系，这为后期妇女组织的建立打下了基础。

住在场镇的贫困妇女基本上不从事种植、养殖工作，以料理家庭琐事为主，自身收入来源少，空余时间较多，但该群体对自身的价值感和认同感较低，自身发展动力不足。部分家庭妇女对政策依赖较强，生活态度消极，存在“当一天和尚撞一天钟”的想法。社会工作者在沟通中也发现，她们比较安于现状，对美好生活持有很大期待，但对自己努力的方向较为模糊，甚至不愿意付诸行动。

（二）贫困地区妇女无权化的表现

无论是居住在高山上从事农业生产的妇女，还是居住在场镇上的妇女，都存在无权化现象，主要体现在个人、家庭、人际关系和社区参与等层面。

1. 个体层面：改善自身生活状况的能力缺乏。

权力，在社会工作领域是指一种能力，具有权力的个体能在社会中获得应得的资源，并且能够掌控自己生活的空间。① 当前，J 乡的妇女无疑是权力的缺乏者。从个体层面来看，妇女的无权化主要表现在缺乏改善自身现状的能力，主要表现在如下几个方面：

一是提高经济收入的能力不足。当前 J 乡高山妇女的收入主要源于种地、养殖等农业生产，劳动强度大但回报率低；场镇妇女少部分开了杂货店，绝大部分没有自己获取收入的途径，日常生活主要依靠丈夫的收入来维持。我们从两个方面来分析造成妇女经济收入缺乏的原因。

一方面，妇女自身的学历、技能不足。J 乡妇女学历水平较低，少部分拥有相对较高学历（如高中、中专等）的妇女都选择了外出务工或外嫁，故目前留在乡里的基本上是中老年妇女，最高学历为初中，且绝大部分只上过小学或从未上过学。此外，由于环境条件的限制，妇女们没有接受过有关技能培训，基本上没有一技之长，除了传统的洗衣做饭、浆洗缝补等家务劳动外，妇女们比较擅长的技能就是种地。学历层次和技能水平直接影响妇女能否有效提高自身收入水平。在被问及相关技能和学历等问题时，妇女们均表现出无奈，她们会说："我晓得现在政策好得很，但是你要问我有啥子政策，我都不晓得。""我连我的名字都写不来（不会写），哪里还认得其他啥子政策文件。""我们这种人恼火（麻烦）得很，没读过几天书，字认不到几个，也没得啥子手艺，除了种地还能干啥子，出去打工都没人要你。"

另一方面，农村的客观经济条件也未能给妇女经济收入的增加提供良好的条件。J 乡属于重庆市 18 个深度贫困乡镇之一，乡中只有一个小型茶

① 全国社会工作职业水平考试教材编写组. 社会工作综合能力[M]. 北京：中国社会出版社，2019：112.

叶加工厂，缺乏经济支柱，很难给留守妇女提供工作岗位。J乡地处偏远，经济发展落后，外来人口少，绝大部分居民自给自足，故存在农产品销售渠道单一、杂货店客流量不足等问题。客观的经济环境也限制了妇女增加经济收入的能力。

二是获得所需资源的途径欠缺。从获取自身所需资源的维度来看，所需资源的缺乏就是无权的一种表现。① J乡妇女的无权不仅表现为资源的缺乏，而且表现为获取所需资源的途径欠缺。有的贫困妇女计划学习养殖业，却没有学习有关技能的途径；有的妇女符合有关贫困政策的扶持标准，却因为对政策一无所知而错过申报时间；有的妇女患重大疾病，却无法享受到相应的医疗救助。J乡被列为精准扶贫的重点对象，来此扶贫的队伍较多，各方的投入丰厚，资源类别多样，基本上可以满足当地的脱贫需求，但资源获取途径的欠缺却让妇女成为资源享受的边缘者。究其原因，主要可以概括为以下两点：

资源的传播途径比较单一。社会工作者了解到，当前各方资源进入乡村，首先与当地乡镇政府有关部门进行对接，然后以村委会为载体，进行资源宣传。比如在产业发展技术培训方面，J乡很重视产业发展，来乡里进行农业种植技术传授的人员也是一批接着一批，但绝大部分妇女仍然沿袭传统的农耕模式，并没有将新型的种植技术运用到农业生产中。培训通知主要通过公告张贴、村委会通知等方式，妇女们往往接收不到信息。也有一部分妇女参与了相关培训，但感觉收获不大。社会工作者也参加过几次政策宣传、技能培训，一般在村委会或者乡镇政府会议室进行。培训者坐在台上

① 陈树强. 增权：社会工作理论与实践的新视角[J]. 社会观察，2004(1).

讲，村民在台下听，绝大部分的讲解非常专业，甚至有些晦涩，这对于文化程度较低的农村妇女无疑是巨大挑战。一场培训下来，妇女们的收获不多，这也挫伤了妇女参与培训的积极性。

正式资源的获取程序相对烦琐。目前看来，针对贫困乡村制定和实施的与社会救助相关的法规政策非常多，社会工作者了解到的 J 乡相关政策涵盖村容村貌建设、公共文化、交通、教育、金融、就业创业、林业、农村电子商务、社会保障、特色效益农业、深度贫困户扶贫搬迁、贫困村整村脱贫、卫生计生、乡村旅游、饮水安全等方面。虽然政策覆盖比较全面，但真正开始申请时，妇女往往会面临困难，比如对政策一知半解的妇女需要进一步筛选和识别自己符合哪些条件，目不识丁的妇女需要写申请并签字，从来没有和有关部门接触过的妇女需要层层递交材料等。烦琐的程序阻碍了妇女获取正式资源，很多妇女在申请过程中因反复"碰壁"而不得不放弃。

三是"习得性无助"的无力感被反复强化。无权实际上是一种不断内化的进程。当弱小的个体对损害自身的周围的社会系统有无权感的时候，个体就会把这种感觉进行内化并开始认定自己是无力反抗的、当前的状况是难以改变的。① 这类似于心理学上的"习得性无助"现象，即因为多次不成功或遭受处罚而产生对现状听之任之的想法，是在学习过程中逐渐产生的对现实的无希望和无计可施的行为上和心理上的状况。调查中发现，场镇上主要从事家务劳动的妇女存在安于现状、得过且过的消极想法，这种想法的根源在于长期以来的环境引起的习得性无助。比如，"以前我也出门打过工，老板都嫌弃我们这个年龄的。我家里的人都说，干脆不要出去了，挣不

① 陈树强. 增权：社会工作理论与实践的新视角[J]. 社会观察，2004(1).

了几个钱。”“我们这种人能干些啥子，啥子都干不来，也认不了几个字，之前乡里也有啥子技能培训，但是我笨得很，学不会。”

为了摆脱贫困，她们也曾经做过一系列努力，比如寻找增加经济收入的途径，努力学习新技能等，但最终妇女对自己、对生活的态度既消极又无奈。这种态度主要源于前期在和周围环境互动中产生的负向经验，比如妇女出门打工，因为年龄而被歧视，又受到家里人的负面评价，所以逐渐认为自己无法摆脱现状。同时，这种思维在一次次的生活事件（比如学习新技能比较慢）中被反复强化，进而产生习得性无助的心理，开始接受当前的生活状况，并有“破罐子破摔”的想法。

2. 家庭层面：对家庭的贡献被忽略。

一是妇女的劳动价值被低估。当前居住在J乡的妇女中，一部分仍然从事农业生产，另一部分放弃农业生产，或全职照顾家庭，或开小商店获得经济收入。但无论是哪种形式，妇女的劳动价值都处于被低估的状态，这种状态主要反映在家庭成员对妇女的评价和妇女对其自身的看法上。

居住在高山上的妇女基本上都从事农业生产。当地盛产洋芋，高山小洋芋在当地乃至重庆都非常有名，居民也将洋芋作为主要食物来源之一。从种菜种洋芋到从事养猪养鸡等养殖业，她们结合自身实际情况各尽所能，劳动强度大小不等。绝大部分村子都从事多种农业劳动，既种了很多地，也养了很多牲口。然而，大量的农业劳动却没有给妇女带来相应的回报，因为农业生产产生的经济效益非常低，粮食绝大部分自产自销，所以不能换成看得见的金钱，养牲畜虽然收入可观，但她们所养的牲畜数量不多。另外，当地的生产条件比较落后，产量不高、没有包装意识、交通不便等因素导致农产品销售渠道有限、价格低廉，这也降低了农产品本身的经济价值。在经济收入作为衡量家庭贡献的重要指标的背景下，妇女的劳动价值被大大低估。她们自身也对自己的贡献认可度不高，“我一天也没整个啥子名堂，一年到头赚不来几个钱”。

无论是否从事农业生产，她们都有必须做的工作——家务劳动。居住在场镇上看似“无所事事”的妇女其实承担了照顾老人和小孩等重大责任。然而，家务劳动的价值却一直不被认可，不少人都认为她们“没什么事干”“太闲”“很享福”。她们对这种观念也很认同甚至内化，有的妇女甚至贬低自己的劳动付出，认为自己“什么都没有做”“太懒”。杜荣芳认为，受传统社会性别规范的局限，家庭劳动往往被视作家庭的私事，所以妇女肩负着的家庭劳动产生的经济效益、社会产出没有得到应有的社会承认和回报，甚至很可能会因为难以评估其现在具有的交换价值从而不承认其产生的价值。①

二是对家庭重大事务的决策权缺乏。家庭事务的决策权可以被划分为家庭重大事务决策权和一般(日常)事务决策权，因而在家庭事务尤其是重大事务上是否具有决策权的重要体现。结合有关学者的研究，社会工作者将家庭重大事务具体化为子女教育、置办房产、投资、家庭大型开支等指标。调查发现，J 乡妇女虽然在家庭日常事务(比如买什么衣服、购置什么生活用品等)上有较高的自主权，但对家庭重大事务的决策权较缺乏，家庭中呈现“小事女性做主，大事男性做主”的状态。

当被问及这种分工的具体原因时，绝大部分留守妇女表示，“丈夫是一

① 杜荣芳.从社会性别视角看农村“留守妻子”现象[J].农村经济,2007(6).

家之主”，“很多事情我都不懂，不知道该怎么办”，“他（丈夫）常年在外面跑，见识比我多”。由此看出，“男主外、女主内”的传统性别分工让女性丧失了家庭重大决策的自主权，妇女对自己的生活仍然不能有太多的控制和掌握。

3. 人际关系层面：社会支持网络薄弱。

林南提出，社会支持是由所在社区、身处的社会网络以及关系较为亲密的伙伴给予的、感受到的和现实中的表达性支持与工具性支持。其中，表达性支持包含了心理方面、情绪方面、自尊自信方面、个人情感方面、认可方面等相关的支持，工具性支持包含了围绕着协助、指导以及解决问题等开展的有形的支持性行为。[①] 另外，从社会支持的来源看，它又可以被分为由政府和非政府组织为主要导向的正式支持、由个体自身的网络提供的非社会支持。J 乡妇女绝大部分处于丈夫不在家的留守状态，她们的社会支持网络非常薄弱，具体表现为如下方面：

一是社会支持网络规模小，正式支持缺乏。依据社会支持理论，个人所拥有的资源包括个人资源和社会资源。社会资源主要是指个人社会网络中的广度和能提供支持的深度。个体当前所具有的关系网越密集，社会支援力量越强大，拥有的资源越多，便越能较好地应对各种困境。[②]调查发现，J 乡妇女的社会支持网络规模比较小。绝大部分社会支持来源于家属和血缘关系较近的亲戚。社会支持者的数量与家庭成员的数量成正比，即家庭成员较多的妇女获得的社会支持也相对较多，而当前随着家庭的小型化，妇女可

① 全国社会工作职业水平考试教材编写组. 社会工作综合能力[M]. 北京：中国社会出版社，2019：112.
② 同上。

获得社会支持的数量也相应减少。

造成这种现象的原因是多方面的。首先，中国农村仍然以血缘和地缘关系为基础，延续着有事自己解决或者向家属、亲戚求助这一惯性思维，故面对困难，农村妇女没有获取正式支持的意识。其次，从社会现状来看，当前对农村妇女的关注较少，尤其是没有评上“建卡贫困户”和“低保户”等家庭的妇女，导致她们即使想向官方求助，也难以获得帮助。访谈中，很多留守妇女表示，“我们又不是贫困户，哪个来关心你哟”。另外，被官方认可的“贫困妇女”群体也不会主动求助，除了享受一般的政策补贴外，绝大部分困难几乎自己解决，这主要源于妇女自身的社会交往面狭窄和亲戚支持的无能为力。比如：“我平时也不出门，没去过谁家里耍，没啥朋友，哪个能来帮你？”“小事可能还能帮一下，遇到大事，大家都不富裕，各自都有一个家，谁有能力帮你？”

二是表达性支持多，工具性支持少。表达性支持主要是提供心理支持、情绪和情感支持等，工具性支持主要是提供实际行动。访谈时我们发现，当留守妇女遭遇困难而求助时，她们获得的表达性支持较多，比如家庭成员给予安慰，亲戚对其劝解等，但工具性支持比较少，最终问题的实际解决还需要依靠妇女自身。

这取决于妇女本身的“留守”性质。“留守”意味着妇女是现在家庭的顶梁柱：家里其他人（如老人和孩子）有困难可以找自己，但自己有困难时其他人却帮不上忙，只能提供安慰和劝解。另外，正式支持的缺失让留守妇女没有获得工具性支持的正规渠道，故遭遇困难，除了向家属和亲戚诉苦，发泄心中的委屈和焦虑外，没有其他可以获得帮助的办法。

4. 社区参与层面：公共参与的边缘者。

与赋权紧密相关的是“参与式发展”，即让当地民众成为发展的主体，尤其让穷人和妇女等“被边缘群体”有发声的机会，让其实际参与到社区发展的决策中来，最终让该群体能够自我组织、规划决策、实施对社区事务的管理和发展。① 从现实来看，J 乡中男性是主要的公共事务（尤其是社区事务）的参与主体，女性是村庄公共事务参与的边缘者。

一是村委会妇女干部“缺位”。村委会应该是村民实现自我服务的自治组织，因而是参与社区公共事务最直接的平台。按照《中华人民共和国村民委员会组织法（2018 年修正）》，村委会成员应该由主任、副主任和委员等职位共 3～7 人组成，并且所有成员中，应当有女性成员。成为村委会成员，无疑是妇女参与社区公共事务管理的重要途径。调查中发现，J 乡各个村村委会成员有 5～7 人，但绝大部分村子的村委会成员中妇女仅 1～2 名，且处于次要的、服务者的角色，难以真正站在妇女的角度为她们争取权益、实现公共管理。

社会工作者在和村委会成员一起吃饭时观察到，妇女干部（一般是妇女主任）一般坐在桌子最边缘，且经常负责点菜、拿餐具、倒酒、盛饭等，村委会其他成员（主要是男性）对这种现象习以为常，并习惯性地享受这种状态。而被问及村中妇女群体的事务由谁决定时，妇女主任表示，自己只负责执行，具体的决策权仍掌握在村支书和村委会主任手中。“一般都是他们说了算，叫我干啥子我就干啥子。”由此可见，在作为村民代表的群众自治组织中，妇女虽然有了一席之地，却仍然没有真正在其中发声和做主的权力与机

---

① 张李玺. 妇女社会工作[M]. 北京：高等教育出版社，2008：127.

会，村委会妇女干部处于“缺位”状态。

二是村庄公共事务中，普通妇女“缺席”。村中的普通妇女很少走出家庭这个私领域，对于村中公共事务的参与处于“缺席”状态。近两年扶贫力度较大，村委会作为扶贫政策执行的最基层组织，经常召集村民（一家至少一个代表）开会进行政策宣讲。然而据村民反馈，村里开会参加者基本上都是男性，只有当男性不在家时，才会有妇女作为家庭代表参加。而作为家庭代表参会的妇女自身也处于比较被动的状态，每当要做决策时，她们都会表示，“要回去和男人商量商量”，“我做不了这个主”。当社会工作者邀请她们做决策时，她们常常表现出对自己的怀疑，认为自己什么都不懂，怕做了错误的决定。

另外，社会工作者在进驻 J 乡之初，为了密切与居民的关系，故开展了几场趣味性较强的社区活动，然而社会工作者发现，来参与活动的基本上都是女性，这和村委会开会呈现相反的状态。调查之后发现，村民认为村委会开会是“大事”、是“正事”，所以应该由男人去参加，社会工作者搞活动是“小事”、是“玩乐的事”，所以应该由女人去参加。这样看来，普通女性对农村社区公共事务的参与度不高。

三、赋权视角下妇女发展的实践策略

赋权妇女是一个过程，而不是一个可以给予的东西，即应该通过主动性的自立自强来实现。从个人层面来看，赋权应使妇女获得各种资源，有机会参与各种技能培训，改变身份认同和自我意识，随后能将这种意识外化为实际的行动，平等地参与家庭决策。从社区层面来看，赋权使妇女能够参与村庄事务决策和管理。[①] 摩塞提出，妇女赋权，应该认识到妇女在生产、再生产和社区管理中的多重角色，并且通过自下而上的妇女组织，增强女性群体的意识，进而协助其对自身的从属地位提出挑战。[②]

而赋权的过程既可以从个体层面开展，也可以从集体层面进行。通过团体的参与，妇女可以团结起来，使自己的思想和行动力得到持续的提升。组织化参与是较为有效的利益表达和参与路径，也是改变妇女无权化现状、实现妇女赋权的有效途径。社会工作团队深入贫困一线开展扶贫工作，在充分了解本地妇女需求的基础上，探索社会工作如何通过赋权，协助建立农村妇女自组织，充分发挥妇女的积极性和主观能动性，借助妇女组织实现其在社区公共事务方面的参与，进而实现妇女发展。鉴于此，结合赋权理论和城口县 J 乡当地的实际情况，我们将赋权视角下贫困地区妇女组织建设的步骤总结如下：第一，识别当地妇女无权化的现状及其成因；第二，从个体到群体动员妇女参与并逐步达到团体化建设；第三，通过集体赋权完成妇女团体向妇女组织的转变；第四，通过生计脱贫、自我服务和服务社区来实现妇女组织的发展与转型。在此过程中，社会工作团队紧紧围绕赋权理论，将妇女看成有权力和才能的，而非仅仅将其当成被动的资源接受者，并促进妇女自身的觉醒。同时致力于通过妇女组织的建设，给当事人创造一个主动做事的环境。

---

① 高涛. 通过妇女赋权带动村民参与推动村庄治理的研究[D]. 天津：天津师范大学，2016.

② 卡罗琳·摩塞. 第三世界中的社会性别计划：满足实用性和战略性社会性别需要[M]// 王政，杜芳琴，译. 社会性别研究选译. 北京：生活·读书·新知三联书店，1998：89.

第二节 城口县妇女自组织培育与孵化

基于J乡妇女无权化的现状，社会工作团队进入该乡，开展扶贫济困社会工作服务，尤其关注该乡妇女的发展，实现妇女赋权。“组织是通向政治权力之路”①，有组织的集体参与是实现有作用的权益抒发和参与的有效路径。故社会工作者采取建立社区妇女自组织的形式，提高其思想认识水平。在自组织的培育与孵化中，社会工作者主要采用从个体到群体、从短期到长期的循序渐进的思路，最终使得社区妇女自组织成为增加妇女经济收入、关注妇女发展、实现妇女参与的平台。

一、从个体动员到群体赋权

社区自组织的成立并非易事，尤其是在妇女基本上不参与村庄公共事务，并习惯性处于从属地位的J乡。社会工作团队在社区自组织成立前期入户走访，在做好需求调查的同时先对妇女个体进行动员和宣传。

（一）动员积极个体，凝聚社区妇女群体

1. 入户宣传动员，发展积极分子。

社会工作者开展服务的前提是建立联系，前期虽然已经开展了一部分服务，但绝大部分针对儿童和老年人，与留守妇女的接触并不多，她们对社会工作者还不太了解。考虑到“外来的闯入者”总是会遭到居民的排斥和怀

① 塞缪尔·亨廷顿.变化社会中的政治秩序[M].王冠华，等译.北京：生活·读书·新知三联书店，1989：427.

疑，故社会工作者在计划孵化妇女社区自组织之初便开始入户宣传动员，深入了解J乡妇女的具体情况和需求，并与她们建立专业关系。

调研中发现，该乡农村妇女在物质生活日益提高的同时也在追求着更深层次的精神追求。由于承担着照顾家庭和子女的任务，所以农村妇女在精神需求方面不能得到较好满足。长期以来她们忙于家务，缺少放松自己的机会，没有一个可供她们进行交流、互相倾诉的平台。入户宣传动员坚定了社会工作者计划建立妇女自组织的决心。

社会工作者发现，J乡妇女心灵手巧，绝大部分会做鞋垫、绣十字绣等。同时部分场镇妇女日常生活相对轻松，平时主要以带孩子、做家务为主，空余时间较多，故社会工作者重点动员场镇上有时间、有热情的女士参加手工培训，以发展妇女中的积极分子。动员过程中发现，虽然许多人对活动很感兴趣，但仍然表现出犹豫和不自信。留守妇女长期被限制在家庭这个私领域而从未走向公领域，因而她们不自信，担心自己做不好。故社会工作者采用倾听等技巧，充分理解妇女的感受，发掘妇女的优势，同时向她们详细解释自己的工作和动员大家参与活动的目的。最终，社会工作者挨家挨户地进行宣传动员，二十几名女士参加了第一次手工培训。

项目主管说："我记得第一次活动时她们还是很犹豫，好几个人都是看着别人来了才跟着来，最开始时都站在旁边看。对于这种情况，我们也予以理解，毕竟她们也是第一次，都会有压力。我们就鼓励她们。对于那些实在暂时不想参与的，我们就让她们在旁边观看，想加入的话随时可以加入。后来有二十多人陆陆续续地加入，一起做活动了。"

2. 开展丝网花教学，带动妇女参与。

丝网花是一种材料易得、简单易学但具有艺术价值的手工艺品。丝网花制作成本较低，经过老师教授、向书本学习以及自己创新，参加培训人员都可以制作出新奇花样，丝网花成为许多家庭主妇的新宠。因此，社会工作者结合专业服务理念与专业服务技巧，为J乡妇女启动丝网花培训系列服务，贴近她们的兴趣，培育支持性小组，可以帮助妇女在手工艺术活动中实现自我增能。

活动最初以小组的形式开展，由社会工作团队协助当地留守妇女成立妇女手工小组，旨在从兴趣培养入手，通过组织培育与发展，最后成为互助性和生计性相结合的社区社会组织。在小组组建前期，社会工作团队通过大规模的妇女需求调查和评估，结合当地妇女的实际生活情况，积极动员她们参与丝网花制作的手工艺培训活动，研习一项新本领，提高自己的生活品质。

几次小组活动后，部分人员考虑到家庭照料、兴趣等方面因素不再参与，其他人员成为稳定的小组成员。结合组员的现实情况，小组形成内部约定，每周固定时间开展一次丝网花学习。

丝网花学习小组的成立，对社区妇女而言有着重大意义：一方面，给了留守妇女发挥自身优势、学习新技能的机会；另一方面，她们通过小组成员的交流和熟悉，拓宽了人际交往的渠道，逐渐尝试走出家庭，改变自己原本封闭的环境。同时，小组成员具有较强的同质性，彼此更能关怀和理解，这也充分发挥了小组成员互相支持的作用。当被问及参与丝网花小组的感受时，大家表示既新鲜又喜欢。比如："我觉得挺好的，出来做做花，和大家摆摆龙门阵（聊天），比在家有意义多了。""以前就一个人在家闷着，很无聊，现在能跟大家聊天儿，挺好的。"

（二）培养骨干力量，进行群体赋权

1. 筛选妇女骨干，组建小组核心力量。

社会工作团队采取筛选的方式，经过一系列小组参与观察以及后期访谈，最后成功挖掘了几名本地妇女骨干成员，形成了小组的核心力量。

一方面，骨干成员可以积极协助社会工作团队，促进本土社区组织的建立，增强居民对社区的融入感；另一方面，骨干成员承担着小组发展的责任，通过骨干成员自身资源和努力，共同发挥手工学习小组的互助作用，建设成一支具有本土特色的村民互助的手工教学社区组织。

骨干成员也成为社会工作者进行个体赋权的第一批妇女。在充分调动其主观能动性，改变“我不行、我做不好”的传统观念的同时，社会工作团队注重增强骨干对小组的责任感和价值感。

社会工作者问：“当你被选为骨干的时候，是什么心情？”

某骨干成员答：“这个嘛，还是有点儿高兴的，但是我觉得自己可能没那么多时间，个人能力很有限，觉得自己还是不行。但是，考虑到大家都信任我，而且你们也一直在鼓励我，我还是试一下吧。”

社会工作者问：“成为骨干也有一段时间了，你觉得参加这个妇女组织是不是给你带来了影响？”

某骨干成员答：“肯定是有影响哟，我觉得自己就是比较积极的那一类，既然选我成为骨干，我就要认认真真、踏踏实实地干。这段时间不说干得很好吧，至少我个人认为还是不撇（不差）。以前我只是在家里带娃儿，也没有想到过能做些啥子。现在参加这个小组，我觉得自己还是有用的，至少能做丝网花，还被推选为骨干，心里还是很高兴的。”

赋权理论认为，要给服务对象权力，就要为服务对象营造出能够让其主动做事的环境，增加相应的资源供给，并创造实现的机会。同时，赋权理论强调服务对象主观方面的能动性和自身潜力，当事人应当被看作一个有足够能力、有价值的个人。① 妇女骨干的筛选和培养就是强调妇女主观能动性的方式，通过赋予其一定的角色、给予相应的工作任务来创造一个让其主动做事的环境，给妇女创造发挥能力的机会。从妇女的参与度和改变的情况来看，社会工作团队对骨干成员的赋权效果良好。

2. 发挥妇女优势，进行群体赋权。

在妇女手工小组组建的当月，就已经成功开展了3次集体培训和3次骨干成员培训活动。前期主要的技能培训是丝网花的学习制作，从兴趣入手，丰富了这批学员的日常生活；后期开展其他手工技能培训，比如手编鞋、串珠等，既能培养动手能力，又能增加经济效益。

手工学习初期，面对新的技能学习，许多学员都表现出畏难情绪，一遇困难便唉声叹气，有的学员常常否定自己的能力和优势，呈现低自尊感、"无力感"的状态。根据所罗门的观点，造成妇女"无力感"的根源有三个方面，分别是：受到长期压迫的个体或者群体本身对自己的非正向看法，受压迫者和周围环境交流过程中产生的非正向经验，社会大环境中的障碍因素让该群体不能有效实施相应的社会行动。②

社会工作者深入了解发现，妇女的这种"无力感"主要来源于长期和周围环境互动所产生的负向经验。前期她们外出找工作碰壁，自身能力被否

① 张李玺．妇女社会工作[M]．北京：高等教育出版社，2008：124．
② 全国社会工作职业水平考试教材编写组．社会工作综合能力[M]．北京：中国社会出版社，2019：112．

定，也被家属埋怨，这种与周围环境互动产生的负向经验导致妇女也对自身产生负向评价。而社会制度的不健全、对农村妇女就业保障的缺乏导致妇女难以有效地改变自身的状况。因此，这种“无力感”在妇女的思维中不断得到强化，她们在手工学习中也常常有“我什么也做不好”“我太笨、没用”等惯性思维。

赋权理论提出，赋权过程中不应该只是把女性当成资源接受者的被动角色，而是要把女性视为有权能和才能的个体，只有她们清楚地了解到自己具有的力量和潜能，才能更好地实现自身的价值。面对妇女对自身的负面评价，社会工作者积极引导妇女看到自身的优势和潜能，不断鼓励其挑战自我。同时，团队学习的形式，让具有相同经验的学员互相鼓励，彼此成为重要的支持力量。赋权的过程可以是集体性的，通过参加团队的形式使妇女组织起来，让她们萌生开展行动和实现改变的想法，从而使技能持续提升。

通过一系列教学示范和小组团体活动，既帮助一部分农村妇女掌握了丝网花制作技巧，又在小组开展活动的过程中提高了她们的自信心，增强了她们对社区的融入感，实现了妇女的群体赋权。

当然，在此过程中，社会工作者一直秉持“赋权是妇女自己主动的一种行为，而非自上而下的给予”的理念，故注重发挥妇女的主体性，通过自立自强来实现妇女赋权。

二、从短期强助推建立到长期弱观护

从当前社会发展的大背景来看，农村妇女组织化是时代发展的必然要求。党的十九大报告曾经提出，在社会治理领域的创新方面，社会治理的格局建立应该以共建共治共享为主题。社会治理是政府、民间组织、社区和个人等多方参与的过程。因此，从农村现状来看，从村庄“管理”到村庄“治理”的转变要求妇女的组织化参与，由此带来的农村从“压力型”到“民主型”的演进也促进了妇女的组织化参与①，另外，妇女手工技能学习小组在凝聚妇女群体、发掘妇女潜能方面发挥了重要作用。经过多次活动，她们对这个妇女团体有了初步的认识和感受，每周的妇女学习和交流逐渐步入常态化。小组内部有了简单的约定，她们也形成了基本的规则意识，核心成员较为固定。在社会工作者的强力推动下，妇女手工小组逐步朝着社区妇女自组织方向建设。

（一）成立手工坊，进行短期强助推

1. 加强手工技能培训，增强妇女的集体意识。

妇女骨干选拔完成之后，社会工作者对其进行丝网花教学、组织管理、人员招募等方面的培训。在常规小组活动中，社会工作者引导骨干设计、实施小组活动。经过一段时间的骨干培训和活动组织，妇女手工小组的活动时间、人员、内容基本稳定，学员们也在其中找到了参与感和价值感。此时，社会工作者进行深层次的赋权，通过引导骨干协商讨论，确定手工小组名称为心悦手工坊，喻示着妇女手工小组的成立与发展不仅给成员带来愉悦，也希望能通过小组的力量向更多人传递快乐、欢愉。

2. 引导妇女讨论小组后期的发展机制。

该机制包括心悦手工坊展示点搭建、组织内部职能分工、组织定位和如何扩大组织发展四个方面的内容。在此过程中，她们各抒己见，提出了很多建设性意见：有的提出应扩大规模，着手招募新成员；有的认为要加大宣传力度，做出产品的品牌效应。针对骨干成员，社会工作者建议明确其在手工

① 张凤华，魏红英. 村庄治理中的妇女组织化参与[J]. 社会主义研究，2014(5).

坊内部的分工，根据其实际工作能力和优势，最终分别确定为“财务总监”“技术总监”“外联总监”“宣传总监”和“艺术总监”。确认分工之后，骨干成员们在组织中更能清楚地找准自身定位，学员们对组织的归属感和融入感更强，也愿意继续为组织的发展贡献力量。由此，心悦手工坊也成为J乡妇女自愿参与、自我服务的社区自组织。

从当初第一次参加小组活动时的羞涩和胆怯，到手工坊成立后的侃侃而谈，学员们参加前后的变化十分明显。社会工作者通过资源的提供、知识和能力的培养，挖掘了妇女的潜能，让她们从生活中被动的弱者变成主动的强者。

(二) 建立微信公众平台，拓宽产品销售渠道

1. 建立微信公众平台，获取社会关注。

为了更好地促进组织发展和运营，在社会工作者的协助下，心悦手工坊在确定骨干成员之后，致力于建立心悦手工坊微信公众号，进行产品推广和宣传。鉴于她们的文化程度比较低，对电脑技术及有关技能不太熟悉，故先由社会工作者申请微信公众号，同时召集骨干成员讨论微信公众号发布的主题、内容，并解释公众号运行的目的与意义。在骨干成员们一致赞同的情况下，公众号建立以后的第一次组织活动便以新闻稿的形式进行推送，引起强烈的反响。

公众号的运行健全了组织的运营机制，更为这群身在农村、自认为与现代信息社会脱节的妇女打开了新世界的大门，平常连智能手机都不太会操作的农村妇女，对于自己有朝一日能成为一个网页的主角并被很多人关注感到难以言说的喜悦和满足。

在产品的推广上，通过与四川外国语大学社会学系实践周负责老师联

系交流，社会工作团队最终成功地将心悦手工坊的推广活动与校园实践周相结合。校园推广既能充分发挥高校学生的创新精神，为心悦手工坊加大宣传力度，又能够在现场进行产品展示售卖，为后期心悦手工坊组织的运营和市场流通创造条件。针对此次活动，社会工作团队与心悦手工坊成员积极商讨合作方案，最终在手工坊成员的共同努力下完成了本次需要展示的作品。

同时，考虑到心悦手工坊是妇女自己的社区组织，更多的事务应该交给她们自己来管理，社会工作者逐步培训一些骨干成员专门负责微信公众平台的运营和管理。赋权理论的干预目标之一是增强妇女的能力和发展技能，尤其是妇女在策划、做出决定、组织人员、管理程序、开展活动并且与周围的人和其他组织沟通交流的能力。故这一阶段的服务主要培养妇女的能力。

2. 拍摄手工产品宣传照，增加产品知名度。

J 乡拥有独特的风光，自然资源丰富，人文底蕴浓厚。在这个非常注重禅茶文化的地方，社会工作团队充分发掘本土资源，利用当地茶文化发展的优势，结合丝网花产品，为心悦手工坊的妇女骨干们拍摄了一组宣传照片，将手工艺品与茶文化相结合，既有本土文化特色，又为丝网花产品增添了更多的文化韵味。

（三）健全组织制度，开展长期弱观护

1. 设计组织架构，完善组织结构体系。

社会工作团队通过对组织现阶段发展情况的评估和讨论，与骨干成员们进行了一次以完善组织发展机制为主题的骨干茶话会。本次茶话会的主要目的是对心悦手工坊的前期组织发展情况进行讨论，提出对现有问题的解决办法以及对后期发展机制逐步完善的建议，进一步做好组织架构设计，明确骨干成员的分工，增强其对组织发展的责任意识。

社会工作者与心悦手工坊的成员们讨论了后期心悦手工坊的发展机制，包括心悦手工坊展示点搭建、组织内部职能分工、组织定位和如何扩大组织发展四个方面的内容。成员们都积极发言，结合实际情况提出自己的建议，对组织发展过程中面临的问题逐个形成了解决的方案。在进行组织内部职能分工时，大家一开始都互相谦让，后来在社会工作者的支持和鼓励下，骨干成员都顺利选择了适合自己的岗位，明确了有关工作内容。确认分工之后，大家对组织的归属感和融入感得以强化，她们也非常愿意继续为组织的发展贡献自己的力量。

在分享交流环节，心悦手工坊的成员们也在不断提升个人解决问题的能力和团队协作能力，大家对组织后期的发展信心倍增。茶话会的召开让组织成员之间的凝聚力增强，提升了组织的内生发展动力，进一步完善了组织职能，为接下来心悦手工坊从生计发展型组织转变为农村留守妇女互助综合型组织奠定了良好的基础。

2. 进行站点布置，丰富组织宣传文化。

随着心悦手工坊组织的逐步发展，加强对该组织的宣传也被提上了日程。为了进一步扩大本地居民对心悦手工坊组织的了解以及加大对手工产品的宣传力度，社会工作团队与乡镇政府进行协商，最终将J乡的图书室确定为心悦手工坊的组织宣传站点。在社会工作团队将这个消息告知心悦手工坊的成员之后，大家都感受到了社区对心悦手工坊发展的大力支持。有了各方力量的共同努力，心悦手工坊的组织发展之路才能更顺畅。

组织扶贫是一个需要前期不断积累和探索的过程，从个体帮扶到组织发展观念的转变是一个创新，也面临着许多问题。心悦手工坊的培育和发展需要社会工作者和本土居民的共同努力，一个原来为本土留守妇女提供交流倾诉的平台，已经发展成为以发掘内生动力为导向的社区社会组织，在创建美好社区方面发挥着不可替代的作用。

第三节　城口县妇女自组织的发展与转型

一、生计脱贫：增加经济收益

组织向心力的影响因素之一是组员对组织的依赖性。个人加入组织是因为组织能满足个人生理、心理、经济、政治等方面的需求，故考虑到组织的凝聚力和向心力，社会工作者从妇女最关心的问题——增加经济效益——入手，提高妇女对组织的信任度。于是在组织发展的第一阶段，妇女手工坊被定位为帮助妇女增加经济收入的生计型组织。在此过程中，社会工作者让妇女主导，进行新产品的研发和设计，同时开设心悦手工坊微信公众号，培育骨干成员进行公众号管理，以拓宽产品销售渠道。此外，心悦手工坊以妇女制作手工艺品为题材，拍摄相关宣传片，一方面增加产品知名度，另一方面充分发挥妇女在手工坊中的重要作用，提升其价值感和满足感。

在多种渠道宣传下，妇女手工坊在母亲节来临之际接到了第一笔订单——100 朵康乃馨，这是手工坊自成立以来的重大突破，也是对妇女们的重大鼓舞。之后，该组织陆续接到多笔订单，为成员增加了经济收益，为妇女脱贫做出了贡献。

此阶段可以看成经济需求赋权模式，即通过改善当地妇女的生活状况，增强其对物质资源的控制能力，从而满足经济需求，增加其经济收益。但是妇女收入的提高并不能完全减轻或者消除其他形式的不平等，其获得资源的机会增多也不会导致妇女地位根本性变化①，故组织定位向自我服务转型。

二、自我服务：提升家庭地位

要真正实现妇女发展，不能只关注妇女的"状况"层面，还需要关注妇女的"地位"层面②，故第二阶段妇女组织的发展目标是为组织内部的妇女服务，提升妇女的家庭地位。首先，社会工作团队对组织内部妇女进行社会性别意识的普及教育，帮助其认识到自己在家庭、在社会生产中的重要作用，改变她们认为自己一无是处的低自尊状态。其次，社会工作团队通过定期向乡镇政府和民政局等部门汇报、媒体宣传、项目推进会等方式，扩大妇女手工坊的影响力，提高妇女手工坊的知名度，让妇女组织得到更多的认可，当然包括妇女家里人的认可。最后，社会工作团队鼓励妇女在家中将手工艺作品、宣传照、产品收益等展示出来，以实物展示的形式让家里人看到妇女的付出和劳动成果，进而扩大其在家庭中的话语权。

一位手工坊成员说："以前在家里都是我丈夫说了算，我总觉得自己一天没干啥子，说话都没有底气。但是，这会儿我觉得还是敢和我丈夫争一下，我也是干了事情的，而且这件事情效果还不错。"

---

① 陈宇.农村妇女参与社区发展的赋权模式新探[J].经济与社会发展,2008(9).
② 同上。

另一位手工坊成员说："上回我丈夫去乡政府办事情，看到乡政府办公桌上放着我们做的丝网花，回来还跟我说：'耶，你们还有点儿厉害哟，做的花都放到乡政府去了！'感觉从那以后，他都高看我一眼，哈哈哈……"

组织内部开展性别意识推广以及进行有关组织宣传，不仅从内部更新了妇女们的传统观念，也从外部提升了妇女的家庭地位，让其感受到在妇女组织中做的事，是在别人眼中有价值、有意义的事，也是值得骄傲的事。这使妇女增强了自尊心、自信心和决断的智性能力。同时，妇女感觉到在家中说话比以前有了底气，也是家里人看到了妇女的长处、妇女家庭地位提升的表现。在新自我意识、自信和权能内化的同时，妇女也能平等参与家庭决策，平等承担家务。①

三、服务社区：参与公共事务

无论是有关研究还是项目前期调查都发现，男性一直是参与社区公共事务的主体角色，除了极少数的妇女干部，农村妇女被认为缺乏参与自信、不主动，同时家庭妇女主动在外活动被村庄里的"社区文化"视为"不应该"。② 从社区整体的角度来看，社区发展的目标是实现社区中公共空间的善治，即从"被组织"向"自组织"转变，因而让在利益上互相关联的社区居民在面对面的商量中形成共同意见，运用群体行动的方式，自助互助地完成村庄内部困难的解决，达到社区治理状态。③ 第三阶段，心悦手工坊的定位为，

① 高涛. 通过妇女赋权带动村民参与推动村庄治理的研究[D]. 天津：天津师范大学，2016.
② 杨善华，柳莉. 日常生活政治化与农村妇女的公共参与：以宁夏 Y 市郊区巴村为例[J]. 中国社会科学，2005(3).
③ 范海霞. 社区自组织在社区治理中的作用[D]. 上海：上海交通大学，2009.

以自组织的身份服务社区，发挥社区自组织在社区治理中的作用，同时帮助其参与社区公共事务，实现对妇女深层次的赋权。

首先，在社会工作者和妇女骨干的共同努力下，J 乡政府同意在村委会办公区域为妇女手工坊开辟一个固定的场所，让其自由使用，这意味着妇女自组织有了自己固定的办公和活动场所，组织结构更加牢固。手工坊的成员们共同进行办公室的布置和装饰：门牌制作、文化上墙、作品展示、功能划分……布置办公场所的过程犹如布置自己的家，她们有很强的成就感和归属感。同时，由于该办公场所位于村委会办公区域，也给妇女参与村中公共事务创造了更多的契机，召开村民大会或者进行村民小组讨论时，自组织中的妇女由于“近水楼台”，也有了更多的参与机会。

妇女手工坊的一位成员说：“村委会给了我们这么一个地方，我们十分感动，我们这个组织有阵地了。以前开展活动是，这里举行一次那里举行一次，总是不稳定。这下好了，有了固定的地方，我觉得这里就是我们的办公场所，一到这里来就觉得很亲切。前两天来这里布置，我都是很开心的，就像布置自己的家一样。”

另一位成员说：“这里还很方便，偶尔我还去旁边开开会，原先村里开会我从来不参加，一个是不晓得，另一个家里其他人来了（我就不来了）。现在我们的办公室就在这儿，我也可以借机听听村里开会讲些啥子。”

其次，妇女组织协助 J 乡小学开展校园文化建设活动。J 乡盛产茶叶，是有名的茶文化之乡，故妇女组织发挥自身优势，将茶文化与手工艺品相结合，帮助小学开展以茶文化为主题的校园文化活动。在此过程中，妇女组织开展了几项工作：一是选派艺术骨干，与小学教师共同探讨手工艺品、茶文化和 J

乡小学特色的结合点。二是选派技术骨干根据特色进行新产品研发，并教授小学师生制作手工艺品。三是选派宣传骨干协助小学进行手工艺品现场展销和解说。此次与小学的联动，充分发挥了妇女组织志愿参与、服务社区的功能。

办公场所的建立和小学校园文化的协助建设，意味着该妇女组织的定位逐渐从"自我服务"转变为"服务社区"，并开始发挥妇女组织在社区参与和基层社区治理中的作用。让妇女参与社区事务是社区层面的妇女赋权，即妇女能够参与村庄大小事务决策和管理，在推动村庄建设和变革中发挥自己的作用。①

本章小结

妇女是被贫困困扰的主要人群，也是权力缺失的一个群体。对妇女群体的扶贫工作不仅要关注其经济收入的增长，也要注重赋权的过程，提升妇女的主体地位。社会工作者在进入深度贫困乡后，对妇女群体开展了一系列扶贫工作，取得了较好的成效。从最初的兴趣小组到后来的妇女社区自组织，从妇女低自尊和自我否定的状态到她们大胆地参与社区公共事务，不得不说妇女的改变是巨大的。在此过程中，社会工作团队充分运用赋权的外力推动模式，借助外力（社会工作者）推动和保障，建立自下而上的妇女社区自组织，实现、激活妇女的能动性，通过客体与主体互动的不断循环和构建，以达到对妇女持续赋权和逐步改变贫困状态的目的。

① 高涛. 通过妇女赋权带动村民参与推动村庄治理的研究[D]. 天津：天津师范大学，2016.

第十章　教育与服务：社会工作教育扶贫的内涵、模式与路径

教育扶贫是一个以贫困者和贫困现象为对象，以发展中的教育为手段，以提高贫困者文化素质、技术技能为目标，以贫困者彻底脱贫为旨归的动态过程。社会工作教育扶贫是教育扶贫问题研究不断向前发展的产物。在社会学视域内，教育扶贫研究能够挖掘出隐藏在贫困冰山下的深层次问题。教育扶贫在社会学领域中不仅代表一种资源，而且是一种无形的资本与权力的赋予。随着贫困问题研究的不断深入以及各国反贫困实践工作的开展，贫困代际传递问题开始引起学术界重视。以奥斯卡·刘易斯（Oscar Lewis）和纲纳·缪达尔（Gunnar Myrdal）为代表的社会学家在分析贫困原因时都强调了贫困文化、贫困观念会导致贫困的延续。美国社会学家奥斯卡·刘易斯于1959年在《五个家庭：墨西哥贫穷文化案例研究》一书中最早提出“贫困代际传递”的概念。随后，这一概念逐步为学术界所认可、采纳，而我国对于这一问题的研究，也借鉴了这一概念，但我国的研究起步时间

相对较晚。国内学者李晓明于2006年最早借鉴“贫困代际传递”的概念。教育作为一种促进社会合理流动的机制，可以有效阻隔贫困文化的代际传递，改变穷人的价值观及其生活方式，使其提高劳动的积极性，进而摆脱贫困。

社会工作是以“助人自助”为宗旨，运用专业的理论和方法帮助弱势群体解决生活中的困难。社会工作者应当承担起扶贫的重任，参与到脱贫攻坚战中。然而，目前对于社会工作教育扶贫到底扶持谁、扶什么、怎么扶，人们还没弄清楚。社会工作者如何在教育扶贫中发挥作用，采取的途径和模式是什么？诸如此类的问题，我们还不清楚。这既不利于社会工作的发展，也不利于社会工作教育扶贫工作的推进。我们需要结合学界的探索、借鉴中外相关经验，对社会工作教育扶贫的本质内涵、可行路径与模式进行探究。

第一节　社会工作教育扶贫的内涵

社会工作教育扶贫是以高等院校社会工作专业力量为依托，运用社会工作的专业理念和方法，参与脱贫攻坚任务，既要专注教育，也要实现扶贫。社会工作教育扶贫以教育为手段、以扶贫为目的。社会工作教育扶贫既不同于一般意义上的教育扶贫，也不同于纯粹的社会工作机构开展的嵌入式的服务扶贫。

一、社会工作教育扶贫的教育属性

传统高校教育扶贫是利用“三下乡”“三支一扶”等主要手段，以教育培训、远程教学工作站网络、实习实训基地为主要载体，以国家扶贫开发工作重点县的干部和群众、中小学师生为主要对象，再辅以招生计划向贫困地区适当倾斜、困难大学生资助、扶贫资金募集等方式开展的扶贫工作。这类教育扶贫关注教育本身的宣传与渗透，强调高校师生的专业参与和专业成长。这种“快餐式扶贫”往往具有周期短、缺乏长期规划、涉及面广而目标不够精准、无专业性体现的特点，并不能起到本质上帮助贫困群体脱贫的作用，甚至会留下一些负面影响。因为没有长期的科学规划，所以教育培训的知识技能无法得到巩固，也无法有效地改变贫困人员的思想。“社会调查”更多的是满足高校师生自身的调查研究，要真正研究出一个有效的扶贫办法，并不是短期调研就能办到的。“三支一扶”政策的本意是鼓励和引导大学毕业生到基层、贫困地区和艰苦边远地区就业、创业，但更多的大学生将此作为自己未来就业发展的一个跳板，不会在贫困地区继续工作。捐款捐物的“输血式”扶贫模式很难提高贫困人员自身“造血”能力，无法做到扶贫和扶智相结合。一些高校在开展教育扶贫的前期、中期、后期大都无需求调研和效果评估，这直接影响教育扶贫计划的制订，从而影响教育扶贫的效果。

社会工作教育扶贫是对传统教育扶贫的重大修正。社会工作教育扶贫意在强调社会工作服务只是教育扶贫方式中的一种，从而直接指明了社会工作教育扶贫与教育扶贫的关系，即社会工作教育扶贫是教育扶贫的组成部分。作为高校参与社会扶贫的重要力量，社会工作教育扶贫首先依托高校智力资源、物质资源和网络资源，采取教育帮扶、人才培养、组织培育、基层赋能等教育手段，帮助贫困人员获得受教育的权利，丰富贫困群体的知识，提高贫困群体的技能，影响其思想观念等，提升贫困地区的人口素质，促进当地的经济、社会和文化发展，并最终使其摆脱贫困。社会工作教育扶贫的服务对象并非传统教育意义上的受教育者，而是所有的贫困人员。社会工作教育扶贫的对象和内容主要包括：针对贫困地区困境儿童的安全教育、素质教育等；针对留守妇女的家庭教育、职业教育、产业教育等；针对社区、乡镇干部的社会工作反贫困的能力、理念与方法教育；针对更广泛贫困群体的社会政策、法律法规、社会道德公约、人生观价值观等思想道德教育，包括生命教育、情感教育、人际关系沟通在内的心理健康教育，职业技能培训、家庭产业规划、家庭金融风险防范等生计教育，疾病健康管理、婚姻调适、家庭和睦、居家安全等生活教育。

同时，社会工作教育扶贫不是单向度的教育输出，而是实现对高校人才培养的实践教育反哺，其中的对象包括参与社会工作教育扶贫的广大师生等群体。高校参与教育扶贫不仅是做好事，或者是在被动地响应政策、战略，还是将人才培养、科学研究、文化传承与服务地方社会等使命综合起来，在师生、社会工作者等力量共同参与脱贫攻坚的过程中实现社会实践对实践育人、应用型研究等内容的反哺和促进。社会工作教育扶贫是社会工作专业应用型特征的要求与体现，是农村社会工作的重要内容，也是社会工作专业人才培养的重要环节。学生参与社会工作教育扶贫的过程，既是对专业知识的实践检验和提升的过程，又是自身道德情操、家国情怀等精神品质得以提升的重要契机。对于教师而言，实地参与社会工作教育扶贫的过程不仅能让其熟悉学科应用研究的场域、收集素材、设计研究课题，还能从教育和服务两个层面获取研究的灵感和动力。

二、社会工作教育扶贫的服务属性

社会工作教育扶贫是设有社会工作专业的高校发起、组织的社会扶贫，社会工作专业的实践属性和实务导向决定了其服务属性。社会工作教育界多年来的实践表明，单纯的教育资源、教育手段的输出或者输入都不能实现真正的扶贫。社会工作团队在城口县的实践表明：高校只有通过社会工作专业服务的介入，才能解决参与脱贫攻坚过程中的人员、资金、路径、平台等方面的问题，才能实现与政府、行业、社会等多种资源和力量的良性互动，才能更好地发挥高校教育扶贫的作用。同时，社会工作专业是在实践和服务过程中培养人才的专业，只有通过服务参与和服务学习，在脱贫攻坚的最前线理解和运用专业理念与方法，才能培养出德才兼备的反贫困社会工作和农村社会工作专业人才。

社会工作教育扶贫的服务属性主要体现在：服务了解需求，服务彰显专业，示范服务传播，在实务中体现为社会工作指引的整合式、专业化扶贫。通过主体系统、服务对象、工作过程、实施效果四大系统的联通联动，促进精准扶贫工作由中浅层参与到深度介入，真正实现精准扶贫的内在性政策目标，并为在农村探索实践国家治理体系与治理能力现代化提供支撑。

社会工作教育扶贫不是志愿者服务，而是针对目标群体，对其进行需求评估，并对其所欠缺的知识、能力进行培训教育。正如王思斌教授所提到的：社会工作参与精准扶贫要处理多重点与面的关系。也就是说，一个个体或一个家庭的贫困，可能涉及多个方面，如社会、心理、文化等多种因素，社会工作者在进行教育培训时需对症下药，从重点入手，对贫困群体增能赋权。[①] 社会工作教育扶贫的帮扶对象覆盖儿童、青少年、成年人、老年人，涵盖贫困农村的在校学生、劳动力人口、"三留守"群体、基层工作人员，重点针对建卡贫困户、"三留守"群体、残疾人等各类困难群众开展服务。

总之，社会工作教育扶贫既与社会工作专业性有直接联系，也与教育活动密切相关，但又比一般的教育活动更具目标导向性。可以说，社会工作教育扶贫是教育活动在扶贫领域中的延伸和拓展。社会工作教育扶贫是以高等院校社会工作专业力量为依托，运用社会工作的专业理念和方法，通过教育和服务双重手段，围绕产业发展、文化振兴、教育培训、组织培育等内容开展的扶贫工作。教育是服务资源依托的主要手段，服务是教育和扶贫目标实现的重要路径。

第二节　社会工作教育扶贫的模式

社会工作教育扶贫可以采取高校引领下的多元主体联动模式。多元主体联动本质上是指将高校、社会工作机构、政府三方主体的力量调动起来，转变政府主导的扶贫格局，形成由高校、社会工作机构、政府三方主体共同参与且在高校引领下的社会工作教育扶贫模式。

一、高校引领下的多元主体联动模式的运行机制

高校引领下的多元主体联动模式主要采取"机构在前，学校在后，政府

① 王思斌. 社会工作参与精准扶贫实践的点面结构[J]. 中国社会工作，2019(16)：46.

在旁”的运行机制，在政府、学校、受助者和社会工作者之间形成规范化互动，使之实现多元共赢。

“机构在前”主要是将社会工作机构、社会工作者放在社会工作教育扶贫工作的一线。该机构负责任命并监督有能力的社会工作专业人员前往项目点，实施教育扶贫工作。社会工作机构能保证该项目由专业的负责人负责服务和跟进，有足够的时间和空间对项目进行调查研究，提出长期计划，为扶贫的深度、专业的参与和可持续发展提供有效保障。

“学校在后”是指高校作为社会工作教育扶贫项目的有力后盾，可为项目实施提供人力资源保障。高校可以为项目提供专业的社会工作者、社会工作专业的实习生、专业督导，也可以提供高校行政力量的支持。其中，高校教师一般作为专业督导参与到扶贫工作中。高校拥有专业的教师团队，但高校师资力量缺乏，学校工作任务繁重，因而很多参加扶贫工作的教师无法完全脱离学校工作，全身心地投入扶贫工作中。这就造成其参与扶贫工作的力度有限，制约了扶贫工作的开展，但他们可以作为专业督导介入扶贫项目中。除此之外，高校还可以组织专业的社会工作者和实习生到扶贫当地开展扶贫实践。同时，高校也是一个强有力的推广宣传平台，可以集全校之力完成扶贫任务。

“政府在旁”是指政府在扶贫项目中主要起到监督、协同与政策、资金支持的作用。政府在旁监督机构和高校的工作，保证项目最终达到要求的指标；政府可以为机构和高校的工作人员提供资源，帮助项目的工作人员了解当地实际情况，带领工作人员接触并熟悉当地贫困人员。对于当地居民来说，这种不同于政府的第三方组织无疑是一个新生事物，两者之间建立起互相信任的情感，需要政府在提高自身对于社会工作认识的同时，采取相应的措施，借助行政手段加大宣传力度，增强人们对社会工作机构的信任，以获得高效率的相互融合与合作。同时，在政府出台的政策和提供的项目资金的支持下，项目才能更加顺利地开展。

二、高校引领下的多元主体联动模式的实现

（一）拓宽教育扶贫资金渠道

虽然教育扶贫项目在高校、社会工作机构和政府的配合下取得了较为可观的成果，但是项目运行效果对政府资金支持的依赖性较大。社会工作教育扶贫还需要社会资金的支持，而基金会、社会组织、企业等方面提供的资金较少，一旦政府的资金缺位，该项目就较难进行下去。除了多元主体的联动，社会的自主联动也很重要，教育扶贫项目需要各类社会组织、基金会与企业力量的自主合作，重点加强与其他社会组织的联系，激活整个社会组织系统，为项目运行带来更充分的项目资金支持。

（二）加强政府监督和学校督导

目前，大量机构存在着明显的功利化动机：在政府扶贫项目中标之后，把教育扶贫工作当作一种政治任务和形象工程，缺乏认真对待项目的态度，为实习生带来了错误的认知和负面的影响。所以说，无论是政府对于项目进程的监督，还是学校对于项目进程的督导，都应体现及时性、准确性要求，保证扶贫项目能够达到预期效果。

第三节　社会工作教育扶贫的实践路径

社会工作教育扶贫采取高校引领下的多元主体联动模式以后，实现了多元主体的联动。在社会工作教育扶贫具体落地方面，我们可以选取三种路径。

一、政府购买服务

自 2006 年十六届六中全会颁布《中共中央关于构建社会主义和谐社会若干重大问题的决定》以来，我国以制度化、专业化和规范化的目标和方式，全面开展了社会治理、社会服务创新、社会工作专业人才队伍建设等工作，这为各地建立政府购买服务制度提供了制度基础和政策支持，“政府购买社会工作服务”成为政府进行社会治理的有益尝试和制度化选择。

政府购买服务主要是指政府各级各类部门购买社会工作服务机构或者高校的社会工作服务，为教育扶贫工作提供政策、资金支持。民政部门、工青妇、残联、扶贫办、受助方基层政府等，作为监督者、协同者和支持者，在政府购买服务中起到监督、协同与支持的作用。

高校在该路径中，既能做好扶贫工作服务，又拥有丰富的教育资源。高校的师生扮演着教育者、服务提供者、资源链接者和研究者的角色。

社会工作服务机构通过政府购买服务，获得扶贫资金与政策的支持，为贫困地区提供专职社会工作者和可持续服务，扮演着教育者、服务提供者和资源链接者的角色。

基于服务学习理论分析，政府购买高校或社会工作服务机构的服务，可以为高校师生和社会工作服务机构提供学习、积累实务经验的机会；同时，在服务学习理论指导下，教育扶贫工作可以培养当地社会工作人才，提升其专业知识与技能。基于社会支持网络理论分析，政府购买服务这一路径使政府有关部门和高校、社会工作服务机构形成一个紧密的系统：政府提供政策和资金的支持，购买机构或高校的服务；机构派遣专职社会工作者驻扎扶贫地区，为教育扶贫提供可持续性专业服务；高校辅以专业知识、实操指导等智力支持。各方分别承担各自的责任，共同实现教育扶贫的目标。

（一）利用中央财政资金

财政支持社会组织参与社会服务项目资金由中央财政专项安排。2017—2020年，中央财政资金多次购买高校社会工作教育扶贫项目。2019年7月1日，“2019年中央财政资金支持社会组织参与社会服务项目——社会工作扶贫服务示范项目”在鲁东大学启动；7月4日，“2019年中央财政资金支持社会组织参与社会服务项目——甘肃北辰社会工作服务中心社会工作教育对口扶贫服务示范项目”在甘肃政法大学启动；7月16日，“2019年中央财政资金支持社会组织参与社会服务项目——雷波县困境儿童社会工作服务示范项目”在雷波县马湖乡马湖小学启动。在《民政部 财政部 国务院扶贫办关于支持社会工作专业力量参与脱贫攻坚的指导意见》的推动下，社会工作教育对口扶贫工作正在逐步走向深入，以专业力量推动贫困地区经济社会发展。

（二）利用福彩公益金

福彩公益金是政府非税收入形式之一，指按照国家规定发行彩票取得销售收入扣除返奖奖金、发行经费后的净收入。政府可使用福彩公益金购买社会工作服务项目，为社会工作教育扶贫提供资金支持。

据了解，2020 年 4 月，“困境儿童社会工作服务项目”是由河南省周口市合美社会工作服务中心为该市困境儿童量身打造的项目，主要提供心理咨询、资助、安全教育、自信心提升、法律教育等服务。“让梦起航——残障青年创业就业社会工作服务项目”由周口市青昱社会工作服务中心负责实施，本着让残障青年生活更美好的使命，为他们提供就业培训，实现收入和生活质量双重提升。

二、学校购买社会工作机构服务

学校购买社会工作机构服务是指学校提供资金支持，社会工作机构派遣学校社会工作者进驻学校，主要负责学校的个案辅导、家校合作、心理拓展等工作。在这一路径中，学校提供资金与场地支持，将作为监督者和支持者，承担起监督与支持的作用。社会工作服务机构将在该路径中，为学校师生和学生家长提供专业服务，承担起教育者、服务提供者和资源链接者的角色，以帮助学校实现营造良好学习环境、培养优秀学子的目的。

基于服务学习理论分析，机构派遣的学校社会工作者在学校服务期间，可以获得在服务中学习积累实务经验的机会；在服务学习理论指导下，通过在校服务学习，得以提升专业知识与技能。基于社会支持网络理论分析，通过校社合作，即学校购买社会工作机构服务，将学校与社会工作服务机构联结在一起，学校给予机构有形的支持（包括物质或资金的支持），机构提供无形的支持(包括心理、精神上的支持，如鼓励、安慰、爱和情绪上的支持)。

三、高校孵化或联合社会工作机构

高校孵化社会工作机构是以培养本土人才和本土机构为目的，高校与已有的成熟社会工作服务机构联合，可通过共建实践教学基地、购买部分服务等多种方式，实施校社深度合作。高校孵化或者联合社会工作机构皆以承接政府购买服务项目获得资金资助、派驻全职社会工作者、执行项目运行开展的方式，参与社会工作教育扶贫工作。其中，高校孵化机构的形式是：一开始由高校自己承接项目，由高校作为主要负责单位开展项目；孵化机构之后，高校教师作为项目督导参与其中，直到机构能够独立承接并实施项目。高校在孵化机构时，会成立志愿服务平台，为社会工作专业学生提供实习实践的基地。高校定期派遣实务经验丰富的专业教师，发挥社会工作督导的作用。高校联合社会工作机构的形式是高校与已经成立的社会工作服务机构达成合作，以合作的身份参与到扶贫项目中，共同实施项目。高校自行孵化社会工作机构和高校联合社会工作机构这两种形式都会对本土人才专业技能发展、本地社会组织的运营管理、本土社会工作服务项目实施给予专业指导，主要起到培育本土人才和本土机构的作用。

在该路径下，高校和社会工作服务机构都承担着教育者、服务提供者和资源链接者的角色，此外高校还作为研究者参与其中，完成扶贫和教育任务；政府有关部门充当监督者、协同者和支持者，为高校和机构的服务提供物质和政策支持。

基于服务学习理论分析，高校参与服务的师生和机构派遣的专职社会工作者可以在服务中学习、积累实务经验，进行专业知识与技能训练。基于社会支持网络理论分析，政府有关部门、高校和机构由各种有形和无形的支持构建起一个支持体系，将其联结在一起，政府有关部门给予高校和机构以物质或资金的支持；高校和机构提供心理、精神上的支持，各自发挥优势，共同完成扶贫工作，实现脱贫计划。

目前，社会工作教育扶贫依然面临较多困难，资金匮乏、人力资源不足、地区之间扶贫工作开展不均衡等问题都直接影响社会工作教育扶贫的效果。面对这些问题，政府应大力支持社会工作教育扶贫工作，出台有关政策文件，提供资金支持和政策保障；高校与社会工作服务机构应联合培养更多的本土社会工作人才，实现“助人自助”；应推动西部社会工作教育的发展，将反贫困社会工作教育和项目实践向中、西部贫困地区倾斜，缩小地域之间的差距。

社会工作在教育扶贫工作中的突出贡献得到了政府的认可。在未来的工作中，我们将以实际行动致力于反贫困项目，以专业的知识与技能服务更多贫困地区的弱势群体；扩大社会工作的知名度与影响度，发展更多的社会工作基地，培养更多的本土社会工作人才。

参 考 文 献

[1] 赖特·米尔斯，塔尔考特·帕森斯. 社会学与社会组织[M]. 何维凌，黄晓京，译. 杭州：浙江人民出版社，1986.

[2] 迪尔斯. 社区力量：西雅图的社区营造实践[M]. 黄光廷，黄舒楣，译. 台北：洪叶文化，2009.

[3] AMARTYA S. Development as Freedom[M]. Oxford：Oxford University Press，1999.

[4] ARNDT C，VOLKER J. The Capability Approach：A Framework for Official German Poverty and Wealth Reports[J]. Journal of Human Development and Capabilities，2011.

[5] 文军,黄锐.论资产为本的社区发展模式及其对中国的启示[J].湖南师范大学学报(社会科学版),2008(6).

[6] 周晨洪.内生的社区发展:"资产为本"的社区发展理论与实践路径[J].社会工作,2014(4).

[7] HUGMAN R. Social Development in Social Work: Practices and Principles[M]. London: Routledge, 2015.

[8] 符畅,杨时河.服务融入党建智慧,中大社工走出专业化路线[J].中国社会组织,2018(18).

[9] 王思斌.精准扶贫的社会工作参与:兼论实践型精准扶贫[J].社会工作,2016(3).

[10] 黄承伟.脱贫攻坚伟大成就彰显我国制度优势[J].红旗文稿,2020(8).

[11] 郑瑞强.精准扶贫的政策内蕴、关键问题与政策走向[J].内蒙古社会科学,2016(3).

[12] 袁君刚.社会工作参与农村精准扶贫的比较优势探索[J].西北农林科技大学学报(社会科学版),2017(1).

[13] 汪径,穆莉萍.增能视角下社会工作介入精准扶贫的功能研究:以重庆市为例[J].法制与社会,2017(22).

[14] 顾昕.贫困度量的国际探索与中国贫困线的确定[J].天津社会科学,2011(1).

[15] 周强.多维贫困与反贫困绩效评估:理论、方法与实证[M].北京:经济科学出版社,2018.

[16] 朱力. 当代中国社会问题[M]. 北京：社会科学文献出版社，2008.

[17] 向德平. 社会问题[M]. 北京：中国人民大学出版社，2011.

[18] 程肇基. 精神扶贫：一个亟待关注的精准扶贫新领域[J]. 江西社会科学，2016(11).

[19] 张利明. 农民贫困心理的形成机理研究：扶贫政策的限度：以陕西省焉头村为个案[J]. 中国农村研究，2016(1).

[20] 江立华，肖慧敏. 心理健康与精准扶贫：激发脱贫内生动力的新途径[J]. 湖北民族学院学报，2018(5).

[21] 高考，年旻. 多维贫困视角下的精准扶贫研究[M]. 武汉：华中科技大学出版社，2018.

[22] 秦博，潘昆峰. 人力资本对贫穷的阻断效应：基于深度贫困家庭大数据的实证研究[J]. 教育科学研究，2018(8).

[23] 田莹莹，吴彤琳，张晓萍. 如何化解贫困地区金融扶贫供需结构性矛盾?：基于供给侧结构性改革视角[J]. 江苏农业科学，2017(11).

[24] 叶初升，罗连发. 社会资本、扶贫政策与贫困家庭福利：基于贵州贫困地区农村家户调查的分层线性回归分析[J]. 财经科学，2011(7).

[25] 谭燕芝，张子豪. 社会网络、非正规金融与农户多维贫困[J]. 财经研究，2017(3).

[26] 武岩，胡必亮. 社会资本与中国农民工收入差距[J]. 中国人口科学，2014(6).

[27] 李昭楠，刘七军. 民族生态脆弱区慢性贫困问题实证研究：基于农户的视角[J]. 北方民族大学学报(哲学社会科学版)，2015(4).

[28] 张勇.乡村振兴战略规划(2018—2022年)[M].北京:中国计划出版社,2019.

[29] 卡罗尔·佩特曼.参与和民主理论[M].陈尧,译.上海:上海人民出版社,2006.

[30] 李羸.基于社区认同的地区发展模式创新研究[J].林区教学,2014(5).

[31] 杜玉珍.落后农村村民自治考察:以河南平原地区乡村为例[J].唐山师范学院学报,2015(3).

[32] 宋念.农村老年人社区参与能力的社会工作干预研究:以重庆市S社区为例[D].重庆:重庆大学,2018.

[33] 彭小霞.精准扶贫政策实施中村民参与的困境及其突破[J].理论导刊,2019(3).

[34] 邓宁华.发达国家的非营利组织能力建设[J].外国问题研究,2011(2).

[35] 杨贵华.城市社区自组织能力建设及其指标体系[J].社会主义研究,2009(1).

[36] 李慕芸.基于组织能力测评的H省红十字会改革研究[D].武汉:华中师范大学,2014.

[37] 何雪松.社会工作理论[M].2版.上海:上海人民出版社,2017.

[38] ZIMMERMAN M, WARSCHAUSKY S. Empowerment theory for rehabilitation research: conceptual and methodological issues[J]. Rehabilitation Psychology, 1998 (43).

[39] LEE J A B. The Empowerment Approach to Social Work Practice: Building the Beloved Community [M]. 2nd edn. New York: Columbia University Press, 2001.

[40] 徐永祥，曹国慧."三社联动"的历史实践与概念辨析[J].云南师范大学学报(哲学社会科学版)，2016(2).

[41] KRETZMANN J, MCKNIGHT J. Building communities from inside out: path toward finding and mobilizing a community's assets[M]. Chicago: ACTA Publications, 1993.

[42] 陈红莉，李继娜.论优势视角下的社区发展新模式：资产为本的社区发展[J].求索，2011(4).

[43] 张和清，杨锡聪.社区为本的整合社会工作实践：理论、实务与绿耕经验[M].北京：社会科学文献出版社，2016.

[44] 古学斌.农村社会工作理论与实践[M].北京：社会科学文献出版社，2018.

[45] 张和清，杨锡聪，古学斌.优势视角下的农村社会工作：以能力建设和资产建立为核心的农村社会工作实践模式[J].社会学研究，2008(6).

[46] 张李玺.妇女社会工作[M].北京：高等教育出版社，2008.

[47] 陈树强.增权：社会工作理论与实践的新视角[J].社会观察，2004(1).

[48] 塞缪尔·亨廷顿.变化社会中的政治秩序[M].王冠华，等译.北京：生活·读书·新知三联书店，1989.

[49] 全国社会工作职业水平考试教材编写组.社会工作综合能力[M].北

京：中国社会出版社，2019.

[50] 杜荣芳. 从社会性别视角看农村“留守妻子”现象[J]. 农村经济，2007(6).

[51] 高涛. 通过妇女赋权带动村民参与推动村庄治理的研究[D]. 天津：天津师范大学，2016.

[52] 卡罗琳·摩塞. 第三世界中的社会性别计划：满足实用性和战略性社会性别需要[M] //王政，杜芳琴，译. 社会性别研究选择. 北京：生活·读书·新知三联书店，1998.

[53] 张凤华，魏红英. 村庄治理中的妇女组织化参与[J]. 社会主义研究，2014(5).

[54] 陈宇. 农村妇女参与社区发展的赋权模式新探[J]. 经济与社会发展，2008(9).

[55] 杨善华，柳莉. 日常生活政治化与农村妇女的公共参与：以宁夏 Y 市郊区巴村为例[J]. 中国社会科学，2005(3).

[56] 范海霞. 社区自组织在社区治理中的作用[D]. 上海：上海交通大学，2009.

后　记

从 2015 年深秋承接民政部社会工作专业人才服务“三区”计划项目算起，四川外国语大学社会工作团队已经在重庆最北边的国家级贫困县度过了第六个冬天。寒来暑往，对许多师生而言，城口县俨然已经成为大家的第二故乡，深切的留恋与热爱深深印入这块“藏在深闺人未识”的土地中。从偶然加入脱贫攻坚的队伍至今，我们感受了太多艰辛与艰险，收获了太多喜悦和感动！

感谢重庆市民政局对四川外国语大学社会工作团队的信任、支持与厚爱。市民政局领导的礼贤下士在成就了重庆“政产学研用”校地合作新典范的同时，也让后起的四川外国语大学社会工作团队感受到成长的喜悦。感谢四川外国语大学的领导对社会工作专业和城口县脱贫攻坚团队的大力支持和精心指导。感谢我们团队服务和学习的主阵地城口县的领导，特别是合作多年的城口县民政局领导等，他们的敬业和关爱使每一个参与扶贫工作的师生和社会工作者都倍感温暖。感谢华中科技大学向德平教授将四川外国语大学稚嫩的团队从扶贫服务的第一线带入反贫困领域的学习和研究，我们也有幸结识了反贫困研究领域的诸多专家学者。感谢华东理工大学出版社长期以来对中国社会工作专业的扶持和深爱！

本书的绝大多数作者都来自我校社会工作教育扶贫的第一线，或是学校社会工作教育扶贫的策划者和组织者，或是长期作为一线社会工作者和专业督导工作在贫困山区的专业教师，或是作为社会工作专业机构的负责人的专业社会工作者。他们对社会工作教育扶贫有深度的参与和深入的领悟，书中的记录和观点都折射出他们的行动轨迹和思想结晶。本书的框架由林移刚拟定，汪径负责统稿、协调等工作，书稿内容由邓晓梅、穆莉萍、唐佳、汪径等共同审定。具体章节分工如下：前言、绪论、第二章、第十章由林移刚撰写；第三章至第九章分别由汪径、陈璐玭、谭湘颖、刘路、邓晓梅、穆莉萍、唐佳等撰写。

作为一本案例研究著作，本书主要是对我校在城口县开展社会工作教育扶贫情况的记录和再现，缺少深入的研究和总结，同时作为局部工作的经验，其借鉴性可能比较有限，谨供参考。本书还存在诸多待完善之处，敬请同行批评指正。

林移刚

2021 年 11 月